AF332036

# MEMOIRES

## DE LA VIE

## DU COMTE D***,

### AVANT SA RETRAITE.

### TOME PREMIER.

# MEMOIRES

## DE LA VIE

## DU COMTE D***,

### AVANT SA RETRAITE;

#### CONTENANT

### DIVERSES AVANTURES

qui peuvent servir d'instructions à ceux
qui ont à vivre dans le grand monde.

Rédigés par M. DE SAINT-EVREMOND.

## NOUVELLE EDITION.

## TOME PREMIER.

M. DCC. LIII.

# AVERTISSEMENT.

LES Aventures qui font racontées dans ces Mémoires, font arrivées depuis l'année 1625. Il fera aifé, en les lifant, de voir que l'Auteur s'eft propofé de ne point faire connoître ceux dont il parle, mais il avoit fouvent manqué à cette précaution ; & celui qui a travaillé à les rédiger, s'eft vû obligé de changer plus d'une fois la qualité des perfonnes & la datte des événemens, pour les rendre abfolument méconnoiffables, quand la réputation du prochain pouvoit y être intéreffée ; enforte qu'on n'y trouvera rien de cette nature qui puiffe défigner quelqu'un. Ce n'eft que dans les chofes qui pourroient donner lieu à la médifance, qu'on a employé ces déguifemens : car dans tout le refte, la vérité y eft exacte, & on trouvera par tout plufieurs circonftances très - curieufes des faits les plus connus de l'Hiftoire de ce temps.

On voudroit pouvoir fatisfaire la curiofité de ceux qui demanderont quel eft celui dont on donne ici les Mémoires ; mais c'eft ce qu'on ne fait pas. Ils ont été apportés d'Angleterre par un homme à qui

on a fait un myſtére du nom de l'Auteur ;
& il n'eſt pas ſurprenant qu'il ait eu , pour
ſe cacher lui-même , la précaution qu'il a
eûe pour ne nommer perſonne. Au reſte ,
quoiqu'il ſemble n'avoir entrepris ces Mémoires que pour y dépeindre les dangers
& les écueils de la Galanterie , on verra
que s'il donne quelquefois l'idée de la mauvaiſe conduite des femmes coquettes , il
rend aux autres la juſtice , & leur donne
tous les éloges qu'elles méritent ; & ce
n'eſt pas ſeulement à l'égard du commerce
des femmes que l'on trouvera des inſtruc-
tions , c'eſt auſſi ſur tout ce qui regarde la
conduite & les occupations d'un homme
engagé dans le grand monde.

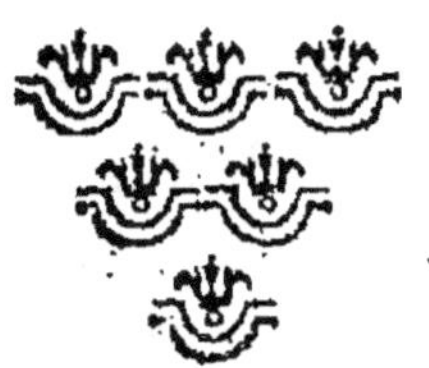

# SOMMAIRES
## DU TOME PREMIER
## DES MEMOIRES
### DE MONSIEUR
### LE COMTE D***,
#### AVANT SA RETRAITE,

*Rédigés par M. de Saint-Evremond.*

## LIVRE PREMIER.

Motif qui engagea le Comte de ***
à écrire sa vie. 2. Sa naissance, 3. Est
mis dans une petite Ville de Province avec
son second frere, pour y faire ses études,
3. & 4. On lui donne la qualité de Chevalier, 4. Son caractére, ibid. Le progrès qu'il
fait dans ses études lui attire la haine de son
frere, 4. A quatorze ans il devient amoureux d'une Comédienne qui faisoit le rolle de

*Chiméne dans la Tragi-Comédie du Cid,*
5. *Raisons pour lesquelles il s'en détache,*
6. *Il va voir une de ses parentes qui étoit Abbesse dans un Couvent, ibid. Devient amoureux d'une Pensionnaire de ce même Couvent,*
7. *Lui déclare la passion qu'il a pour elle, & comment, ibid. Réponse qu'elle lui fait, ibid. Ils s'aiment réciproquement pendant un mois,* 8. *Ils se brouillent, & pourquoi,* 9. *& suiv.*

*Le Comte devient amoureux de la femme du Lieutenant Général de la Ville où il demeuroit,* 9. *&* 10. *Se compare à Alexandre & à Orondate, Héros de Romans, & sa maîtresse à Cassandre & à Statira,* 10. *Elle le met à l'épreuve dans une de ses intrigues,* 11. *Tour qu'il lui joue,* 12. *Ce qu'elle dit à son mari à ce sujet,* 12 *&* 13. *Il est maltraité & banni de cette maison,* 13. *Réfléxions qu'il fait sur le caractére des femmes coquettes,* 13. 14. *Il revient à Paris après la mort de son pere,* 14. *Son frere le destine à servir avec lui en Piémont,* 15 *&* 16.

*Le Comte devient amoureux de la maîtresse de Monsieur de Cinq-Mars, Protecteur de sa famille,* 17. *Caractére de cette fille,* 18 *& suiv. Il la quitte avec mépris,* 26. *Il s'adonne chez la Duchesse de ** ** ** sa parente, qui avoit une Niéce fort jolie, à qui il conte des douceurs,* 27. *Tour que*

Le Comte va avec son frere en Champagne où étoit le fort de la guerre, 71. Il reste
sous Charleville, pendant le siége de Ro-
croy, 72. Son chagrin de ne pas assister à ce
siége, ibid. Il s'en console par l'attachement
qu'il prend pour la fille d'un Bourgeois, ibid.
Portrait de cette fille, ibid. Son mariage
avec elle, où il manque les formalités les
plus nécessaires, 73. Etant obligé de la quitter pour aller à Thionville, elle se met dans
un Couvent, ibid. Il assiste à sa prise d'habit, où elle lui déclare qu'elle est grosse,
ibid. & suiv. Il reste à Thionville plus long-
temps qu'il ne croyoit, 74. Il revient à Paris, & prend la poste pour aller trouver sa
prétendue épouse, ibid. Il arrive à Charleville dans le temps qu'on alloit la faire mourir pour avoir fait périr son enfant, 74. 75.
Ce qu'il fait pour la sauver d'entre les mains
de la Justice, 75. & suiv. Il l'améne à Paris, 81. Elle se retire à l'Hôtel-Dieu, à
dessein d'y prendre le voile, 83. Après bien
des recherches, il l'y trouve, ibid. Remontrances qu'elle lui fait, sur ce qu'il veut
l'en faire sortir, ibid. Il la tire de cette Maison, & la fait entrer dans un autre Couvent, 84. Pendant ce temps, on décréte
contre eux à Charleville, ibid. Il obtient sa
grace & la sienne, & la fait entrer aux
Carmelites, où elle a vécu en Sainte, 85.

# LIVRE SECOND.

L E Comte de * * * déclare à la Princesse Marie la passion qu'il a pour elle, 91. Elle s'en fâche, & le menace de le renvoyer en France, ibid. La Princesse voyant sa mauvaise humeur, lui conseille d'aimer une des filles de sa suite, pour le rendre gai, 92. Il se pique de ses railleries, & refuse d'aimer cette fille, ibid.

Ils arrivent en Pologne, & la Princesse le présente au Roi Ladislas son Epoux, 92. 93. Il devient amoureux d'une des filles de la Reine, ibid. Naïveté de cette fille, qui déclara à la Reine le penchant qu'elle avoit pour le Comte, 94. La Reine leur défend de se parler en particulier, ibid. Raison qui

*pour embellir son habillement*, ibid. *Au sortir de cette Mascarade, il est attaqué par six voleurs, qui lui prennent toutes ses pierreries*, 113. 114. *Générosité feinte de sa maîtresse*, 114. *Par qui ces voleurs étoient apostés*, 115. 116. *Artifice dont on se sert pour lui faire payer ces pierreries*, ibid. & suiv.

Le Comte reçoit des Lettres de son frere, qui l'engageoit à revenir en France, 117. Il s'obstine à ne point partir de Venise qu'il n'ait vû celle qu'il aimoit, & dont il n'avoit vû que le portrait, ibid. On lui promet une entrevûe, dans laquelle il est encore volé, 118 & suiv. Il reconnoît le caractére de cette fille, & pense à s'en venger, 121. Il se déguise en Espagnol, se bat contre le frere de cette fille, & le tue, 123 & suiv. Ce duel retombe sur l'amant de cette fille, qui étoit Espagnol, ibid. Cette double vengeance le console de la perte de son argent, ibid.

Le Comte se jette dans Naples, cherchant à se signaler sous les ordres du Duc de Guise, 125. Ne le trouvant point à Naples, il le va chercher à Gayette, & lui offre ses services pour la France, ibid. Le Duc de Guise, au lieu de l'occuper dans l'Armée, se sert de lui dans une intrigue amoureuse, 126. Réfléxions qu'il fait sur sa destinée, 127.

Le Comte retourne à Naples sous l'habit espagnol, ibid. Rencontre qu'il fait à Poz-

*Comte lui en témoigne son désespoir dans une Lettre, 163. Il tâche de la justifier dans son esprit, ibid. Il se déguise en domestique & la va voir au Couvent, 164. Elle lui en marque sa reconnoissance, & ils se raccommodent, ibid. Elle lui fait promettre de l'épouser, 165. Sa famille la fait sortir du Couvent, pour la marier à une personne titrée, ibid. & suiv. Elle déclare à sa mere qu'elle ne l'épousera pas, & qu'elle s'est promise au Comte, 166. Elle lui fait savoir ce qu'elle avoit dit à ses parens touchant les engagemens qu'ils avoient ensemble, ibid. On la menace de la faire enfermer pour le reste de ses jours, ibid. Cette menace lui fait accepter le mariage qu'on lui propose, ibid. Le Comte se résout à l'enlever & va la trouver dans une Eglise où elle lui avoit donné un rendez-vous, ibid. Il y arrive dans le temps qu'on la marioit, & reste jusqu'à la fin de la cérémonie, 67. Le dépit de voir cette derniére maîtresse mariée, fait qu'il ne se pique plus de politesse, ni de complaisance pour les Dames, 168. Sa brutalité lui attire encore plus d'égards de leur part, ibid. Il en fait essai sur une Dame qui devint son amie, à force de le croire son ennemi, ibid. Raisons qui l'engagent à la quitter, 169. Son frere lui conseille de faire un voyage en Pologne, où le bien & les enfans qu'il y avoit*

# SECONDE PARTIE.

# LIVRE TROISIÉME.

*Portrait*

*Duc, il prend la résolution de renouer avec cette Dame, & de s'en faire aimer, ibid. Elle lui demande pardon du mauvais traitement qu'elle lui a fait à Naples, 216. & suiv. Cependant elle le trompe, 217. Le Roi d'Espagne ayant une nouvelle maîtresse, le Comte est curieux de la voir, 218. & suiv. Le Gascon chez qui il étoit logé, lui procure cette occasion, ibid. Ils se mettent sur un escalier, pour voir passer cette Dame, 219. Ce qu'elle dit au Comte en descendant, lui fait croire qu'elle veut avoir une intrigue avec lui, ibid. Il va chez sa Napolitaine, pour savoir qui étoit cette Dame, 220. Elle lui dit qu'elle est sa meilleure amie, & tâche de l'en détourner, ibid. Le Duc de Guise lui conseille de poursuivre auprès de cette Dame, qu'il ne connoissoit pas encore, 221. Il reste long-temps dans son ignorance, ibid. & suiv. Il reçoit un billet de cette Dame qui lui promet de se faire reconnoître au plûtôt, 223. Elle lui donne rendez-vous chez sa Napolitaine, pour le même jour, ibid. Il reconnoît dans cette entrevûe que la Napolitaine & la maîtresse du Roi étoient la même personne, ibid. Le Comte feint de n'être pas la dupe du tour qu'on lui avoit joué, mais ni cette Dame, ni le Duc de Guise ne le croyent point, 224. Il recommence à aimer la Napolitaine, 225. Le Duc de Guise part* de Madrid, & laisse le Comte en liberté avec sa maîtresse, ibid. Elle se console de son départ, par la gloire d'être maîtresse du Roi, ibid. Comment se fait la séparation du Duc & de la Napolitaine, ibid. & suiv.

Réfléxions que fait le Comte sur son aveuglement, 226. La Napolitaine regrette le Duc si-tôt qu'il est parti, & reproche au Comte qu'il en est cause, 227. Le Comte lui reproche à son tour l'intrigue qu'elle a avec le Roi, ibid. Ils redeviennent bons amis, mais cette paix ne dure guére, ibid. Elle devient jalouse d'une autre maîtresse du Roi d'Espagne, nommée Eléonor, 228. Remontrances que lui fait le Comte à ce sujet, ibid. Ayant résolu de s'en défaire, elle veut obliger le Comte à lui aider dans son entreprise, 229. Elle lui conseille de faire semblant d'être amoureux de cette fille, ibid. Dès la premiere entrevûe, le Comte en devient amoureux, 230. Caractére de cette fille, ibid.

Le Comte rebuté des travers de la Napolitaine, déclare son amour à Eléonor, & prennent jour pour se revoir, 232. Conversation qu'ils ont ensemble dans cette seconde visite, dans laquelle il lui déclare que le fils du Duc d . . . . . . est fort amoureux d'elle, ibid. & suiv. La Napolitaine s'informe du Comte où il en est avec Eléonor, 235. Il lui dit qu'elle est incapable d'aucun attachement,

*Le Roi en ayant entendu parler, redouble ses soins & ses empressemens pour cette fille, 241. Eléonor est mariée peu de temps après à un Seigneur Espagnol, ibid.*

*Le Comte se raccommode avec la Napolitaine, malgré le danger où elle l'avoit exposé, ibid. Elle reprend ses jalousies contre la Catalane, & déclare au Comte qu'il faut qu'il lui aide à perdre cette femme, 242. Ne voulant point avoir cette complaisance, il rompt encore avec elle, ibid. De dépit, elle engage le fils du Duc de . . . . . à seconder sa vengeance, ibid. & suiv. Ils forment le dessein de la faire poignarder, 243. Le Comte en étant instruit par un domestique d'Eléonor, il l'avertit des desseins qu'on tramoit contr'elle, & lui conseille d'en prévenir le Roi, ibid. Le Roi entre en jalousie contre lui, & néglige l'avis qu'on lui avoit donné, 244. Eléonor avertit le Comte que le Roi le devoit faire arrêter, ibid. Il se cache dans Madrid, & fait courir le bruit qu'il s'est sauvé, 245. Il se déguise en Esclave Algérien, retourne chez la Catalane, à qui il se découvre, & la conjure de ne pas sortir sans escorte, ibid. & suiv. Elle commence à craindre le péril où elle se voit; pour l'éviter, elle feint d'être malade, & retient le Comte caché chez elle, 246. Au bout de huit jours, des gens armés conduits par le fils du*

*Duc, viennent pour égorger Eléonor, ibid. Le Comte, à l'aide de ses domestiques, fait résistance & les conduit jusques dans la rue, où il trouve le fils du Duc qu'il tue d'un coup de sabre, 247. Il est pris par le Guet & conduit en prison, ibid. Les dépositions allant à sa justification, il est élargi, ibid. La Napolitaine se sauve à Naples, ibid. & suiv. Eléonor marque sa reconnoissance au Comte par un présent, & l'engage à rester à Madrid, d'où il vouloit partir pour revenir en France, 248. Il reste à Madrid, à condition de la voir de temps en temps, & y fait le personnage de deux hommes différens, ibid. & suiv.*

# LIVRE QUATRIÉME.

*LE Comte de * * * atteste la vérité de ses Mémoires, & de toutes les aventures qui y sont renfermées, quoiqu'elles paroissent incroyables, 250. Il a une audience du Roi, dans laquelle il lui conseille de ne plus voir Eléonor, 251. Le Comte ne laisse pas de la voir quelquefois sous l'habit d'Esclave Algérien, ibid. Le Roi devient jaloux de l'Esclave, lui fait donner deux mille ducats, & ordonne qu'on le fasse partir, 252. Par cet ordre, le Comte est privé de voir Eléonor,*

*voyant que l'Esclave ne lui parle que de son ami, & qu'il ne répond pas à ses empressemens, s'en irrite, & remet leur entrevûe au lendemain,* 261. *& suiv. Le Comte se propose d'y retourner avec son habit françois, si on revient le chercher,* 262. *La même Duegne revient le prendre le lendemain pour le conduire chez Isabella,* 263. *Il cache son habit françois avec celui d'Esclave, qu'il laisse au pied du balcon, ibid. Isabella est surprise, & lui fait promettre de la venger de l'Esclave, ibid. Il lui déclare qu'il est le même que l'Esclave, ce qu'Isabella ne veut pas croire,* 264. *Il veut lui prouver en allant chercher ses habits, mais la Dame se retire, & il ne peut la revoir, ibid. Il se résout de passer le reste de la nuit dans la rue, afin de reconnoître la maison,* 265. *Il y est attaqué par Manrique & ses domestiques, ibid. Il blesse Manrique & se sauve,* 266. *On ne fait point de poursuites contre lui, ibid. & suiv.*

*Isabella ayant vû les habits de l'Esclave que ses domestiques avoient ramassés, reconnoît son erreur,* 267. *Son amour se réveille en faveur du Comte, & elle le va chercher elle-même,* 268. *Elle lui fait des excuses, & lui donne les moyens de se raccommoder avec son mari,* 269. *Il lui représente les difficultés d'exécuter un tel projet, ibid. Ré-*

*fléxions*

de sa lettre, ibid. Isabella prend le change,
& se sait bon gré de ce qu'elle a dit à son
mari que le Comte & l'Esclave étoient le
même, 280. Elle l'envoye chercher par la
Duegne Beatrix, qui le conduit sous son balcon, ibid. Isabella l'introduit, lui fait des
reproches, & lui conte comment elle avoit
voulu faire assassiner son ami, 281. Il lui
fait des excuses de son indiscrétion, & lui
fait à son tour des reproches d'avoir été bien
avec ce François, ce qu'il nie, ibid. Ils se
séparent, sans qu'Isabella ait le moindre
soupçon qu'il fût autre chose que l'Esclave
d'Alger, 282.

Le Comte trouve un vrai Algérien qui lui
paroît propre à la vengeance qu'il méditoit
contre Isabella, ibid. Il le fait aboucher par son
valet de chambre, qui lui promet une bonne
récompense, s'il veut faire ce qu'on lui dira,
ce qu'il accepte, ibid. & suiv. Beatrix étant
venue à l'heure ordinaire, le Comte envoye
l'Algérien à sa place, 283. Dès qu'il sait
qu'il est dans la chambre d'Isabella, il écrit
un billet à Manrique, par lequel il lui man-
de que sa femme est enfermée avec l'Esclave
d'Alger, ibid. Manrique s'étant levé, ordonne à une partie de ses gens de se tenir sous
le balcon, & l'autre partie dans la maison,
ibid. & suiv. Pendant ce temps, Isabella
qui reconnoît que l'Algérien n'est pas son

*Ibid. Elle lui fait entendre que c'étoit pour son bien, ibid. & suiv. Pendant cet entretien, le Portugais dissimule sa colere, ibid. Il se radoucit, sollicite sa liberté, & la délivre, 312. Il continue à la voir & à l'aimer, 313. Cette fille reçoit les assiduités du Duc de Camille, le Portugais en devient jaloux, & lui en fait des reproches, 314. Elle veut se justifier, & lui découvre une autre conspiration contre le nouveau Roi, dont l'Archevêque de Brague étoit le chef, ibid. & suiv. Elle tâche de le faire entrer dans cette conspiration, 315. Pendant qu'il délibére s'il y entrera, la conspiration est découverte, par l'imprudence de l'Archevêque de Brague, 316. On se saisit de tous les Conjurés, & en même temps de la maîtresse du Portugais, ibid. La Reine lui donne sa grace, & change sa peine en une prison perpétuelle, ibid. Le Portugais est soupçonné, & craignant qu'on ne l'arrête, il se résout à s'éloigner, 317. Avant de le faire, il veut encore la mettre en liberté, ibid. Comme sa prison étoit un Couvent, il lui écrit qu'il y mettra le feu, ibid. & suiv. Cette fille envoye le billet à la Reine, qui donne ordre d'arrêter le Portugais, mais on ne le trouve plus, 319. Pour récompense, la Reine lui permet de se faire Religieuse, ce qu'elle accepte, ibid. Le Portugais ayant appris qu'elle* s'étoit fait Religieuse , veut aussi se faire Religieux, 320. Il se présente dans plusieurs Couvens , sous des noms empruntés , & on ne veut pas l'y recevoir , ce qui le détermine à mener la vie d'Hermite pendant six ans , ibid.

Le Comte se console d'avoir trouvé un homme plus fou que lui , ibid. & suiv. Il prend la poste & se rend à Paris , 322. Il va consulter sa Carmelite avant que de se retirer du monde , ibid. Cette fille lui conseille de se cacher pendant quelque temps pour s'éprouver , ibid. & suiv. Il se met dans un Couvent , & trouve dans la Bibliothéque les Lettres d'Abailard , qu'il lit , 324. Il trouve une si parfaite conformité des amours d'Héloïse & d'Abailard , avec les siennes & celles de sa Carmelite , qu'il en redevient éperdûment amoureux , ibid. & suiv. Il se repent de la complaisance qu'il avoit eu de consentir à son engagement , 326. Il la va voir & lui représente son état , ibid. Elle lui avoue qu'elle est sensible à l'amour qu'il a pour elle , & les chagrins qu'elle avoit senti toutes les fois qu'elle l'avoit vû engagé dans d'autres amours , 327. Il tâche à lui persuader de rompre ses liens , & de vivre ensemble , 328. Elle lui fait sentir l'impossibilité où elle est de pouvoir répondre à son amour , & lui déclare qu'elle approche de

Fin des Sommaires du Tome premier des Mémoires.

MEMOIRES

# MEMOIRES

## DE LA VIE

## DU COMTE DE ***,

### AVANT SA RETRAITE,

### RÉDIGÉS PAR MONSIEUR

## DE SAINT-EVREMOND.

---

## LIVRE PREMIER.

J'ENTRE dans ma soixantiéme année, plus rebuté du monde par mes disgraces, que par la vieillesse; je cherche à jouir du peu de repos que Dieu me laisse encore, en m'occupant de tout ce qui peut me donner lieu de me détacher du monde; & comme ma vie est, pour ainsi dire, un tissu de tous les écueils, qu'on peut trouver auprès des femmes, je crois que rien ne fauroit être plus utile, & à moi-même, & aux autres, que de repaffer fur mes avantures, qui ont rapport à elles. Ceux qui liront ces Memoires, y prendront peut-être des motifs pour être plus fages que je n'ai été, & moi en les écrivant, & en me retraçant le ridicule & les égaremens de la galanterie, je m'animerai à condamner de plus en plus ce maudit penchant, qui tout vieux & tout expérimenté que je fuis, pourroit encore m'entraîner; tant les hommes ont peu de force pour fuivre le bien qu'ils approuvent, & pour éviter le mal qu'ils condamnent.

Comme en écrivant ces Memoires, je penfe plus à laiffer à la poftérité une inftruction, qu'une Hiftoire; je ne dirai point qui je fuis, & je cacherai de même le nom de la plûpart de ceux dont je parlerai. Je n'écris pas précifément pour apprendre mes avantures, mais pour enfeigner, par le récit de mes avantures, à éviter les déréglemens que je déplore; & il y auroit de l'injuftice aux Lecteurs, de s'appliquer davantage, à deviner la vérité de cette Hiftoire, qu'à profiter des vérités qu'elle renferme.

Je prie, du moins, ceux qui me reconnoîtront, de ne divulguer ni leurs conjectures, ni leurs découvertes, & je leur don-

ne sous le secret, tout ce qui me sera impossible de leur cacher.

Je suis né dans le mois de Mai de l'année
1625. Mon pere qui étoit d'une des plus
anciennes Maisons du Royaume, & qui
avoit à l'Armée un Emploi, qui lui per-
mettoit peu de prendre le soin de son mé-
nage, l'avoit laissé à ma mere. Sa Famille
étoit composée d'une fille & de trois garçons : la fille étoit l'aînée, & j'étois le cadet
de tous les quatre. Le fonds de son bien
pouvoit monter à quatre cens mille francs.
Il avoit fait de grands avantages à ma mere,
quoiqu'elle lui eût apporté peu de chose en
mariage, & à peine fûmes-nous au monde,
qu'on nous fit entendre que nous avions
peu de bien. Ma mere nous éloigna de
bonne heure d'auprès d'elle, & ayant mis sa
fille dans un Couvent de Province, où elle
payoit une pension modique, elle chercha
aussi les Colléges, où l'éducation de ses
garçons pourroit lui moins coûter. Mon
frere aîné avoit déja pris le parti des Armes,
quoiqu'il n'eût que quinze ans. On me mit
avec mon second frere dans une petite
Ville de Province, sous la conduite d'un
Prêtre, qui nous envoyoit étudier dans un
Collége qui étoit dans la même Ville.
Nous y étions fort distingués, quoique
nous fissions peu de dépense ; mais outre
qu'on connoissoit qui nous étions, on nous

donna des qualités , qui nous attiroient cette diſtinction. On donna à mon frere la qualité de Comte , & à moi celle de Chevalier ; car la mode n'étoit pas en ce temps-là auſſi établie qu'aujourd'hui , de donner celle d'Abbé à des enfans , qui n'ont nulle autre vocation à l'Egliſe , que le titre de cadets.

Mon frere le Comte ne ſe trouva aucune ouverture d'eſprit pour les Lettres , & toute ſon occupation , depuis le matin juſqu'au ſoir , étoit de faire enrager le pauvre Précepteur chez qui nous logions. Pour moi j'étois plus docile , & quoique je ne fuſſe pas ennemi du plaiſir , je ne laiſſai pas de trouver moyen de bien faire dans mes Claſſes. La différence qu'on remarqua entre le caractére d'eſprit de l'un & de l'autre , m'attira des louanges , qui chagrinant mon frere , commencerent à lui donner contre moi la haine qu'il a toujours eue , & c'eſt ce qui m'a convaincu , qu'il ne faut jamais faire étudier enſemble des enfans , dont le génie eſt différent. Les mortifications qu'on donne à un aîné , qui eſt ſurpaſſé par ſon cadet , retombent toujours ſur celui qui en eſt la cauſe innocente. Mon frere avoit déja quinze ans , & moi quatorze , quand une Troupe de Comédiens arriva dans la Ville où nous faiſions nos études.

Je n'avois eu juſques-là , que de vagues

impreſſions de cette paſſion qui attache un
ſexe à l'autre. Ce fut à la Comédie qu'elle
commença à ſe développer, & à ſe faire
ſentir en moi, & je le dirai, ou à ma confuſion, ou à celle des plus graves Auteurs
de la Tragédie, que ce fut à la repréſenta-
tion du Cid, que je commençai tout de bon
à vouloir faire l'amour. La femme qui
jouoit le rôle de Chiméne, me toucha, &
par ſa beauté, & par la tendreſſe des ſentimens de ſon perſonnage. Je me ſentis affligé de la voir malheureuſe. Il me ſemble
même, que j'étois un peu fâché, qu'elle fût
auſſi vertueuſe, que ſon rôle la faiſoit paroître; mais ce regret ne me dura pas long-
temps. J'appris bientôt que cette femme,
qui repréſentoit ſur le Théatre des rôles ſi
vertueux, n'étoit dans le particulier rien
moins que Chiméne. Ce fut là ce qui me
renverſa entiérement l'imagination. Quoi,
diſois-je en moi-même, il me ſeroit aiſé
d'être aimé de cette Chiméne, qui a tant
de fierté pour Rodrigue ? Je portois par
tout ces penſées & ces réflexions, & j'ava-
lois, ſans le ſavoir, le funeſte poiſon de la
débauche.

Ce que j'éprouvai dans un âge ſi tendre,
m'a, dans la ſuite de ma vie, empéché d'ê-
tre ſurpris, quand j'ai vû les Comédiennes,
toutes décriées qu'elles ſont, inſpirer de
plus fortes paſſions que les plus honnêtes

A iij

femmes. Le rôle qu'elles font fur le Théatre, donne du goût pour celui qu'elles font
ailleurs.

Cependant j'étois trop jeune pour ofer
m'attacher à la Chiméne, qui m'avoit touché dans la repréfentation du Cid. D'ailleurs, cette Comédienne étoit à toute heure entourée de gens moins jeunes que moi,
& plus riches que je ne l'étois à cet âge, &
prévoyant bien que fi j'ofois lui parler d'a-
mour fans avoir à lui faire des préfens, je
n'en ferois traité que comme un écolier, je
cherchois des amours plus aifées, & plus
capables de me réuffir. Mais à qui m'attacher ? Je ne voyois pas une femme pour
qui je n'euffe du penchant. Tout étoit Chiméne pour moi, mais je n'étois Rodrigue
pour perfonne ; & les plus fortes douceurs
que je recevois des femmes, à qui je prodi-
guois les miennes, c'eft que j'étois un joli
enfant. Cela me défefperoit ; je voulois
qu'on me regardât comme un homme,
puifque je fentois fi bien que je l'étois.

Il y avoit dans la Ville où nous demeurions, un Couvent de Filles, dont l'Ab-
beffe étoit un peu notre parente. J'allois la
voir affez fouvent, & par fon moyen, je
connoiffois la plûpart des jeunes Penfion-
naires qui étoient chez elle. Il y en avoit
une à peu près de mon âge, qui me plaifoit plus que les autres ; & comme j'avois

aſſez de facilité pour la voir, je crus qu'il
n'y avoit perſonne, à qui je puſſe mieux
m'attacher. Ce fut donc à elle que je réſolus de découvrir la paſſion, qui commençoit à naître dans mon cœur. Je me ſervis
pour faire cette déclaration, de quelques
Vers de Comédies que j'avois retenus,
que je lui prononçai d'un air fort paſſionné
& fort tendre : la petite perſonne étoit déja
bien plus aguerrie que moi, & je fus fort
étonné de la voir répondre à mes Vers par
de la Proſe fort intelligible. Elle ſe moqua
de la maniere dont j'avois fait ma déclaration, & elle me dit qu'elle avoit appris dans
ſon Couvent à parler d'une autre ſorte. Je
reconnus qu'elle avoit lû toutes ſortes de
Livres de galanterie, & qu'elle en ſavoit
déja aſſez, non-ſeulement pour répondre à
mes ſentimens, mais encore pour m'encourager, & pour m'inſtruire. Elle jura
pourtant, qu'elle n'avoit jamais ſenti que
pour moi, la paſſion qu'elle me découvroit,
& qu'elle ne la ſentiroit jamais pour un autre ; mais elle me dit que ſi je l'aimois véritablement, il falloit ne point perdre de
temps, & travailler à trouver l'occaſion de
nous voir ſouvent.

Il eſt aiſé de s'imaginer combien je fus
charmé de trouver une perſonne ſi aimable,
toute remplie d'amour pour moi. Je me
perſuadai aiſément que c'étoit l'effet de

A iiij

mon mérite, qui lui caufoit cette paffion ; & je fus confirmé dans cette vanité, par les lettres qu'elle commença à m'écrire tous les jours, car il me fembloit alors qu'on ne pouvoit écrire, ni avec plus de paffion, ni avec plus d'efprit.

Je ne penfai donc plus qu'à l'aimer. Nous nous écrivions exactement tous les jours, & nous nous fervions pour ce commerce, d'un Ecolier, qui étoit fils de la Tourriere de l'Abbaye, & qui en venant en Claffe, me rendoit fes lettres, & lui reportoit les miennes en s'en retournant.

Il y avoit un mois que nous nous aimions de la forte, quand mon frere, qui paroiffoit attaché à une Religieufe de la même Abbaye, & qui n'étoit pas d'humeur à cacher fes intrigues, me fit voir les lettres que cette Religieufe lui écrivoit. Quelle fut ma furprife, quand je vis que c'étoit prefque mot pour mot, les mêmes lettres que m'écrivoit ma Penfionnaire, & qu'il falloit que toutes celles que j'avois reçûes euffent été compofées par cette Religieufe ! Je n'en témoignai rien à mon frere, mais en le quittant, j'allai faire un paquet de toutes les lettres que j'avois, & je les renvoyai à celle de qui je les avois reçûes, lui mandant par un billet fort fec, que je ne voulois plus l'aimer ni la voir, puifqu'elle avoit été capable de me tromper.

Elle répondit à mon billet par un billet encore plus sec. Comme je l'aimois de bonne foi, je fus fâché de la voir en colere. Je lui écrivis une lettre fort humble, en lui demandant mille pardons, & n'ayant eu aucune réponse, j'allai la voir pour lui demander pardon moi-même.

Elle me reçut avec un air qui me persuada qu'elle ne m'avoit jamais aimé. Elle ne fit que rire de ma tristesse; & voyant que je voulois lui faire des reproches en forme, elle me dit que j'étois un plaisant marmot, pour vouloir être aimé d'une personne comme elle. Cela m'accabla, car elle n'étoit guére plus âgée que moi. J'enrageois de me voir traiter d'enfant par un enfant, & je n'avois pas sçû jusques-là, que les filles ne font plus des enfans, à l'âge où les garçons le font encore.

Le mauvais succès de cette premiere passion, commença à me faire connoître le caractére des femmes. Heureux! si j'en eusse profité, mais je crûs que la jeunesse étoit la seule cause de la tromperie que cette Pensionnaire m'avoit faite, & je résolus de m'attacher à des Maîtresses moins enfans.

Nous allions quelquefois manger chez le Lieutenant Général de la Ville où nous demeurions. Il avoit une femme assez bien faite, & qui faisoit fort parler d'elle. Elle

avoit environ trente ans, & je n'en avois
pas quinze, mais je ne la voyois jamais que
je ne lui marquasse de la passion. Je croyois
alors qu'il falloit paroître passionné de toutes les femmes, & je le sentois même comme je le disois, car dans l'envie générale
que j'avois de faire l'amour, je me trouvois, ce me semble, disposé à aimer toutes
celles qui voudroient bien souffrir que je les
aimasse.

La Lieutenante Générale prenoit beaucoup de plaisir à mes douceurs, & elle me
disoit ordinairement, que c'étoit domma-
ge que je fusse si jeune, mais qu'elle n'osoit
compter sur une personne de mon âge. Elle
oublioit pourtant ma jeunesse, quand il
étoit question de me parler des chagrins que
lui donnoit son mari, qui étoit jaloux au
dernier point. Je crus que ces confidences
étoient une marque de la passion qu'elle
avoit pour moi, & je ne songeai plus qu'à
lui plaire, & qu'à lui prouver que je n'aimois qu'elle.

J'avois lû alors beaucoup de Romans *,
car c'étoit le temps où ils commençoient à
être en vogue, & je ne croyois pas qu'il fût
permis de faire l'amour autrement, que
leurs Héros le faisoient. Je m'imaginois
être tantôt Alexandre, tantôt Orondate, &
ma Lieutenante Générale ne paroissoit pas

* Comme Pharamond en 12, volumes.

à mes yeux , une moindre Maîtresse, que Caſſandre , ou Statira.

Je n'étois point ſuſpect à ſon mari , étant preſque le ſeul, qui eût la liberté de voir ſa femme. Non-ſeulement nous étions ſeuls, quand je la voyois chez elle , mais nous allions ſouvent nous promener tête à tête dans un jardin qui étoit dans un Fauxbourg de la Ville.

Un jour elle me dit qu'elle vouloit éprouver ſi je l'aimois véritablement , & ſi elle pouvoit ſe fier à moi. Je lui promis une diſcrétion à l'épreuve de tout , & alors elle me dit , qu'elle avoit à parler à un homme de ſes parens , qui ſe trouveroit dans le jardin , mais qu'il falloit que jamais perſonne n'en eût connoiſſance , parce qu'elle ſeroit perdue , ſi on venoit à le découvrir , ſon mari lui ayant fait des défenſes expreſſes de voir cet homme ; elle m'aſſura que ce n'étoit que pour affaires qu'elle avoit envie de l'entretenir, & je lui promis fidélité , ſans m'informer de ſes raiſons.

Nous allâmes à ce jardin , & à peine y fûmes-nous arrivés, que le Cavalier qu'elle vouloit voir , monta par-deſſus la muraille, & vint nous trouver dans une allée , où nous nous promenions. Le voilà , me dit-elle , demeurez-là pendant que je lui parlerai dans ce cabinet. Vous obſerverez s'il ne vient perſonne , & ſi vous voyez quelqu'un, vous me viendrez avertir. Je lui dis qu'elle pouvoit se fier à moi, & elle entra dans le cabinet avec cet homme, me laissant en sentinelle au bout de l'allée, qui répondoit à ce cabinet, & me disant, que je me gardasse bien de changer de place.

Dès qu'elle fut dans le cabinet, j'oubliai la promesse que je lui avois faite de garder toujours mon poste, & m'approchant tout doucement de la porte de ce cabinet, j'eus la malice d'y frapper rudement, en lui criant, *Madame, voici votre mari qui vient.* A ces paroles, elle s'approcha de la porte, & sans l'ouvrir, elle me pria de mener son mari dans une autre allée, jusqu'à ce qu'elle eût eu le temps de faire évader le Cavalier.

Je me retirai pour lui laisser ce temps-là, & le Cavalier regrimpa avec précipitation à la muraille, par où il étoit venu. Elle vint à moi, & me voyant seul, elle demanda où étoit son mari. J'eus beau lui dire qu'il étoit déja ressorti, elle vit bien que c'étoit une peur que j'avois voulu lui faire, & elle m'en témoigna un chagrin, qui alloit jusques à me dire des injures.

Je crus qu'ayant apperçu son intrigue, elle me ménageroit, mais ce fut tout le contraire. Elle me remena au logis sans presque me dire un mot, & en me quit-

tant elle alla dire à son mari, que j'étois un
insolent, qui avoit osé lui en conter, &
qu'elle le prioit que je ne revinsse plus chez
elle.

J'y retournai dès le lendemain, & le
mari me dit en se moquant de moi, que
j'étois un libertin & un débauché, & que
sans la considération qu'il avoit pour ma
famille, il me traiteroit comme on trai-
te les enfans quand on veut les châtier.

Cette injure me perça jusqu'au vif, &
au lieu de lui répondre comme j'aurois pû
le faire, que sa femme le trompoit, je ne
m'arrêtai qu'à la honteuse menace qu'il
m'avoit faite. Je lui sautai au collet, & le
manque seul de forces m'empêcha de lui
faire autant de mal que j'aurois voulu. Sa
femme accourut au bruit, & prenant le parti de son mari, elle me dit cent injures.
Voyez, disoit-elle, quelle insolence. Ce
petit fripon en sait déja beaucoup, & s'il
ose traiter mon mari de cette sorte, que ne
diroit-il point de moi si on l'écoutoit ? On
m'arracha des mains du mari, & on me pria
de ne plus revenir chez lui. Je sortis en
donnant au mari & à la femme tous les
noms qu'ils méritoient.

Quand je fus au logis, j'admirai long-
temps l'impudence de cette femme, qui
sachant que j'avois de quoi la perdre en pu-
bliant ce que j'avois vû, avoit eu un pro-

cédé si étrange ; mais je ne connoissois pas en ce temps-là de quoi une femme coquette est capable, & ce qui m'arriva à cet âge ne fut qu'une légere ébauche des friponneries que j'ai éprouvées depuis dans les femmes de ce caractére.

Cette avanture fit grand bruit. Le Précepteur chez qui nous logions en écrivit à ma mere, & la pria de nous retirer, parce que nous étions trop grands. Ma mere auroit eu peu d'égard à ses remontrances, si cette année-là qui étoit l'année 1640. elle n'étoit devenue veuve. Mon pere fut tué en Piémont à la bataille que le Comte d'Harcourt gagna sur les Espagnols. Elle nous rappella donc à Paris, où nous trouvâmes mon frere aîné qui étoit revenu après la mort de mon pere, pour demander sa Charge, & pour tâcher aussi de nous faire donner de l'emploi dans les Troupes, à mon frere le Comte & à moi.

Nous avions un ami puissant avec qui mon frere aîné avoit été élevé, & que nous avions aussi fort connu dans notre jeunesse. C'étoit Monsieur de Cinq Mars, fils du Maréchal d'Effiat. Comme il étoit dans sa plus grande faveur, nous n'eûmes pas de peine à obtenir tout ce que nous souhaitions. La Charge de mon pere fut rendue à mon frere aîné. On donna mon frere le Comte à Monsieur le Duc de Brezé pour servir sur

mer , & mon frere aîné qui avoit de l'amitié pour moi , voulut me garder auprès de
lui pour servir en Piémont la campagne
prochaine. Je restai donc à Paris, où je passai l'hiver avec lui , étant presque de toutes
ses parties & de tous ses plaisirs , & ce fut
alors que j'eus occasion de connoître bien
mieux que je n'avois fait , le caractére des
femmes coquettes.

Nous étions presque toujours chez Monsieur de Cinq Mars , & je ne puis m'empêcher de dire ici la surprise où j'étois , & les
réflexions que j'avois coûtume de faire toutes les fois que je le voyois. Jamais homme
ne m'a semblé devoir être plus heureux qu'il
étoit alors. Il se voyoit à vingt ans Favori
du Roi, avec des distinctions que nul autre
n'avoit eues avant lui. Il étoit adoré de tous
les Courtisans , & aimé de toutes les femmes ausquelles il lui plaisoit de s'attacher.
Cependant je ne le voyois jamais content,
& dès qu'il se trouvoit seul avec mon frere
& moi , il se disoit l'homme du monde le
plus malheureux. Il rêvoit, il soupiroit, &
passoit souvent des heures entieres à ne rien
dire & à se promener dans la chambre. Il
n'expliquoit qu'à mon frere les sujets de
chagrin qu'il avoit, & lui parloit assez souvent à l'oreille. Je ne me mêlois point
d'entrer dans ces confidences , mais je ne
pouvois cesser d'admirer combien les hom-

mes font trompés , quand ils fe perfua-
dent que les grands poftes & les grands
honneurs font néceffaires pour être heureux.

Je n'eus aucune connoiffance des fecrets
de Monfieur de Cinq Mars en matiere d'E-
tat , & je ne fai s'il les découvrit à mon frere , mais je connus la plûpart de ceux qu'il
avoit en matiere de galanterie; car on trouve beaucoup d'hommes capables de cacher
ce qui regarde leur fortune , & l'on n'en
trouve guére qui puiffent ne pas fe vanter
de ce qui a de quoi flatter leur vanité en
amour.

Monfieur de Cinq Mars étoit parfaitement bien fait & fort libéral. Cependant les
femmes aufquelles il paroiffoit attaché , ne
lui étoient pas fort fidelles. Comme il étoit
obligé d'être prefque tout le jour auprès du
Roi, il n'avoit que des momens à donner à
fes maîtreffes , & elles trouvoient toute la
facilité qu'elles vouloient pour le tromper.

Il en avoit une pour laquelle il avoit fait
beaucoup de dépenfe. Il l'avoit meublée
& logée magnifiquement , & il ne lui rendoit guére de vifites qu'il ne lui fît des préfens. Il nous menoit fort fouvent chez elle
mon frere & moi , & même il nous y laif-
foit , étant obligé de retourner à la Cour.
Soit que mon frere eût des engagemens
ailleurs

ailleurs, ſoit qu'il fît ſcrupule d'en conter à la Maîtreſſe de ſon ami, il paroiſſoit s'attacher peu à elle, & quand Monſieur de Cinq Mars étoit ſorti, & que nous reſtions chez cette fille, il s'endormoit preſque toujours, & me laiſſôit cauſer avec elle tant que je voulois.

Je n'avois pas encore perdu l'habitude que j'avois priſe, de croire qu'il n'étoit pas permis de voir une femme ſans lui témoigner de la paſſion. Celle-ci étoit belle, & on peut bien croire qu'ayant la facilité de l'entretenir, je lui dis que je l'aimois.

Voulant pourtant faire cette déclaration avec un peu de délicateſſe, je lui dis que j'étois fâché que Monſieur de Cinq Mars ſût ſi attaché à elle, & qu'elle lui eût de ſi grandes obligations, parce que ſans cela j'aurois pris la liberté de lui témoigner que je l'aimois de tout mon cœur. Vous croyez, reprit-elle, qu'il eſt attaché à moi, & que je lui ai de l'obligation, point du tout, il ne m'aime point, & il ne fait preſque rien pour moi. Il ne fait rien pour vous, repris-je avec étonnement ? Cependant on ne dit pas cela, & on prétend dans le monde qu'il vous a donné plus de cinquante mille écus. Hé bien, répondit-elle, cinquante mille écus, voilà une belle gueuſerie pour une fille comme moi. Si je voulois avoir pour d'autres les complaiſances que j'ai

pour lui , j'aurois déja reçu trois fois
plus d'argent , & je serois bien mieux établie.

J'avoue que ce discours me parut si sin-
gulier , que j'eus peine à ne pas faire des
reproches à cette fille d'une pareille ingra-
titude , car j'ignorois alors que les Maîtresses qu'on achete se croyent toutes beaucoup au-dessus du prix pour lequel elles se
vendent.

Je ne voulus pourtant lui rien témoigner
de ma surprise. Il est vrai , lui dis-je , que
si on a égard à votre mérite , cinquante
mille écus sont peu de chose. Mais que
doivent donc espérer de vous ceux qui n'ont
rien , & de quelle maniere recevrez-vous
l'offre que je veux vous faire de mon cœur ,
moi qui n'a pas un sou à vous donner ? Est-
ce donc , reprit-elle , que vous croyez que
je sois intéressée , & que je veuille acheter
mes Amans ? S'il étoit vrai que vous m'ai-
massiez , & que je crusse que c'est de bonne
foi que vous me parlez , je vous aimerois
mieux que Monsieur de Cinq Mars avec ses
cinquante mille écus , car , ajoûta-t'elle , il
n'appartient qu'aux coureuses de faire l'a-
mour pour de l'argent.

Ce discours me toucha jusques au cœur ,
& m'empêcha de faire la réflexion que j'aurois dû faire sur ce qu'il y avoit de ridicule
& d'extravagant à voir une personne assez

intéressée pour n'être pas contente de cinquante mille écus, ne laisser pas de faire la
généreuse ; mais j'en fus touché, comme si
elle eût parlé de bonne foi. Je m'imaginai
que j'avois plus de mérite que Monsieur de
Cinq Mars, & j'allai même jusqu'à me persuader qu'une fille aussi bien nippée qu'elle
l'étoit, pourroit non - seulement m'aimer
sans rien attendre de moi, mais me faire
même des présens, car étant alors extrêmement dépourvu d'argent, je sentois bien
que celle de toutes les femmes que j'aimerois davantage, seroit celle qui me donneroit le plus.

Je lui répondis que j'étois charmé de la
générosité de son cœur, & qu'elle ne devoit point douter que le mien ne fût sincére.
La maniere dont elle me répondit, me fit
croire que j'étois aimé. Elle m'assura qu'elle
me recevroit toutes les fois que j'irois chez
elle, & qu'elle auroit soin que personne ne
nous troublât dans nos téte à téte. Je lui
demandai un rendez-vous pour le lendemain matin à dix heures, & elle me le promit.

Je la quittai si charmé de ma bonne fortune, que j'eus peine à n'en pas faire confidence à mon frere. Je ne cessai point en
m'en retournant avec lui, de lui parler de
cette fille avec un épanchement de cœur
qui le faisoit rire. Je crois, me disoit-il,

que vous en êtes amoureux ? Il faudroit
pour cela, lui répondois-je, que je fuſſe
aſſez riche pour lui faire du bien. Mon frere rioit de toute ſa force quand je lui diſois
que perſonne que Monſieur de Cinq Mars
ne devoit prétendre à ſes bonnes graces,
& j'ai jugé depuis qu'il falloit qu'il la connût déja pour ce qu'elle étoit.

J'attendois avec impatience l'heure marquée pour le rendez-vous, quand je reçus
un billet, par lequel elle me mandoit qu'il
lui étoit ſurvenu une affaire qui l'obligeoit
à ſortir de bonne heure, & que n'ayant
point de Montre, toutes les ſiennes étant
chez l'Horloger, elle me prioit de lui en
envoyer une qu'elle m'avoit vue la veille.
J'en avois une en effet aſſez jolie. Je la lui
envoyai auſſi-tôt, l'accompagnant d'un
billet très-paſſionné, par lequel je la priois
de ſe ſouvenir du rendez-vous pour l'après-
dînée. Je me hâtai fort d'aller chez elle, &
je la trouvai en deshabillé, ſans qu'il parût
qu'elle eût ſorti le matin. Elle avoit avec
elle deux de ſes amies qu'elle me dit qui l'a-
voient retenue juſques alors, ajoûtant qu'il
falloit qu'elle ſortît dans un quart d'heure,
parce qu'elle étoit obligée de trouver ce
jour-là dix piſtoles qu'elle avoit perdues au
jeu. Je ne vous les demande pas, ajoûta-
t'elle, parce que vous m'avez dit que vous
n'avez point d'argent. Elle me dit ces der-

nieres paroles d'un air fi fec, que je crus
que c'étoit un reproche qu'elle me faifoit.
Je le fentis jufqu'au vif, & je réfolus de lui
trouver les dix piftoles à quelque prix que
ce fût. Je la quittai, & j'allai vendre un petit diamant que j'avois, & lui apportai les
dix piftoles. Elle les reçut avec une joie
extrême, difant que ce qu'elle en faifoit,
étoit plus pour éprouver fi je l'aimois véritablement, que par le befoin qu'elle en eût.
Elle me promit pour le lendemain le rendez-vous dont elle m'avoit flatté ; mais
quand l'heure en fut venue, elle me manda qu'elle étoit au défefpoir, mais qu'elle
ne pouvoit recevoir perfonne, parce que
Monfieur de Cinq Mars venoit de lui mander qu'il alloit venir la voir.

J'enrageois de tous ces contre-temps.
Le jour fuivant ne me fut pas plus heureux;
& elle me mena quinze jours de cette forte,
trouvant chaque fois des raifons nouvelles
pour me manquer de parole. Ce temps-là
paffé, elle me fit prier de me trouver à une
Eglife où elle fe rendit, & où j'allai lui
parler. Elle me marqua beaucoup de chagrin de ne pouvoir prendre l'occafion de
me voir chez elle, qu'elle s'étoit apperçûe
que l'empreffement que j'avois pour elle
avoit été remarqué, & qu'il falloit nécef-
fairement que nous nous viffions ailleurs.
Elle ajouta que ce n'étoit pas fa plus grande

peine ; que ce qui l'affligeoit étoit que Monſieur de Cinq Mars lui ayant donné cinquante piſtoles pour acheter un habit, elle avoit été aſſez malheureuſe pour s'être embarquée au jeu ; qu'elle n'oſoit lui dire qu'elle les avoit perdues, & qu'il falloit néceſſairement qu'elle les trouvât ailleurs. Croyez-vous, ajouta-t-elle, que ſi vous faiſiez ſemblant d'en avoir beſoin, & que vous les demandaſſiez à Monſieur de Cinq Mars, il vous les refusât ? Je lui répondis que je n'oſois faire cette propoſition à Monſieur de Cinq Mars, non-ſeulement parce que j'avois une répugnance extrême à emprunter de l'argent à qui que ce fût, mais auſſi parce que j'avois des raiſons de ménager l'amitié de Monſieur de Cinq Mars, pour des intérêts plus conſidérables. Elle me répondit ſéchement, que cette excuſe étoit une défaire, & qu'elle étoit folle de s'imaginer que je l'aimaſſe. Elle me quitta après ces paroles, & ne voulut plus entendre de raiſons.

J'avois tous les ſujets du monde de croire qu'elle n'agiſſoit pas de bonne foi. Elle avoit déja ma montre, qu'elle ne parloit point de me rendre. Je lui avois donné dix piſtoles, & elle m'en demandoit encore cinquante ; mais je me trouvai aſſez aveugle pour ne pas faire la moindre réfléxion ſur ſon procédé. Elle étoit trop riche,

me dis-je à moi-même, pour être intéreſ-
ſée, & il faut que ce qui la fait recourir à
moi ſoit un effet de ſa confiance.

Je me réſolus donc de demander les
cinquante piſtoles à Monſieur de Cinq
Mars. J'étois chez elle avec lui quand je
lui en fis la propoſition. Je le tirai dans
une chambre à l'écart, & je lui dis en
tremblant, que j'avois un extrême beſoin
de cinquante piſtoles, mes parens ne me
donnant point d'argent. Il me répondit
qu'il m'en alloit donner cent ; & auſſi-tôt
appellant la perſonne chez qui nous étions:
Combien vous ai-je laiſſé d'argent, Made-
moiſelle, lui dit-il, la derniere fois que je
vous vis ? N'eſt-ce pas trois cens piſtoles ?
Allez m'en querir cent, je vous prie, dont
j'ai extrémement beſoin. Cette fille rou-
git ; & n'oſant rien répondre, elle lui ap-
porta les cent piſtoles bien comptées qu'il
me donna.

Je fis difficulté de les prendre, lui diſant
que cette fille en avoit peut-être beſoin.
Non, dit-il, elle en a de reſte, & je veux
même qu'elle vous en donne quand vous en
aurez beſoin ; & l'appellant auſſi-tôt, il lui
dit qu'elle me donnât tout ce que je lui demanderois. Je gardai les cent piſtoles, réſolu d'apprendre à Monſieur de Cinq Mars
que je ne lui avois emprunté de l'argent
que pour la perſonne même de qui il les

avoit prifes , & je le laiffai avec elle.

Je ne favois que comprendre au procédé de cette fille , qui avoit fait femblant d'avoir befoin de cinquante piftoles en un temps où Monfieur de Cinq Mars venoit de lui en donner trois cens ; mais la chofe me paroiffoit bizarre , fuppofé qu'elle ne fût pas de bonne foi , qu'elle fût punie elle-même de fon avarice , & qu'au lieu de me demander de l'argent , comme elle avoit fait jufques-là , on l'eût obligée de m'en donner toutes les fois que je voudrois en avoir.

Je ne pus m'empêcher de raconter la chofe à mon frere , qui me blâma fort d'avoir emprunté de l'argent à Monfieur de Cinq Mars , & qui voulut abfolument que je lui donnaffe les cent piftoles pour les renvoyer. Il m'apprit alors que cette fille jouoit fouvent de ces tours , & que quelque argent que lui donnât Monfieur de Cinq Mars , elle en demandoit à tous ceux qui lui en contoient. J'en ai voulu, ajoûta-t'il , dire quelque chofe à Monfieur de Cinq Mars , mais l'amour l'aveugle , & il n'a pas le loifir de s'appliquer à connoître fes Maîtreffes.

Mon frere reporta les cent piftoles , & Monfieur de Cinq Mars ne les reprit qu'à condition que j'en demanderois à la fille qui me les avoit données , toutes les fois que l'argent me manqueroit. Mon frere qui

qui l'avoit déja trouvé aveugle sur le sujet
de cette fille , ne jugea pas à propos de lui
dire que c'étoit elle qui m'avoit obligé de
lui faire cet emprunt , mais comme j'avois
résolu de ravoir ma Montre & mes dix pistoles , je pris aussi la résolution de me servir de l'ordre que Monsieur de Cinq Mars
lui avoit donné , de ne me laisser manquer
de rien.

J'allai donc chez elle , & je fus fort surpris que me recevant avec un visage riant :
Hé bien , me dit-elle , où sont les cent pistoles que Monsieur de Cinq Mars vous a
prêtées ? Ne sont-elles pas pour moi ? Pour
vous , lui dis-je ? Ma foi , je les ai déja dé-
pensées ; & je vous prie au contraire de
m'en donner encore vingt , dont j'ai un besoin extrême. Quoi ! reprit - elle , vous
croyiez donc que les trois cens pistoles dont
Monsieur de Cinq Mars m'a parlé fussent à
moi ? Vous vous trompez , il me les avoit
données en garde , & il est si avare , qu'il
me feroit mal passer mon temps , si j'avois
touché à un sou de l'argent dont il me con-
fie le dépôt. Hélas ! dit-elle en pleurant ,
je suis bien malheureuse. A peine Monsieur
de Cinq Mars me donne-t'il mon nécessaire,
& je n'ose jamais lui demander rien qu'il ne
me le reproche.

Ce que mon frere m'avoit appris du caractére de la Demoiselle , m'empêcha de

donner encore dans ce panneau. Je lui dis
que Monſieur de Cinq Mars n'étoit point du
tout du caractére dont elle le faiſoit, & que
je lui en parlerois moi-même pour en ſavoir la vérité ; que je la priois de me rendre
ma Montre & mes dix piſtoles, puiſque je
ne pouvois douter qu'elle ne feignoit d'avoir
de l'amour pour moi, que pour me piller.
Elle ſe met encore à pleurer, me conjurant
de ne rien dire à Monſieur de Cinq Mars,
ce que je fus obligé de lui promettre, mais
j'inſiſtai inutilement pour ravoir ma Montre
& mes dix piſtoles ; elle me dit qu'abſolument elle ne me les rendroit pas, & qu'elle
vouloit garder ces petits préſens pour marque de mon amitié.

Quelque fâché que je fuſſe, je ne pouvois m'empêcher de rire de ſes complimens.
Plus je riois, plus elle pleuroit ; j'eus la force de n'être point touché de ſes larmes, & de
la mépriſer autant que je l'avois aimée. Elle
étoit en effet telle que mon frere me l'avoit
dit. Quoique Monſieur de Cinq Mars lui
prodiguât un argent immenſe, elle ne laiſſoit pas de demander à tout le monde. Elle
avoit plus de quatre cens mille francs de
bien quand Monſieur de Cinq Mars mourut, & on verra dans la ſuite quelle fut ſa
deſtinée.

Je n'allai plus chez elle que quand je ne
pouvois me diſpenſer d'y accompagner mon

frere, qui s'y trouvoit souvent pour voir Monsieur de Cinq Mars, & cherchant à m'a- muser ailleurs, je m'adonnai à l'Hôtel de . . . . . . . parce que Madame la Duchesse de . . . . . . . . . étoit notre parente, & me re- cevoit toujours avec plaisir. Elle avoit une Niéce fort jolie, qu'elle faisoit élever au- près d'elle ; car elle n'avoit point encore d'enfans en ce temps-là. C'étoit une fille de seize ou dix-sept ans ; & du caractére dont j'étois, il est aisé de juger que la voyant fort souvent, je ne manquai pas de lui conter des douceurs. Elle répondoit à mon amour d'une maniere qui me faisoit enrager ; elle ne faisoit que rire, & je ne pouvois deviner si elle m'aimoit ou si elle ne m'aimoit pas. Un jour qu'elle étoit sortie avec la Duches- se, j'allai pour la voir, & je ne trouvai qu'u- ne jeune femme de chambre qui la servoit. C'étoit une fille de vingt ans qui étoit assez bien faite. J'avois coûtume de lui faire des honnètetés toutes les fois que je la rencon- trois, & la trouvant seule ce jour-là, je lui en fis plus qu'à l'ordinaire. Elle me parla de sa Maîtresse, & me dit que j'en étois passion- nément aimé ; que cette Niéce lui parloit continuellement de moi, mais qu'elle n'o- soit s'expliquer à moi-même. Elle ajoûta que si je l'aimois véritablement, elle tâche- roit de lui ôter cette timidité & ces scrupu- les, & de me ménager avec elle des converfations fecretes. Je jurai à cette femme de chambre tout ce qu'elle voulut, & elle m'affura que je verrois bien-tôt fa Maîtref-fe, pourvû que je lui promiffe d'être dif-cret. Elle prit enfuite la précaution de m'avertir de ne lui rien témoigner jufqu'à ce qu'elle l'eût prévenue.

Nous finiffions à peine cette converfation, que la Ducheffe revint avec fa Niéce. De quels yeux ne regardai-je point cette charmante perfonne après ce qu'on venoit de m'apprendre de l'inclination qu'elle avoit pour moi, & quelle peine n'eus-je point à ne lui en rien dire ! Je me contentai de l'affurer que je l'aimois à la folie, & jamais en effet je ne l'aimai davantage. Je fentis alors que rien n'eft plus capable d'augmenter la paffion, que l'imagination d'être aimé.

La femme de chambre ne me laiffa pas languir. Dès le lendemain matin elle me fit dire qu'elle avoit à me parler, & j'allai la trouver dans une Eglife voifine. Elle me dit qu'elle avoit entretenu fa Maîtreffe, & que fi je voulois venir à l'Hôtel dès le foir même, elle trouveroit le moyen de me la faire voir. Je n'avois garde de différer, & je pris avec elle toutes les mefures qu'elle voulut.

J'allai le foir chez la Ducheffe, j'y fou-pai, & quand je crus qu'elle vouloit fe cou-cher, je pris congé d'elle ; mais au lieu de

fortir, je montai en fortant de fa chambre,
dans un grenier en maniere de garde-robe,
où la femme de chambre m'enferma. Il faifoit un froid extrême, & je fus là deux
groffes heures à geler de froid. Au bout de
ce temps, & environ fur le minuit, on vint
ouvrir la porte de mon grenier, & je connus que c'étoit la femme de chambre, qui
me prenant par la main me dit tout bas que
je la fuiviffe. Je la fuivis, & après plufieurs
détours, je me trouvai dans une chambre
où il y avoit du feu à demi-éteint, qui ne
donnoit pas affez de clarté pour éclairer
cette chambre, & me faire reconnoître où
j'étois. Elle me dit que je me chaufaffe, &
que fa Maîtreffe alloit venir me trouver. Un
demi-quart d'heure après, j'entendis entrer
une perfonne qui fans me rien dire s'approcha de moi. Eft-ce vous? lui dis-je, croyant
que c'étoit la Niéce de la Ducheffe. J'eus
beau répéter trois ou quatre fois, eft-ce
vous? on ne me répondit rien. Je crus que
la timidité & la honte l'empêchoient de parler, & je ne crus pas la devoir queftionner
davantage. Dans ce moment on ouvrit la
porte de la chambre où nous étions, & je
vis une figure d'homme qui y entroit. La
perfonne qui s'étoit approchée de moi, me
pouffa à la ruelle du lit, & alla au devant
de celui qui venoit troubler notre rendez-
vous. J'entendis que cet homme lui parloit

avec beaucoup de familiarité, & qu'elle le
prioit fort honnêtement de sortir. Cet homme ne voulut point se retirer, & répondit
en jurant, qu'il alloit voir à qui il tenoit
qu'on ne le reçût, & il s'avança aussi-tôt
vers la ruelle où j'étois, & se jettant sur moi
avec furie, il ne me fut pas avare de coups.
Comme je voulus me revancher pour m'é-
chaper de ses mains, nous fîmes du bruit,
& j'entendis que l'on remuoit beaucoup
dans la chambre au-dessus de celle où nous
étions. Quelque temps après j'apperçus de
la lumiere, & la Duchesse elle-même, suivie de la femme de chambre. Elle ne fut pas
plûtôt entrée, que je reconnus que celui
contre qui je me battois, étoit un laquais de
la maison. La femme de chambre me mon-
tra à la Duchesse, & ensuite lui dit en pleurant: vous voyez, Madame, que je ne vous
ai pas menti, & que Monsieur le Chevalier
est venu se cacher dans ma chambre pour
me faire violence. Je ne voulois point vous
le dire, & j'ai été prier Champagne de venir le faire sortir, mais il n'a jamais voulu,
ce qui m'a contrainte de vous aller faire re-
lever. La Duchesse ne put s'empêcher de
rire, quoiqu'elle fût fort en colere, & m'a-
dressant la parole, elle me dit que je faisois
là de belles actions, & que j'étois un joli
garçon. J'étois si saisi & si confus, que je
ne pus dire un mot, La Duchesse me fit

reconduire par ses gens , & je sortis commençant à deviner une partie de cette avanture.

La vérité étoit que la femme de chambre n'avoit jamais parlé en ma faveur à la
Niéce, & qu'elle s'étoit servie de son nom
pour avoir elle-même un rendez-vous avec
moi. C'étoit elle qui étoit revenue dans la
chambre , & qui n'avoit osé me répondre
quand je lui avois demandé , est-ce vous ?
Soit que le laquais qui vint ensuite m'eût
apperçu, soit qu'il eût accoûtumé de venir
trouver cette fille , il ne voulut point s'en
aller, & la femme de chambre se voyant
dans l'embarras , ne crut point trouver de
meilleur moyen pour sortir d'intrigue, que
d'aller avertir la Duchesse, que j'étois caché dans sa chambre. Sa friponnerie eut
tout le succès qu'elle souhaitoit. La Duchesse la crut une Vestale, & je passai pour
un débauché. Je n'osai même détromper la
Duchesse sur le champ, parce que ç'eût été
commettre sa Niéce. Ainsi j'eus toute la
honte de cette avanture, & personne ne
douta que je ne fusse amoureux de la femme de chambre. La Niéce m'en fit des reproches fort aigres quand je la vis ; j'eus
beau protester de mon innocence, & lui apprendre tout ce que la femme de chambre
m'avoit fait espérer, elle persista à croire
ce que les apparences lui persuadoient , &

C iiij

elle prit les vérités que je lui disois pour
des excuses imaginaires.

Je ne jugeai pas à propos de me laisser
opprimer ; & voyant que la Niéce elle-même prenoit parti contre moi, je résolus de
raconter à la Duchesse comme les choses
s'étoient passées. Cela lui donna des soupçons sur la conduite de cette femme de
chambre. Elle l'éclaira, & la surprit en intrigue, non-seulement avec le laquais, mais
encore avec plusieurs autres. Elle fut chas-
fée, & il ne resta à la Duchesse & à sa Niéce d'autre sujet de se plaindre de moi,
que l'insolence que j'avois eûe d'espérer
ce que la femme de chambre m'avoit promis.

Quand la vérité eut été éclaircie, je
m'apperçus que la Duchesse & sa Niéce
me regardoient de meilleur œil qu'elles n'a-
voient encore fait, & soit que mon avanture leur eût fait compassion, soit que les
femmes aiment les gens qui ont le courage d'entreprendre quelque chose pour
elles, je ne pus douter que l'une & l'autre n'eût de l'amitié pour moi. Mais hélas ! cette amitié ne servit qu'à me faire
mieux connoître encore le caractére des
femmes.

La Duchesse fut la premiere qui me déclara ses sentimens. Elle me dit nettement
que jusques-là elle m'avoit regardé comme

un enfant, & qu'elle n'avoit ofé me dire
l'inclination fecrete qui la portoit à m'aimer; mais qu'après le courage & la difcré-
tion que j'avois eû dans l'avanture de la
femme de chambre, elle voyoit bien qu'elle
pouvoit fe fier à moi, & qu'elle vouloit
que je l'aimaffe : mais il faut, dit-elle,
raccommoder un peu votre réputation, car
comme vous paffez pour un débauché, on
trouveroit mauvais que je vous viffe, fi
vous ne paroiffez être entiérement différent
de ce que l'on a fujet de vous croire. Vous
êtes le cadet de votre Maifon, & fi vous
voulez me plaire, vous prendrez l'état Eccléfiaftique. Je trouverai le moyen de vous
faire avoir des Bénéfices, & vous vous
mettrez dans un Séminaire.

Je lui dis que j'étois difpofé à tout ce
qu'elle voudroit, & il eft vrai qu'en ce moment je me trouvai fi flatté de me voir aimé
d'une Ducheffe, que je ne fus épouvanté
ni par l'averfion naturelle que j'avois pour
la profeffion qu'on me propofoit, ni par ce
que je me figurois de trifte pour moi dans
le féjour d'un Séminaire.

Je lui promis donc d'en faire parler à ma
mere ; je le dis à mon frere dès ce même
jour, & je ne trouvai nulle difficulté dans
ma famille à me laiffer prendre un état qui
fembloit la décharger de moi mieux que
tout autre.

Je fis donc semblant d'être fort désabusé des choses du monde, & je pris des mesures pour me mettre dans un Séminaire, & y commencer mes études de Théologie. Quand on sut que j'avois pris cette résolution, la Niéce de la Duchesse à qui je n'en avois rien dit, en parut fort surprise & fort touchée. Elle me dit que j'étois fou, & que ce n'étoit pas-là ce qu'elle avoit cru de moi; car, ajoûta-t'elle, il faut vous avouer que je vous ai aimé dès le moment que je vous ai vu. Si je n'ai pas répondu d'abord à l'inclination que vous m'avez marquée, c'est que j'ai voulu vous connoître auparavant; mais enfin je vous regardois comme le seul homme à qui je voulois m'attacher, & j'espérois que vous m'épouseriez quelque jour.

Ah ! Mademoiselle, lui répondis-je, pourquoi ne m'avez-vous pas parlé plûtôt ? Car que dira-t'on, de ne me voir point changer d'état, après avoir pris pour cela toutes les mesures nécessaires ? Cependant vous en êtes encore la maîtresse, & je vous promets de n'en rien faire si la chose vous déplaît. Elle me répondit qu'elle ne vouloit pas absolument que je me fisse d'Eglise, & que si je le faisois, je lui donnerois un très-sensible chagrin. Je l'assurai qu'il n'en seroit rien, & un jour après, j'allai dire à la Duchesse que je ne pouvois me résoudre à me faire Ecclésiastique.

Je vois bien, reprit la Duchesse, que c'est ma Niéce qui vous a parlé. Je sai qu'elle vous aime, & qu'elle s'abandonne à ses chiméres sur la passion qu'elle a pour vous, mais elle n'en est pas où elle pense. C'est une folle dont je veux me défaire, & je vous apprens que nous la marions dans deux jours. Là-dessus elle me dit que le Duc son mari & elle, avoient pris secretement des mesures pour la marier à un homme d'affaires qui l'avoit fait demander, & qui cherchoit de l'appui par cette alliance.

J'avoue que je connus à cette nouvelle que j'aimois véritablement. Je sentis un noir chagrin en apprenant qu'on alloit marier une fille que j'aimois, & la marier à un homme qui n'avoit nul autre mérite que ses richesses : je répondis à la Duchesse que j'étois encore prêt de faire ce qu'il lui plairoit, & que dès le lendemain j'entrerois au Séminaire : mais qu'il y avoit de la conscience à marier sa Niéce de cette sorte. Faites, dit-elle, ce que je souhaite de vous, & vous ne vous en plaindrez point.

J'allai rendre compte à sa Niéce de la conversation que j'avois eû, & je lui appris que sa Tante avoit de la jalousie de l'amitié que j'avois pour elle, & que si je ne me faisois Ecclésiastique, on la marieroit. Quelle fut ma surprise, quand lui disant qu'on alloit la marier, elle me répondit avec une

efpéce de tranfport de joye : cela eft-il pof-
fible ? Oui, lui dis-je, mais fachez à qui on
vous marie, c'eft à un tel. Quoi ! c'eft à
lui, reprit-elle, avec un redoublement de
joie ? Ah ! dit-elle, je le connois. C'eft un
homme fort riche ; & l'on ne peut faire une
meilleure affaire pour moi. Vous ne voulez donc plus m'époufer, lui répondis-je
froidement. Vous, dit-elle ? Eft-ce qu'on
époufe des gens d'Eglife ? En achevant ces
paroles, elle courut brufquement appeller
une femme de chambre, & l'embraffant en
ma préfence : ah ! ma chere, lui dit-elle,
fais-tu que je vais être mariée ?

Je reftai immobile à un changement fi
imprévu, & peu s'en fallut que je ne priffe
la réfolution, non pas de me faire Abbé,
mais Hermite, en voyant les femmes capables d'une pareille inconftance. Elle fit peu
d'attention à ma douleur, & je fortis plus
réfolu que jamais de faire ce que la Ducheffe fouhaitoit de moi.

Je laiffai donc partir mon frere qui alla fe
rendre en Piémont, où fon Régiment fervoit toujours dans l'Armée du Comte d'Harcourt, & je pris le petit collet. Ce que je
pus obtenir de la Ducheffe, c'eft qu'au lieu
de m'enfermer dans un Séminaire pour y
être en retraite, je me mettrois dans une
Penfion proche la Sorbonne pour y étudier
en Théologie.

Le premier jour que je me fus revêtu de l'habit d'Abbé, je me rendis chez la Duchesse, qui me dressa elle-même à la modestie & à la bienséance de cet habit, m'apprenant comment il falloit baisser les yeux, & faire toutes les autres grimaces d'un homme de bien. J'avoue que c'étoit un étrange sacrifice que je lui faisois ; car outre la répugnance naturelle que j'ai déja dit que j'avois pour l'état Ecclésiastique, j'étois né ennemi de la contrainte : mais enfin j'étois si flatté de me voir aimé de cette femme, que quoique je n'eusse pas pour elle autant de passion que j'ai trop connu depuis que l'on en pouvoit avoir, je croyois qu'il ne m'étoit pas permis de ne lui point obéir aveuglement.

Elle fut charmée de moi quand elle me vit Abbé, & elle prit grand soin de répandre par-tout que j'étois un Saint, & que c'étoit la seule dévotion qui m'avoit fait prendre le parti de l'Eglise. J'avoue que quelque aversion que j'eusse de cette hypocrisie, je sentois ma vanité bien flattée de pouvoir me dire qu'une personne de cette qualité qui passoit pour une Vestale, avoit autant de penchant & de confiance pour moi qu'elle m'en marquoit. Le Duc son mari qui étoit plus âgé qu'elle, n'avoit nul soupçon sur sa conduite, & elle avoit mérité sa confiance par deux ou trois sacrifices qu'elle lui avoit faits, dont je vais parler pour faire connoître de quoi une femme est capable.

Il y avoit un homme de la premiere qualité qui s'étoit déclaré son Amant. C'étoit l'homme du monde du plus grand mérite, & qui avoit pour elle les manieres les plus engageantes. Il lui marquoit son attachement avec un respect & une soumission peu ordinaire dans les personnes de ce rang. La Duchesse avoit d'abord répondu à sa passion, mais venant à s'appercevoir que son mari en avoit de l'ombrage, elle déclara à cet Amant qu'elle ne pouvoit plus l'aimer ni le voir.

Il pensa devenir fou à cette nouvelle, & il en tomba malade. Tout son recours fut de lui écrire, & jamais je n'ai rien vû de plus touchant que ses lettres. La Duchesse les montroit toutes à son mari, qui faisoit lui-même les réponses. Elles ne pouvoient manquer d'être fort séches, puisqu'elles étoient dictées par un mari. J'admirois comment cette femme avoit la cruauté d'en user si mal avec un homme qui en usoit si bien avec elle, & je ne pouvois m'empêcher de sentir pour elle un secret mépris. Il faut, lui disois-je quelquefois, que vous ayez bien de l'aversion pour un homme que vous sacrifiez si cruellement. De l'aversion, répondit-elle ? Point du tout, je l'aime au

contraire , & si je suivois mon penchant ,
j'en aurois pitié : mais j'aime mieux mon
repos que lui , & dans la situation où je suis,
je ne dois donner aucun sujet de défiance à
mon mari. Quoique je fusse fort jeune , je
jugeois bien qu'elle en useroit de même
avec moi si son mari venoit à me soupçonner. Je lui dissimulois pourtant cette pensée , & j'applaudissois tout haut à une conduite que je blâmois dans mon cœur.

Comme cet Amant savoit que j'avois
beaucoup d'accès auprès d'elle , il avoit
cherché à me connoître pour avoir le plaisir de m'en parler , & j'avois peine à m'empêcher de le détromper quand je le voyois
persuadé que sa Maîtresse ne le maltraitoit
que par un excès de fierté. Il me fit tant de
pitié , & je trouvai cette femme si indigne
de la délicatesse des sentimens qu'il avoit
pour elle , que je résolus de le tirer d'erreur.
Je lui écrivis une lettre sans nom , & d'un
caractére inconnu , & l'avertissois par cette
lettre que la Duchesse n'étoit rien moins
que ce qu'il pensoit, & que s'il vouloit l'é-
pier aux heures où un certain Abbé alloit la
voir , il pourroit être détrompé. Cet Abbé
étoit moi-même , & j'avoue que j'étois
bien imprudent d'aller l'éclaircir sur une
chose qui pouvoit retomber sur moi , mais
j'étois jeune , j'avois de la vanité , & je me
faisois un secret plaisir de lui faire voir que

j'étois plus heureux que lui. Ainſi la vanité eut plus de part à mon procédé que la générosité ou la compaſſion.

Il reçut ma lettre , & quoiqu'il y ajoûtât peu de foi , il réſolut de profiter de l'avis qu'on lui donnoit. Il trouva moyen un jour de ſe couler dans l'appartement où j'avois coûtume de voir la Ducheſſe , & ſe mit derriere une tapiſſerie qui couvroit une encoigneure de la chambre , qui lui donnoit aſſez d'eſpace pour y demeurer caché , ſans que l'on s'en apperçût. Il pouvoit entendre aiſément de là ce qui ſe diſoit dans cette chambre. Nous ne ſavions ni la Ducheſſe ni moi qu'il nous écoutât. Il étoit trois heures après-midi , & c'étoit l'heure la plus ordinaire où nous nous voyions. Il y avoit un quart d'heure que nous étions enſemble , quand nous entendîmes du bruit derriere la tapiſſerie. La Ducheſſe alla voir ce que c'étoit , & elle le trouva évanoui , & qui ne reſpiroit preſque plus. C'étoit l'effet qu'avoit produit en lui la ſurpriſe de ce qu'il venoit d'entendre.

J'admirai la réſolution avec laquelle cette femme prit auſſi-tôt ſon parti. Retirez-vous , me dit-elle , & laiſſez-moi me démêler ſeule de cette affaire. Je ne me le fis pas dire deux fois ; je ſortis d'abord , & j'étois ravi d'être loin d'un lieu où je ne prévoyois rien de bon pour moi.

Quand

Quand je fus forti , la Ducheffe appella une femme de chambre , & lui montrant l'homme caché derriere la tapifferie , elle lui dit qu'elle eût foin de le faire retirer , & que c'étoit un fou à qui l'amour avoit renverfé l'efprit. Son mari arriva prefque dans le même moment , & demanda ce que c'étoit. C'eft , reprit-elle , avec un fens froid inconcevable , ce pauvre fou de .... qui eft venu pour me voir , & qui a eu la bonté de s'évanouir en voyant que je ne voulois pas l'écouter. Il n'eft point à propos , ajoûta-t'elle , que vous paroifficz ici. Retirons-nous , & laiffons à cette fille le foin de le faire fortir.

Le Duc emmena fa femme , ne pouvant ceffer de l'embraffer & de la louer de fa vertu. L'Amant revint de fon évanouiffement , & fortit fans dire un mot. Je ne doutai pas qu'il ne cherchât à fe venger de la Ducheffe & de moi , & je me repentis bien d'avoir contribué à le défabufer : mais je reconnus bientôt que la vengeance qu'il vouloit en tirer n'étoit point dangereufe pour moi. Il prit le parti de méprifer la Ducheffe autant qu'il l'avoit aimée ; & en cela il fut plus fage & plus courageux que je ne l'ai été en pareille occafion. Comme il étoit parfaitement honnête homme , il ne témoigna jamais rien de cette avanture , & on l'entendit toujours parler avantageufement de la Ducheſſe. Je prenois grand ſoin de l'éviter, & nous nous rencontrâmes peu depuis ce temps-là, car il fut bleſſé le mois de Septembre ſuivant à la priſe de Salſes, & il mourut de ſa bleſſure.

Ce ne fut pas cette ſeule avanture qui me fit connoître le caractére de la Ducheſſe. Elle fit à ſon mari un ſacrifice bien plus cruel, & qui commença tout de bon à me faire craindre quelque choſe de fâcheux pour moi. Avant qu'elle m'eût aimé, elle avoit jetté les yeux ſur un autre. C'étoit un jeune homme un peu plus âgé que moi, qui étoit fils de ſa Nourrice. Elle avoit perſuadé au Duc ſon mari de le faire ſon Page, car en ce temps-là on prenoit des Pages plus âgés qu'en ce temps-ci. Ce Page étoit encore chez elle quand elle voulut m'aimer. C'étoit un jeune homme extrêmement étourdi, & ſur lequel elle vit bien d'abord qu'il n'y avoit pas de fonds à faire. C'eſt ce qui lui fit venir la penſée de s'attacher à moi, & de ſe défaire de lui. Comme elle jugea que les diſtinctions qu'elle avoit pour moi, lui donneroient de la jalouſie, elle réſolut de prévenir ſon reſſentiment, & le parti qu'elle prit, fut de le rendre ſuſpect à ſon mari, en lui diſant que ce Page avoit eu la hardieſſe de lui découvrir qu'il étoit amoureux d'elle. Le Duc ayant pris feu auſſi-tôt ſans examiner la choſe, appella son Page, & le menaça de lui faire casser la tête, s'il ne sortoit promptement de son service. Ce jeune garçon répondit sans s'étonner, que s'il avoit aimé la Duchesse, c'étoit elle qui en avoit fait les avances, & il offrit même de l'en convaincre, parce qu'il avoit encore un billet d'elle, qui sembloit expliquer clairement les avances dont il l'accusoit. Les choses étoient comme le disoit le Page, & il produisit le billet. Le mari l'ayant montré à sa femme, elle répondit avec assurance, qu'elle ne pouvoit désavouer que ce billet ne fût de sa main, mais qu'elle l'avoit écrit à une personne de ses amies, & non pas au Page. Malheureusement pour lui, il étoit tourné de maniere, qu'on ne pouvoit démêler, s'il étoit pour un homme ou pour une femme. Le Duc fut persuadé que la chose étoit comme l'assuroit la Duchesse, & ce Page lui parut coupable d'une nouvelle insolence, en osant s'attribuer un billet écrit pour un autre. Ce ne fut pas tout. La Duchesse lui avoit donné beaucoup de bijoux, qu'elle savoit bien qu'il avoit gardé. Elle dit à son mari, que non-seulement ce Page étoit un fourbe, mais un voleur qui lui avoit pris cent choses. Les bijoux furent trouvés dans la cassette de ce malheureux, & le Duc voulut le mettre entre les mains de la Justice, mais la Duchesse obtint qu'il se con-

D ij

tentât de le chasser. Il prit parti dans les Troupes, où il déchiroit cruellement cette femme, son ressentiment lui faisant ajoûter beaucoup de choses à la vérité. Il fut tué dans le premier combat où il se trouva.

Il est aisé de juger, que je n'étois pas trop tranquille dans un engagement, dont tant d'exemples me faisoient craindre les suites ; mais je ne savois comment me dégager, & d'ailleurs la vanité m'attachoit où je sentois bien que je ne me serois pas attaché par inclination. Cependant je m'adonnai beaucoup à l'étude, & je commençai à me faire de la réputation du côté de l'esprit & du savoir. Je n'avois encore aucun bien d'Eglise ; & comme je prévoyois que l'amitié de la Duchesse finiroit, je ne regardois point l'état Ecclésiastique comme un état permanent.

Un jour une femme qui me vint trouver chez moi, me dit que des gens qui étoient maîtres d'un gros Bénéfice, m'avoient choisi pour me le donner, & que quand je le voudrois, elle me feroit parler à eux. Je reconnus que la femme qui me parloit étoit une entremetteuse, car elle ne dissimula point que c'étoit elle qui avoit fait venir cette pensée aux gens en question, persuadée qu'il lui en reviendroit quelque chose. La curiosité plûtôt que l'amour du Bénéfice, me fit écouter sa proposition. Elle me dit

que je me trouvasse le lendemain près de la
Porte Saint-Martin, & qu'elle me meneroit
chez les gens qui avoient une si bonne volonté pour moi. Je m'y rendis, & elle me
fit aller près de Saint-Sauveur dans une maison assez vilaine. Il fallut monter dans une
chambre au second étage, où je trouvai une
fille d'environ vingt ans, fort laide, mais
extraordinairement parée. Cette fille m'a-
bordant avec un air de connoissance, me
dit que sa mere alloit venir, qui m'instrui-
roit du Bénéfice dont il s'agissoit; mais que
cependant elle avoit été bien aise de m'entretenir, parce qu'il y avoit long-temps
qu'elle me connoissoit. Jamais je ne fus
plus embarrassé; car c'étoit assûrément la
premiere fois que je l'avois vûe, quoiqu'elle
protestât qu'il y avoit long-temps que je
devois la connoître. Je m'avisai de répondre que je croyois qu'elle vouloit m'éprouver en me faisant de pareilles honnêtetés,
& qu'elle savoit bien qu'un homme qu'on
choisissoit pour un Bénéfice, ne devoit guére connoître de femmes. Elle parut satisfaite
de cette réponse, me disant qu'elle étoit
ravie de ne s'être pas trompée, parce qu'en
effet elles m'avoient regardé, sa mere &
elle, comme un homme qui, par sa sain-
teté, méritoit de posséder des biens d'Eglise. Cette fille me fit là-dessus un long ser-
mon, & j'admirois comment elle me par-

loit si bien de Dieu, après m'avoir fait d'a-
bord comprendre qu'elle avoit dessein de
me parler d'autre chose. Sa mere vint, qui
commença par m'embrasser, & qui me fit
une longue histoire, qui se termina par
dire, qu'avant qu'il fût un mois, je serois,
par son moyen, un des plus riches Bénéfi-
ciers de France. Je les remerciai de leur
bonne volonté, & j'allois prendre congé
d'elles, quand il vint une Dame, qui tenant une bourse, dit qu'elle quêtoit pour
une personne de naissance, qui étoit rédui-
te à l'extrêmité. Ah ! mon cher enfant, me
dit la mere, il faut soulager les pauvres ;
& aussi-tôt elle tira trois pistoles, qu'elle
mit dans la bourse de la Quêteuse. La fille
en mit deux, & on vint me demander si je
ne voulois pas aussi faire quelque charité.
Je tirai un écu, disant que je donnerois davantage quand j'aurois les Bénéfices qu'on
me promettoit. Tout cela m'étoit suspect,
& me faisoit craindre que je n'eusse affaire à
des escrocs. Je ne fis pourtant point semblant d'avoir ces soupçons, & je sortis en
leur témoignant qu'elles me feroient plaisir de me donner au plûtôt de leurs nouvelles. J'en eus dès le lendemain. La mere,
dans la conversation que j'avois eûe avec
elle, m'avoit dit qu'elle avoit une autre
fille dans un Couvent, & je fus fort étonné
de la voir venir chez moi avec cette fille

prétendue , qui ne pouvoit avoir que quinze ou feize ans , & qui me parut fort trifte.
La vûe de cette jolie perſonne , me fit réſoudre de feindre que j'ajoûtois foi aux propoſitions du Bénéfice , pour avoir occaſion
de retourner chez ſa mere. J'y retournai en
effet deux jours après , & ce fut cette jeune
perſonne qui me reçut. Je la trouvai encore
plus trifte que la premiere fois , & je ne
pûs m'empécher de lui en demander la raiſon. Avant que de me répondre , elle regarda de tous côtés ; ſi elle n'étoit point
écoutée , & ſe voyant ſeule avec moi , elle
me dit en pleurant : que la femme chez qui
elle demeuroit , n'étoit point ſa mere , &
qu'elle avoit appris qu'on l'avoit enlevée
toute petite de la maiſon de ſes parens , qui
lui avoient été toujours inconnus. Ces paroles furent ſuivies d'un torrent de larmes ,
& elle me fit tant de pitié , que je lui promis
de la retirer d'entre les mains de cette femme. Elle ſe raſſura à cette promeſſe , & me
dit : que ſi j'avois cette bonne volonté-là
pour elle , il n'y avoit point de temps à
perdre , & qu'il falloit que je l'emmenaſſe
tout à l'heure. On m'a envoyée , ajoûta-
t'elle , pour vous entretenir, parce qu'on a
crû que vous voudriez m'en conter , & on
eſt réſolu , ſi vous le faites , de vous inful-
ter pour tâcher d'avoir de vous quelque argent. Je compris alors tout le danger où je

m'étois exposé en allant dans cette maison, & j'avoue que je commençai à craindre de n'en pas sortir comme j'y étois entré. Je me levai pour me retirer, & je lui dis qu'elle ne se mît pas en peine, & que je ne la laisserois pas long-temps dans le lieu où elle étoit. Cette assurance ne lui mit point l'esprit en repos. Elle s'obstina à me vouloir suivre, craignant que si je sortois sans elle, je n'oubliasse ce que je venois de lui promettre. Dans le temps que je lui donnois de nouvelles assurances, la mere entra, suivie de deux hommes avec des épées, qui m'arrêterent, en me disant : Ah, ah, M. l'Abbé, vous aimez donc les Dames. Je leur répondis le plus honnêtement que je pûs, les assûrant plus d'une fois que j'étois fort leur serviteur ; la mere, sans un plus long préambule, dit : qu'il falloit aller querir un Commissaire, & que puisque j'étois venu suborner sa fille, elle vouloit en avoir raison. Je lui jurai que je n'avois point eu cette pensée, & qu'elle en pouvoit savoir la vérité de la fille. Cette fille pleuroit sans dire un seul mot, & je me trouvois fort embarrassé. Je tâchai de faire bonne mine, & dis avec assurance que je consentois que l'on fit venir le Commissaire. Dans ce moment on frappa fort rudement à la porte de la chambre. La fille alla ouvrir, & se jetta aussi-tôt dans le degré, en me faisant signe

de

de la fuivre. Les gens qui avoient frappé à
la porte étoient deux autres Bretteurs, qui
mettant l'épée à la main, menacerent ceux
qui étoient dans cette chambre de les tuer,
en criant : Vous voilà donc, Meffieurs les
coquins, il y a long-temps que nous vous
cherchons. Pendant qu'ils fongeoient à fe
défendre, je fis fi bien que je m'échappai
dans le degré. J'y trouvai la fille, qui me
tirant par le bras, me fit defcendre avec
précipitation dans la rue. Ainfi on me vit
fortir de cette maifon avec cette fille toute
éplorée, pendant que la mere crioit par la
fenêtre, au voleur, à l'affaffin. Les voifins
s'affemblerent, & je me vis en un moment
entouré de plus de cent perfonnes, qui me
demandoient ce que c'étoit. La fille me difoit, Monfieur, fauvons-nous, & j'étois fi
étourdi & fi honteux, que je ne favois quel
parti prendre. Cette fille avoit plus de réfolution que moi, & fendant la preffe, elle
me tira dans une rue voifine, où nous entrâmes, toujours fuivis de beaucoup de canaille qui crioit après nous. Nous allâmes
de la forte jufqu'aux piliers des Halles ; & la
foule s'étant un peu diffipée, j'entrai avec
cette fille chez un Fripier, qui nous reçut,
& qui écarta le refte de la canaille. J'avois
perdu mon chapeau; mon manteau & mon
rabat étoient déchirés, la fille n'étoit pas
en meilleur équipage, & le Fripier ne fa-

voit que penfer de tout cela. Je ne favois
moi-même que lui dire, & il crut que c'étoit
une fille que j'enlevois. Il m'offrit fes fervices, & je les acceptai. Nous paffâmes
toute la journée dans cette maifon. La fille
étoit ravie, à ce qu'elle me difoit, de fe
voir hors des mains de la femme chez qui je
l'avois trouvée, & elle m'appelloit fon li-
bérateur, me conjurant de ne point l'abandonner. J'envoyai le Fripier chez la Ducheffe mon amie, avec un billet, par lequel je lui apprenois en gros mon avanture, & la priois de m'envoyer un carroffe.
Elle vint elle-même fur le foir, & me voulut emmener. Je lui dis la chofe naïvement,
& comment je me trouvois chargé de la
Demoifelle. Sa beauté lui fit compaffion,
& elle l'emmena avec moi, m'affûrant
qu'elle la garderoit dans fon Hôtel jufqu'à
ce qu'elle lui eût trouvé un Couvent. Je
retournai chez moi, où je fçus que tout le
monde difoit que j'avois ce jour-là enlevé
une fille qui m'avoit rendu amoureux d'elle.
Cette opinion prévalut fi fort, que je ne pûs
la détruire ; & fans être coupable d'aucun
autre crime que d'avoir été dans une maifon que je ne connoiffois pas, & d'avoir
voulu retirer une fille des mauvaifes mains
où elle étoit, je vis ma réputation attaquée
par tout, en forte qu'il n'y avoit perfonne
qui ne me regardât comme un débauché,

tant il faut peu se fier aux apparences; car elles étoient toutes contre moi, & si quelqu'un eût entrepris de me justifier, il auroit passé pour un homme de l'autre monde. Cette expérience que je fis alors en ma personne, m'a toujours empêché depuis, d'ajoûter foi aux histoires qui déchirent la réputation du prochain, & toutes les fois que j'ai entendu dire du mal de quelqu'un, j'ai crû qu'on pouvoit bien le dire avec aussi peu de fondement que l'on en disoit alors de moi.

Cette avanture me détermina à quitter le petit collet, car je vis bien qu'après l'éclat qu'elle avoit fait contre moi, il me seroit impossible de réussir dans une profession, où l'on ne peut vivre avec agrément quand la réputation est entamée. D ailleurs j'y avois peu d'inclination, & quoiqu'assez jeune, j'avois déja compris les embarras d'un état, qui demandant plus de régularité qu'un autre, expose les Ecclésiastiques à être méprisés & tournés en ridicule par des choses qui pourroient être un mérite dans les gens du monde. J'étois trop vif pour être hypocrite. Ma conversation étoit toujours gaie, & je me trouvois naturellement galant. Tout cela m'attiroit souvent des railleries & des remontrances, & je crus que pour avoir tout mon mérite, je devois paroître dans un état où je ne fusse jamais obligé de me contraindre, car le mérite confiste à favoir fe mettre à fa place, & j'ai vû mille gens, qui pour avoir pris des professions qui ne leur convenoient pas, ne pouvoient parvenir à s'attirer ni la confidération ni l'eftime qu'ils auroient eûe s'ils avoient choifi un autre genre de vie.

Je dis mon deffein à la Duchesse, qui y confentit, avec d'autant plus de facilité, qu'elle commençoit à ne m'aimer plus. Je m'apperçûs de fon changement, mais ce qui me furprit, c'eft qu'elle prit pour prétexte des manieres indifférentes qu'elle eut pour moi, l'avanture qui m'étoit arrivée. Perfonne ne favoit mieux qu'elle, que j'étois innocent de la débauche, dont cette avanture me faifoit accufer. Elle avoit d'abord été inftruite de la vérité ; mais enfin, changeant tout à coup, elle me dit qu'elle ne pouvoit me faire paffer pour innocent quand tout le monde croyoit le contraire, & qu'après ce grand éclat elle ne pouvoit plus me voir que fort rarement. Cela me fit bien connoître ce que j'ai reconnu mille fois depuis, qu'il y a peu de gens affez généreux pour juftifier leurs amis innocens, dès qu'ils paffent pour coupables.

Je me confolai affez aifément du changement de la Duchesse, mais j'avoue que

j'eus plus de peine à me consoler de l'in-
gratitude de la fille que j'avois retirée de la
maison , où elle jouoit un si méchant personnage. Cette fille plut d'abord au mari
de la Duchesse. Il en devint fou , & il lui
fit d'abord paroître tant de passion , que la
Demoiselle , qui étoit moins innocente
qu'elle ne paroissoit , résolut d'en profiter.
Elle résista aux poursuites du Duc. Le Duc
s'opiniâtra à vouloir en être aimé , & tout
le monde s'apperçut de son amour. La Duchesse en eut , ou fit semblant d'en avoir
de la jalousie ; & se hâtant de bannir cette
fille de chez elle , elle me choisit pour lui
persuader de se laisser mener dans un Couvent , sans que le Duc en sçût rien. Je lui
en parlai , & ne doutant point qu'elle n'eût
des égards pour moi , après le service que
je lui avois rendu , je lui représentai combien il étoit important de ne se brouiller pas
avec la Duchesse. Elle me demanda séche-
ment de quoi je me mélois , & j'avoue que
cette demande me mit en colere. Je ne me
pûs empêcher de lui reprocher ce que j'a-
vois fait pour elle , à quoi elle répondit par
des injures , me priant de n'entrer jamais
dans ses affaires , & niant même fort effron-
tément qu'elle m'eût obligation d'aucune
chose. O Dieu ! combien cette impudente
me surprit-elle , & combien dis-je alors,
*qu'est-ce que les femmes ?* L'ayant quittée ,

j'allai dire à la Duchesse qu'elle la fît enlever comme elle voudroit, & je lui racontai notre conversation. La Duchesse vit bien qu'elle avoit affaire à un dangereux esprit, & elle résolut de la remener où je l'avois prise. Elle fit chercher la femme qui passoit pour sa mere, mais on ne la trouva plus, & nous apprîmes que tout avoit décampé, la prétendue mere, l'autre fille, & les Bretteurs qui avoient voulu me faire insulte.

La Duchesse ne sachant plus qu'en faire, & voulant absolument qu'elle sortît de chez elle, ne marchanda point à la faire mettre à la porte, & une belle nuit cette misérable créature se vit arrachée de sa chambre, & menée par force dans un Hôpital à l'extrémité du Fauxbourg, où elle fut recommandée comme une pauvre fille qui n'avoit ni feu ni lieu, & à qui on feroit charité de la mettre au nombre des pauvres qu'on y tenoit enfermés.

Le Duc étoit à la campagne, & je ne savois rien de tout cela; mais je ne fus pas long-temps sans l'apprendre. Le Duc étant revenu, & ne la trouvant plus, demanda ce qu'elle étoit devenue. La Duchesse dit qu'elle n'en avoit point entendu parler depuis qu'elle étoit un jour sortie sans rien dire, & qu'apparemment il en savoit plus de nouvelles qu'elle. Le Duc jura, mena-

ça, & me vint trouver, croyant que j'en
saurois quelque chose. Je n'avois garde de
lui en rien apprendre, puisqu'on m'en avoit
fait mistére à moi-même. Je lui avois déja
protesté plus d'une fois que je ne pouvois
lui donner aucun éclaircissement sur cette
fille, lorsqu'on me vint dire qu'un Ecclésiastique me demandoit. Je répondis que je
ne pouvois quitter Monsieur le Duc, &
que je le priois de revenir dans un autre
temps. L'Ecclésiastique insista pour me parler, & le Duc l'ayant permis, cet homme
entra, & me priant qu'il pût me dire un mot
en particulier : En vérité, Monsieur, me
dit-il, c'est conscience à vous, après avoir
abusé d'une fille, de la mettre à l'Hôpital.
Je viens vous dire que nous ne pouvons plus
la garder, & qu'il faut que vous la retiriez.
Je demandai l'explication de ces paroles,
& j'appris que cet homme étoit un des Di-
recteurs de l'Hôpital où cette fille étoit enfermée, & que la coquine avoit fait entendre que c'étoit moi qui l'y avois fait mener.
Le Duc s'apperçut que nous parlions avec
beaucoup de chaleur, & demandant ce que
c'étoit, l'Ecclésiastique lui conta la chose
comme il venoit de me la dire. Alors le
Duc m'appellant malheureux & scélérat,
dit qu'il alloit lui-même la retirer, & me
laissant-là, il fit monter l'Ecclésiastique
dans son carrosse, le priant de le conduire

E iiij

fur le champ à cet Hôpital. Je dis que je n'avois nulle part à cette affaire, je voulois y aller avec lui, & qu'il fauroit de la bouche même de la fille que je n'y avois trempé en aucune forte. Le Duc ne voulut jamais fouffrir que je l'accompagnaffe, & il alla feul avec l'Eccléfiaftique, jurant toujours qu'il fe vengeroit de mon procédé. Je les laiffai partir, & je courus chez la Ducheffe lui rendre compte de ce qui étoit arrivé. Elle en fut d'abord étonnée, mais profitant de la prévention où elle voyoit fon mari, que c'étoit moi qui avoit mis cette fille à l'Hôpital, elle réfolut dans fon cœur de le lui laiffer croire, pour ne fe point faire d'affaire avec lui. Ainfi je me vis encore la victime de cette feconde avanture. Le Duc reprit la Demoifelle, & il me regarda toujours comme celui qui l'avoit mife dans cet Hôpital ; ce que la Ducheffe lui confirma, en proteftant qu'elle n'en favoit rien, & pardonnant enfin à fon mari l'attachement qu'il eut pour cette fille, qu'il aima trois ou quatre ans, & qu'il maria enfuite à un Capitaine qui a fait fortune, & qui l'a rendue une des plus riches Dames de la Cour, où elle a été très-confidérée, & où elle n'eft morte que depuis fort peu de temps.

Ayant réfolu de quitter le petit collet, je l'écrivis à mon frere aîné, qui en parut fort content, & qui m'envoya de l'argent, afin que j'allasse le trouver. Il étoit alors en Roussillon, mais il me manda que je l'attendisse à Lyon, où il devoit se rendre incessamment, pour tâcher d'y voir Monsieur de Cinq Mars son intime ami, qu'on y devoit amener, après lui avoir fait son procès, & qui, à ce qu'on disoit, y subiroit bien-tôt un honteux supplice.

Je pris donc l'épée, & laissant mes confreres les Abbés, dont plusieurs ont fait des fortunes dans l'Eglise, qui m'ont souvent fait repentir de ce changement, j'arrivai à Lyon, où mon frere étoit déja, s'y tenant caché pour avoir plus aisément l'occasion d'y voir Monsieur de Cinq Mars, & de pouvoir l'embrasser, & recevoir ses ordres avant qu'il mourût.

Si j'avois des preuves du peu de fonds qu'il y a à faire sur l'amitié des femmes, j'en vis à Lyon de bien plus fortes encore, du peu de solidité de l'amitié des grands, & de l'inconstance des fortunes humaines, dans la disgrace & la mort de Monsieur de Cinq Mars. Il fut conduit à Lyon le lendemain de mon arrivée. Nous allâmes mon frere & moi nous ranger en habits de valets auprès de la porte de l'Hôtel de Ville, pour tâcher de nous faire voir à lui à la descente du carrosse. Il nous remarqua, & jugeant par nos habits que nous n'étions pas connus, & du dessein qui nous amenoit, il demanda qu'il lui fût permis de nous parler, difant que nous étions des Domeftiques qui l'avoient fervi, & aufquels il auroit été bien-aife de donner quelques ordres. On eut affez de peine à lui accorder cette grace, mais enfin n'ayant rien dans nos habits & dans nos manieres qui pût nous rendre fufpects, on nous laiffa entrer un moment après qu'il fut monté dans fa chambre. Nous ne pûmes nous empêcher de fondre en larmes en l'embraffant; mais lui, nous regardant avec un fouris : Hé quoi, dit-il, mes amis, croyez-vous que tout ceci foit férieux, & que le Roi permette jamais que l'on me faffe mourir ? Mon frere qui étoit mieux inftruit que moi qu'il n'y avoit plus rien à efpérer, redoubla fes larmes, en lui voyant cette confiance ; & l'embraffant plus étroitement, il lui fit paroître une fi violente affliction, que Monfieur de Cinq Mars changeant de couleur & reculant un pas, s'écria : Hé quoi, eft-ce tout de bon ? Mon frere continua à l'embraffer & à pleurer, & comme il ne difoit mot, Monfieur de Cinq Mars m'adreffa la parole, & me dit : qu'eft-ce donc que tout cela ? Après ces paroles prononcées, je vis un fi grand changement dans fon vifage, que je crus qu'il alloit s'évanouir. Mon frere fe jettant encore à fon cou : Hélas, Monfieur, lui dit-il, votre malheur n'eft que trop certain. Il ne put continuer , & Monsieur de Cinq Mars paffant de la douleur où je l'avois vû à une extrême colere : Quoi, dit-il , avec emportement, on me joueroit ce tour-là ? Il accompagna ces mots de quelques juremens , que mon frere interrompit , pour lui dire, que comme fon ami & fon ferviteur , il étoit obligé de lui remontrer qu'il ne devoit plus penfer qu'à pardonner à fes ennemis , & qu'à fe difpofer à la mort. Ah , pour la mort, reprit Monfieur de Cinq Mars , je m'en foucie fort peu , mais je ne puis pardonner à mes ennemis ; & alors il raconta toutes les affurances que le Roi lui avoit autrefois données , de mourir plûtôt que de changer à fon égard. Mon frere le laiffa parler , & après qu'il eut dit tout ce qu'il voulut , il prit la parole , & lui dit en peu de mots qu'il ne devoit plus rien efpérer du Roi. Monfieur de Cinq Mars continua encore quelque temps , tantôt à faire des imprécations contre la Cour, tantôt à chercher les moyens de fe fauver , tantôt à prier mon frere de lui donner un poignard pour fe tuer ; & voyant que mon frere ne lui répondoit rien , il fe laiffa tomber fur un fiége , en difant : je vois bien que je fuis perdu , mon cher ami , que ferai-je ? Vous avez raifon, continua-t'il , en fe calmant un peu, je ne dois penfer qu'à mourir, ç'en eft fait, j'y fuis réfolu ; & puifqu'on m'a ſi cruellement trompé dans ce monde, il faut que je tâche de ne l'être pas dans l'autre. Il répandit quelques larmes en prononçant ces paroles. Mon frere l'exhorta le mieux qu'il put à éloigner de ſon eſprit tous les reſſouvenirs qu'il avoit du paſſé, & à ne plus penſer qu'à bien mourir. Cette converſation dura près de deux heures, & nous eûmes la conſolation de le laiſſer fort tranquille, & fort diſpoſé à ne plus eſpérer de grace. Il nous demanda pardon de ſa foibleſſe & de ſes emportemens, & donna quelques commiſſions à mon frere, le priant de ne point ſortir de Lyon qu'il n'eût vû ce qu'il deviendroit. Nous le quittâmes ravis de ſa fermeté & de ſon courage. Il nous fut impoſſible de le revoir, car ſon exécution tarda peu, & nous en fûmes les témoins, nous tenant auſſi près de l'échafaut que nous le pûmes. Il y monta avec beaucoup de fermeté, & nous jugeâmes qu'il ne démentiroit point le courage avec lequel nous l'avions laiſſé. Nous vîmes que dès qu'il fut ſur l'échafaut, il ſe tourna de tous côtés, & nous crûmes qu'il nous cherchoit des yeux. Je ne ſai s'il nous apperçut, mais il fit une révérence du côté où nous étions. Pour moi, j'avoue que je ne pûs ſouffrir ce ſpectacle. Je baiſſai les yeux, & je ne les levai que quand j'eus entendu le coup, qui ne me fit plus voir que le tronc

& le sang qui en sortoit en abondance.
Mon frere le voyant mort , me dit : retirons-nous, ç'en est fait. Nous étions lui &
moi à demi-morts , & nous allâmes nous
mettre au lit, que mon frere garda plus
long-temps que moi , en étant effectivement tombé malade. J'avois mille raisons
d'aimer ce cher frere qui avoit de si grandes
bontés pour moi , mais le témoignage qu'il
me donna en cette occasion de son bon naturel , me le rendit encore plus précieux.
Il me disoit souvent que Monsieur de Cinq
Mars s'étoit attiré son malheur pour s'être
attaché à des femmes qui avoient été la cause de sa mauvaise conduite. Ces discours,
joints à l'expérience que je venois de faire
à Paris du peu de solidité de ce sexe, me
faisoient prendre de nouvelles résolutions
de ne m'y jamais attacher. Mais on ne peut
faire fonds sur rien en cette matiere, & l'a-
mour des femmes est un écueil contre lequel on a brisé mille fois , & qu'on retrou-
ve toujours. Si je n'avois pas eu lieu de me
louer d'elles quand je les avois aimées ,
n'étant encore qu'un enfant, ce fut encore
pis, quand un âge plus avancé me rendit
capable de prendre pour elles des sentimens
plus délicats & plus violens.

Je suivis mon frere en Catalogne , où
ma premiere campagne me rendit témoin
de la prise de Perpignan & de la Conquête

de tout le Rouffillon. Je fervois dans le Régiment de mon frere , & je me trouvai en quelques occafions qui le convainquirent que j'avois du cœur. Il eft vrai que je ne me fentis point auffi timide que je devois l'être la premiere fois que je vis le feu. J'avois du goût pour le métier , & comme j'avois lû beaucoup d'Hiftoires , je me figurois que je marchois fur les traces d'Alexandre & de Céfar. Cette imagination m'animoit , & me faifoit toujours courir le premier aux coups.

Nous revinfmes à Paris fur la fin d'Octobre après la Bataille de Lerida , gagnée par le Maréchal de la Mothe , qui me préfenta au Cardinal de Richelieu , en me donnant tous les éloges qu'on peut donner à un jeune homme. Le Cardinal connoiffoit mon frere , & il n'avoit pas ignoré combien il avoit été ami de Monfieur de Cinq Mars. Je ne fai fi c'étoit de bonne foi qu'il me dit que j'avois un frere bien fage , & que je ferois bien fi je voulois l'imiter. Mon frere qui étoit préfent ne répondant rien , le Cardinal répéta encore que j'avois un frere bien fage , & qu'il en favoit des nouvelles. Il nous promit toutes fortes d'agrémens , pourvû que nous nous attachaffions à notre devoir.

Quand nous fûmes fortis de cette vifite , je demandai à mon frere , pourquoi Mon-

sieur le Cardinal avoit tant insisté sur sa sagesse, & mon frere m'apprit que ce Ministre l'avoit envoyé querir deux jours auparavant, pour l'entretenir sur le sujet de Monsieur de Cinq Mars : qu'il lui avoit paru fort
inquiet sur ce sujet, par toutes les questions
qu'il lui avoit faites : entr'autres, pourquoi
Monsieur de Cinq Mars le haïssoit tant.
Mon frere m'assura qu'il n'avoit répondu à
toutes les questions du Cardinal, qu'en lui
disant qu'il n'avoit rien connu ni des desseins, ni des inclinations secretes de Monsieur de Cinq Mars, & que le Cardinal lui
avoit paru mécontent de cette réponse, en
sorte qu'il y avoit lieu de croire que c'étoit
par reproche qu'il avoit loué sa sagesse, ce
qui me fit croire que nous avions plus à
craindre qu'à espérer de ce Ministre ; mais
nos espérances & nos craintes finirent bien-
tôt à cet égard. Le Cardinal mourut le 4.
Décembre suivant.

J'étois alors dans ma dix-huitiéme année. Nous logions chez ma mere, de qui
nous ne recevions que le logement & la
nourriture, n'ayant pas droit de la contraindre à autre chose, parce que ses reprises
avoient absorbé tout le bien de notre pere.
Mon frere le Comte étoit aussi avec nous,
& elle avoit fait revenir ma sœur, qui commençoit d'entrer dans sa trentiéme année,
& qui avoit constamment refusé de se faire

Religieuſe. Elle l'avoit fait retirer du Couvent, dans l'eſpérance de la marier à un jeune Officier notre parent , de qui ma mere gouvernoit abſolument l'eſprit & la fortune. C'étoit un aſſez mauvais parti , mais ma mere qui ne ſongeoit qu'à ſe défaire de ſa fille , le trouvoit bon , pourvû qu'il la voulût épouſer. Comme elle craignoit pourtant qu'on ne lui fît des reproches d'un mariage qui ne convenoit à aucun des deux , elle chercha les moyens de s'en diſculper , en ménageant les choſes de telle ſorte , qu'on pût dire qu'elle y avoit été contrainte , & cela me fit connoître de quoi les parens ſont capables , quand ils s'aiment eux-mêmes plus que leurs enfans. Ma mere travailla donc à faire croire que cet Officier avoit abuſé de ſa fille , & pour cela elle les laiſſoit enſemble tant qu'ils vouloient. Ce commerce fréquent rendit cet Officier amoureux de ma ſœur. Il fit tout ce qu'il put pour venir à bout de ce que ma mere prétendoit , mais ma ſœur lui réſiſta , ſoit qu'elle fût ſage , ſoit qu'elle n'eût point pour lui d'inclination. Cette réſiſtance le rendit plus paſſionné , & il ne lui fut pas difficile , étant aidé de ma mere , de trouver les moyens d'entrer la nuit dans ſa chambre. Il y entra lorſqu'elle dormoit , & ma mere en ayant été avertie , nous fit réveiller tous pour les ſurprendre enſemble ,

&

& avoir le prétexte de les faire marier. Nous entrâmes : & ma mere sans rien écouter, fit promettre à l'Officier, que puisqu'il avoit été surpris avec ma sœur, il l'épouseroit le lendemain, ce qui fut fait, quoique ma sœur jurât qu'il ne s'étoit rien passé entr'eux qui pût porter préjudice à son honneur, mais il fallut céder au temps ; & ma sœur qui craignit qu'une mere capable de la livrer de la sorte, ne lui fît dans la suite de plus mauvais partis, se laissa marier, mais elle n'a pû jamais ni aimer, ni considérer son mari ; & ce que ma mere gagna par cette alliance, fut d'avoir mis ensemble deux personnes qui lui retomberent bien-tôt sur les bras.

Il y avoit long-temps que mon frere aîné, qui n'avoit point d'autre bien que celui des appointemens de sa Charge & de ses pensions, pensoit à se marier. Il aimoit une fille de la premiere qualité, dont il étoit aussi aimé passionnément. Leur mariage auroit été fort sortable, si les parens de la fille avoient voulu y consentir, car quoique mon frere ne fût point d'une Maison titrée comme celle dont elle sortoit, il étoit pourtant d'aussi grande qualité ; & d'ailleurs, son mérite & les distinctions qu'il avoit à l'Armée, le devoient faire regarder comme un parti fort avantageux ; mais il étoit encore éloigné des honneurs où il s'éleva depuis , & on ne jugeoit de lui que par le peu de bien qu'il avoit alors. La fille lui fut donc refusée , & il pensa à se marier ailleurs. Le grand bien le détermina , & il épousa la fille d'un homme d'affaires , qui lui donna près de quatre cens mille livres. Ce mariage a été la cause de sa fortune , & il eut assez de raison pour comprendre que quelque mérite qu'il eût, il ne pourroit parvenir à rien , s'il n'avoit du bien pour se soutenir.

La fille qu'il aimoit fut enragée de son mariage. Quelque soin qu'il eût pris de lui représenter que c'étoit une folie de s'opiniâtrer à vouloir l'épouser, elle ne put goûter ses raisons. C'étoit une fille emportée , qui se piquoit de mépriser le rang & le bien autant que mon frere paroissoit y avoir égard , & il y auroit eu de quoi en faire une Héroïne de Roman.

Mon frere qui m'aimoit tendrement , ne me cachoit rien de cette intrigue, & il m'apprit la rage & les emportemens de sa Maîtresse. Comme j'avois encore la tête remplie de Romans , j'admirai la constance de cette fille , & je blâmai mon frere de s'être marié malgré elle. Je me sentis même un secret penchant pour une personne si romanesque , & j'aurois été ravi d'en être aimé , mais mon frere le Comte m'avoit prévenu ; & il s'étoit déja attaché à elle , voyant que

mon frere ne l'époufoit pas. Je ne fai fi
cette fille l'aima, ou fi ce fut pour fe venger
de mon frere qu'elle parut l'écouter, mais
je les trouvai déja affez bien enfemble,
quand je penfai à lui dire que je l'aimois.
Mon frere le Comte étoit un brutal qui ne
gardoit aucunes mefures ; & le voyant attaché à cette fille, je n'eus garde de marquer ma paffion. Je me contentai d'avertir
mon frere aîné de l'intrigue dont je m'étois
apperçû. Il prévit bien les fuites de cette
affaire ; & comme il avoit encore de la confidération pour la Demoifelle, il avertit férieufement mon frere le Comte de ne pas
continuer. Le Comte le redit à fa Maîtreffe, qui croyant que c'étoit par jaloufie que
mon frere lui avoit parlé, réfolut de pouffer cette jaloufie auffi loin qu'elle pouvoit
aller, ce qui fut caufe qu'elle propofa à
mon frere le Comte d'en venir jufqu'à la
force. Il fe trouva d'humeur à accepter le
parti ; car il auroit enlevé une Princeffe,
tant il étoit violent & étourdi dans toute fa
conduite.

Ils prirent donc des mefures pour cet enlevement ; mais une perfonne à qui cette
fille le confia, & qui craignit qu'une telle
violence n'eût quelque fuite fâcheufe, en
avertit le pere de la Demoifelle, qui la fit
mener dans un Coûvent, & qui défendit à
mon frere le Comte de la voir. Ce fou le

fit appeller en duel. Le pere se moqua
de cet appel, & obtint une Lettre de ca-
chet pour le faire enfermer dans une Ci-
tadelle, où il fut deux ans sans pouvoir
en sortir.

Nous ne fûmes pas trop fâchés mon frere
& moi d'en être défaits, car c'étoit un homme plein d'incidens, qui nous attiroit tous
les jours des affaires ; mais j'avoue que j'a-
vois toujours un secret penchant pour sa
Maîtresse, & que tout ce qu'elle avoit fait
à l'égard de mon frere le Comte, ne me
donnoit que plus d'envie d'en être aimé.
J'étois au désespoir qu'elle ne m'eût pas
choisi plûtôt que cet emporté. Ma vanité
en souffroit, & j'aurois voulu avoir lieu de
mériter aussi ses distinctions, tant les
moyens dont les passions s'insinuent sont
bizarres : car dans le fonds, je m'attachois
à elle par ce qui auroit dû m'en rebuter. Je
pensois à elle incessamment, & je mourois
d'impatience d'avoir une occasion d'aller
dans le Couvent où elle étoit. Je représentai à mon frere que tout ce que cette fille
avoit fait, n'étant qu'un effet de son dépit,
il ne devoit pas l'abandonner. Je lui en dis
tant, qu'il résolut de lui rendre une visite,
& il me mena avec lui. Il ne voulut point
paroître d'abord, & je consentis à aller devant en habit de laquais, comme si je fusse
venu de la part de son pere. Elle vint me

parler, & m'ayant reconnu presqu'aussi-tôt, elle témoigna une extrême joie. J'oubliai que mon frere ne m'avoit envoyé que pour l'avertir qu'il vouloit la voir. Je ne lui en parlai point, & me trouvant plus amoureux en la voyant que je ne l'avois encore été, je ne lui parlai que de moi. Je lui fis des reproches de l'amour qu'elle avoit marqué pour mon frere le Comte, lui témoignant qu'elle m'avoit fait en cela une injure, puisque je l'aimois passionnément. Elle répondit à cette déclaration en des termes qui me persuaderent que je ne lui déplaisois pas. Elle me pria de lui écrire tous les jours, & de la venir voir de temps en temps, me jurant qu'elle ne seroit jamais qu'à moi. Notre conversation dura assez long-temps pour impatienter mon frere, qui ne me voyant point revenir, vint savoir ce qui m'arrêtoit, & entra dans le parloir où j'étois. Il me pria de le laisser seul avec elle, afin qu'il la pût entretenir. Je n'étois pas content de cet ordre, mais je ne pouvois faire autrement ; je sortis de ce parloir, & je me tins collé à la porte pour tâcher d'entendre ce qu'ils diroient.

J'entendis en effet qu'après bien des larmes répandues, elle lui disoit, qu'elle étoit bien malheureuse de s'être attachée à celui des trois freres qui n'avoit jamais eu d'amour pour elle ; & là-dessus elle lui raconta

tout ce que je venois de lui dire de ma paſſion. Je penſai rentrer pour lui reprocher
cette perfidie, mais je me retins, & j'entendis que mon frere l'exhortoit à ne point
écouter de jeunes gens qui n'étoient capables que de la perdre; qu'elle devoit par
une conduite réglée, tâcher de regagner les
bonnes graces de ſon pere, penſer à un éta-
bliſſement digne d'elle; que pour lui il l'ai-
meroit toujours. Elle répondit à ces paroles par de nouvelles larmes & par des reproches, lui jurant qu'elle ſe vengeroit de
ſon inconſtance, & qu'il ne mourroit que
de ſa main: Mon frere ayant tâché vainement de l'adoucir, la quitta, & nous nous
en revînmes. Il me dit en chemin qu'il étoit
bien heureux de s'être marié ailleurs; que
cette fille étoit d'une humeur très-violente,
& capable de faire paſſer pour des vérités
ce qu'elle inventoit pour ſe ſatisfaire, &
pour vous marquer ſon mauvais eſprit,
ajoûta-t'il, elle m'a dit que vous aviez voulu lui en conter. Ah, la fourbe, m'écriai-
je auſſi-tôt ! Je ne pûs achever, & les larmes me vinrent aux yeux. Mon frere ſe mit
à rire, & je vis bien qu'il en croyoit quelque choſe, par les exhortations qu'il me fit
de prendre garde à qui je m'attacherois,
& de me défier des femmes.

J'étois outré de cette avanture, & charmé en même-temps de la douceur & de la

fageſſe de mon frere, qui ne m'en fit pas
plus froid, & qui ſe contenta de me prier,
pour mon propre intérêt, de n'avoir jamais
d'attachement pour cette fille. Je ſuivis ſes
conſeils, mais avec beaucoup de peine, &
je penſe même que je ne les aurois pas ſuivis, ſi deux choſes ne fuſſent arrivées. L'u-
ne, fut le mariage de la Demoiſelle, qui
épouſa un homme qualifié de la Province.
L'autre, fut mon départ précipité ; car
mon frere ayant reçû ordre de ſe rendre
à l'Armée, il fallut que je l'y ſuiviſſe.

Nous marchâmes en Champagne, où
étoit cette année-là le fort de la guerre. Le
Régiment de mon frere fut commandé
pour reſter ſous Charleville avec quelques
autres Troupes de réſerve. Mon frere qui
avoit été fait Brigadier, ſervit dans l'Armée de Monſieur le Duc d'Enguien, me
laiſſant avec le Régiment pendant la bataille
de Rocroi. J'étois au déſeſpoir de n'en être
pas, & quoique j'euſſe obtenu cette même
année une Compagnie dans le Régiment
de mon frere, & que les autres Capitaines
euſſent de fort grands égards pour moi, je
ne me ſerois point conſolé de me voir inutile, ſi je n'avois trouvé une perſonne avec
laquelle je pris de l'attachement. Elle étoit
fille d'un Bourgeois, mais elle avoit, outre la beauté, des manieres au-deſſus de ſa
naiſſance. Je l'aimai paſſionnément, & j'en

fus aimé de même. Elle étoit, quand je commençai à la connoître, sur le point d'époufer un jeune homme de la même Ville, mais elle avoit si peu de goût pour une vie bourgeoise, qu'elle m'avoua qu'elle aimoit mieux n'être toute sa vie que mon Amie, que de faire ce mariage; car, ajoûtoit-elle: je ne me flatte pas que vous vouliez m'époufer; je connois trop la différence qu'il y a entre votre qualité & la mienne; & c'est ce que je n'exigerai jamais de vous. Je me ferai à votre vertu, & ferai tout ce que vous voudrez que je fois, trop heureufe de vous voir & de vous aimer.

Ces fentimens me charmerent au point que je crus n'avoir jufques-là jamais aimé, tant que je trouvai de différence entre l'amour que j'avois pour elle, & celui que j'avois eu pour d'autres. Je lui proteftai que fon cœur me tenoit lieu de tout, & que fi j'étois en état de faire fa fortune, je l'épouferois dans le moment. Non, non, me difoit-elle, ne penfez point à m'époufer; penfez feulement à me mettre en lieu où je puiffe vous aimer, & être aimée de vous. Nous convînmes qu'après la Campagne je la ferois venir à Paris, & que jufqu'à ce temps-là elle feroit croire à fes parens qu'elle vouloit être Religieufe. Elle fit tout ce que je voulus; mais enfin ne pouvant réfifter à la paffion que j'avois pour

elle,

elle, je la voulus épouser ; & ayant dressé un contrat, & trouvé un Prêtre & quelques témoins, nous allâmes faire à la Campagne un mariage où manquoient les formalités les plus essentielles, & qui ne nous parut bon que parce que nous ignorions ce qu'il falloit pour cela. Personne n'en eut connoissance que ceux que nous avions pris pour témoins ; & quinze jours après, voyant qu'il falloit que je partisse, elle alla se jetter dans un Couvent, déclarant à ses parens qu'elle avoit renoncé au mariage, & fait vœu de se faire Religieuse. Comme le commerce que j'avois avec elle avoit commencé à leur devenir suspect ; ils furent ravis qu'elle prît ce parti-là. Ainsi ils donnerent les mains à tout ce qu'elle leur fit entendre, & pour mieux couvrir son dessein, elle prit l'habit de Religieuse. Je cessai même de la voir, sitôt qu'elle fut dans le Couvent, mais j'assistai à la cérémonie de sa prise d'habit, & tout ce que je pûs faire fut de la voir un moment pour lui dire adieu, parce que sur la fin de Juillet notre Régiment fut commandé pour le siége de Thionville. Son Noviciat devant être d'une année, je lui promis qu'avant ce temps-là je la tirerois du Couvent, & que je la ferois venir à Paris. Elle m'avertit en me quittant qu'elle se croyoit grosse, & elle me conjura de la laisser le moins que je pourrois



G

donner la Comédie où elle s'étoit engagée. Je lui jurai très-sincérement que je lui tiendrois parole dès que les Troupes seroient en quartier d'hyver, & je la quittai avec tout l'amour & toute la douleur dont j'étois capable. Nous avions pris des mesures pour nous écrire, mais toutes nos Lettres furent interceptées, & elle n'entendit plus parler de moi. Il ne me fut pas possible de quitter l'Armée pour la venir tirer du Couvent, ni d'être informé de la cause de son silence, parce qu'après la prise de Thionville, on nous fit passer en Allemagne dans l'Armée du Maréchal de Guébriant. Jamais je ne pûs obtenir mon congé, & je passai tout l'hyver en Allemagne. Tout ce que je pûs faire, me doutant bien qu'on avoit surpris nos Lettres, fut de charger deux ou trois fois des Soldats qui revenoient en France, de passer par Charleville, mais je n'en reçus aucunes nouvelles. Je ne revins à Paris que sur la fin de Mars, & pris la Poste dès le lendemain pour aller à Charleville, car je mourois d'impatience & d'ennui de n'avoir rien appris depuis près de dix mois, d'une personne que j'aimois, ce me sembloit, avec d'autant plus de passion, que je me sentois une inquiétude extraordinaire de ne point avoir de ses nouvelles.

Etant arrivé à Charleville sur les trois heures après-midi, je trouvai un grand peu-

ple affemblé, & ayant demandé ce que c'é-
toit , on me répondit qu'on alloit pendre
une jeune fille qui avoit fait périr fon enfant. Un moment après je vis paroître cette
malheureufe créature entre les mains d'un
Confeffeur & du Bourreau. O Dieu ! quelle
fut ma furprife, quand attachant les yeux fur
elle , je la reconnus pour cette même perfonne que j'avois tant envie de revoir. Elle
étoit fi changée, que tout autre qu'un Amant
auroit eu peine à la reconnoître ; & toutes
les fois que je penfe au pitoyable état où
elle me parut, les larmes me viennent aux
yeux , & en écrivant ceci , je les fens couler
encore.

Je l'aimois paffionnément ; je l'eftimois
autant que je l'aimois, & jamais je n'avois
reconnu en elle que des fentimens dignes
d'admiration. On ne peut exprimer tout ce
que je fouffris à cette vûe. Peu s'en fallut
que l'étonnement & la douleur ne me fif-
fent tomber de cheval ; mais enfin , prenant
tout d'un coup mon parti, je fendis la preffe, criant de toute ma force, grace, grace.
J'étois à cheval, fort fatigué , & dans l'équipage d'un Courrier qui arrive avec précipitation. Le peuple m'entendant crier de cette
forte, crut qu'en effet j'apportois la grace
de la criminelle , & on commença à m'entourer de toutes parts. Je vis beaucoup de
joie dans les yeux de tout le monde , & cela

G ij

m'encouragea à crier encore plus fort que je n'avois fait, que l'on se joignît à moi pour la sauver. Alors une partie du peuple se jetta sur la potence, & l'abattit, pendant que les plus déterminés me suivirent ; & écartant les Archers, nous nous trouvâmes les maîtres de la personne que nous voulions secourir. On la prit, on l'enleva, & on me la mit sur mon cheval. Je l'embrassai étroitement, & piquant de toute ma force, je gagnai la porte de la Ville, & je me jettai dans le Fauxbourg. Les Archers firent mine de courir après moi, mais le peuple qui me suivoit, ferma la porte de la Ville sur eux, & je me trouvai dans le Fauxbourg, sans que personne s'opposât à mon passage. Il y eut même un Loueur de chevaux, qui voyant, que mon cheval ne pouvoit presque plus galoper, m'en donna un tout frais, sur lequel je montai, sans quitter ma proie. Je me trouvai accompagné de quatre Cavaliers, qui s'offrirent de leur bonne volonté à me prêter main-forte, tant le peuple est facile à émouvoir, quand il s'agit de sauver la vie à ceux que la Justice condamne pour de certains crimes, dont le désespoir est cause. Je sortis donc, moi cinquiéme, du Fauxbourg, & ayant encore galopé près d'une lieue, j'entrai dans un bois pour prendre haleine, & pour tâcher de trouver les moyens de mettre en croupe la perſonne que j'enlevois, & que je ne pouvois preſque plus ſoutenir entre mes bras. Elle étoit évanouie, & elle reſpiroit ſi peu, que l'ayant étendue à terre, je crus qu'en effet elle étoit morte. Un des Cavaliers, homme plus robuſte que moi, me dit, qu'il n'y avoit pas de ſûreté à s'arrêter dans l'endroit où nous étions, & il ſe chargea de la porter entre ſes bras juſques à la nuit. Nous remontâmes à cheval, & nous arrivâmes à deux heures de nuit à un Village, qui étoit à plus de douze lieues de Charleville, tant nous avions fait de diligence. Nous nous y repoſâmes deux heures, & la premiere choſe que nous fîmes, fut de mettre cette pauvre créature dans un lit fort chaud, où elle commença à donner des marques de vie. J'étois auprès d'elle, & la joie de l'avoir ſauvée, n'étoit point aſſez grande, pour me rendre inſenſible à la douleur extrême que me donnoient, & le ſouvenir de l'état où je l'avois vûe, & la crainte de celui où je la voyois. Enfin, elle ouvrit les yeux, & m'ayant long-temps regardé, ſans faire connoître qu'elle me reconnût, je l'embraſſai avec beaucoup de tendreſſe, & fondant en larmes : Hé quoi donc, lui criai-je, ne me reconnoiſſez-vous pas ? Son viſage changea à ces paroles, & ſe mettant ſur ſon ſéant avec un air effrayé : Quoi, dit-elle, Monſieur, êtes-vous mort ?

Je lui dis que je vivois ; & enfin à force de
lui répéter , que c'étoit moi , j'achevai de
la faire revenir ; & j'eus la consolation de
voir que son évanouissement n'auroit point
de suites funestes.

On ne peut exprimer tout ce qui se passa
dans mon cœur , quand je la vis revenue ,
ni tout ce qu'elle me donna de joie , de tendresse & d'amour , quand je vis dans son visage , que son cœur avoit les mêmes mou-
vemens que je sentois dans le mien. Ce sont
là de ces momens , qu'on peut appeller délicieux. Nous nous embrassions sans dire
un mot , & nos larmes & nos soupirs nous
auroient empéché de parler , quand le sai-
sissement de nos cœurs auroit pû nous le
permettre. Il fallut interrompre ce plaisir
pour remonter à cheval. Heureusement
nous trouvâmes une espéce de brancard ,
où nous la mîmes , & enfin nous arrivâmes
à Reims à la pointe du jour. Nous nous cachâmes dans une maison écartée. Les Cavaliers qui m'avoient accompagné , y de-
meurerent un jour avec moi , & ne me quit-
terent qu'après m'avoir promis de ne point
dire ce que nous étions devenus , & de feindre qu'ils avoient voulu nous poursuivre ,
bien loin de faire croire qu'ils nous eussent
assistés dans notre fuite.

Je demeurai donc seul avec l'aimable
personne que j'avois sauvée , & elle m'ap-

prit comment lui étoit arrivé le malheur, dont je venois de la garantir. Voyant, me dit-elle, que je n'avois point de nouvelles de vous, je ne doutois point que vous ne m'eussiez trompée, & cela me fit résoudre à me faire tout de bon Religieuse ; mais je me trouvai dans un extrême embarras, quand je fus assurée que j'étois grosse, & plus encore, lorsque j'approchai du terme. Peu s'en fallut que je ne me jettasse par les fenêtres, car la mort étoit ce que je souhaitois le plus, étant accablée, & de l'opinion que j'avois que vous étiez un perfide, & des cruelles extrémités où me réduisoit ma grossesse. Je la confiai à une vieille Servante, qui étoit dans l'intérieur du Couvent, & qui y servoit depuis long-temps. Cette femme fut la seule qui eut connoissance de mon accouchement ; car j'eus la force de supprimer mes plaintes. Cette malheureuse créature prit l'enfant, sans que je susse ce qu'elle en vouloit faire, m'ayant seulement fait entendre que je n'en serois pas embarrassée, & elle alla, avant qu'il fût jour, le jetter dans un ruisseau qui passe dans le jardin du Monastere où j'étois. Le malheur voulut, ou plûtôt la justice de Dieu permit que cet enfant, entraîné par le courant de l'eau, s'arrêta à une grille qui séparoit le jardin des Religieuses, d'une rue qui est fort passante. On l'apperçut ; on alla querir la Justice, & on vint avec un grand scandale au Couvent. Le procès-verbal ayant été apporté à la Supérieure, on n'eut pas de peine à connoître que j'étois la coupable, & je me mis peu en peine de le déguiser, tant je souhaitois la mort. Ainsi je n'accusai point celle qui avoit commis le crime, tout le monde crut que je l'avois commis seule. Aucune des Religieuses n'eut pitié de moi, & toutes, au contraire, avec une dureté qui passe l'imagination, dirent que je méritois d'être punie. Je fus mise entre les mains de la Justice, & mes parens n'eurent point assez de crédit, pour empêcher qu'on ne me condamnât. Je fus transferée à Paris, où les Juges confirmerent ma Sentence, & pendant que j'y étois, je vous écrivis une lettre, que vous trouverez encore entre les mains du Portier de Madame votre mere. Je vous disois adieu, & si jamais elle tombe entre vos mains, vous verrez dans quels sentimens je mourois à votre égard.

Elle m'embrassa à ces paroles, & ses pleurs l'empêcherent de poursuivre. Pour moi je fondois en larmes pendant qu'elle me contoit cette funeste avanture. Elle finit en disant, que quand je l'avois enlevée, en criant grace, elle m'avoit reconnu, mais que depuis ce moment-là, elle avoit entièrement perdu l'usage de ses sens, déja fort affoiblis par l'approche du supplice. Son malheur me toucha au dernier point, & je ne pouvois affez me reprocher d'en être la caufe.

Lorfque fa fanté fut rétablie, je lui propofai de venir avec moi à Paris, & elle n'avoit pas lieu de douter que je ne l'aimaffe éperdûment, mais je trouvai que fon cœur étoit encore plus grand & plus généreux que je ne l'avois cru. Non, me dit-elle, mon cher Amant, je ne me flatte plus de la penfée que vous m'aimerez encore. Le crime dont j'ai paru coupable, & le fupplice auquel j'ai été condamnée, m'en rendent à jamais indigne ; & tout ce que j'attens de vous, c'eft un peu de compaffion & de fecours pour m'enfermer quelque part, & pour y paffer le refte de ma vie dans la pénitence. Ah ! lui répondis-je, ne vous mettez point ces penfées-là dans l'efprit. C'eft moi qui ai commis le crime, & vous n'avez point mérité le fupplice. Tout cela n'a rien de honteux pour vous, & ne peut fervir qu'à augmenter encore mon amour & mon admiration. J'eus beau faire ; comme elle étoit bien perfuadée que notre mariage ne pouvoit fubfifter, elle perfifta toujours à vouloir être Religieufe, & je lui donnai ma parole, que je ne l'en empêcherois pas, quand nous ferions à Paris. Elle s'y laiffa conduire ; je la logeai le mieux que je pus

dans une chambre garnie, auprès des Re-
collets du Fauxbourg Saint-Laurent, où je
la laissai pour revenir chez moi. Je trouvai
la Lettre dont elle m'avoit parlé, que j'ai
toujours gardée depuis ce temps-là, & que
je veux mettre ici, pour faire encore mieux
connoître le caractére de cette généreuse
fille. Voici les termes dont elle s'étoit servie.

*Je vous écris de la prison, après avoir été
condamnée à la mort, pour un crime que je
n'ai commis, que parce que je vous ai aimé.
Je ne suis venue à Paris, que pour y voir con-
firmer ma triste sentence. Hélas ! qui m'eût
dit que je ne verrois Paris que pour cela, &
que quand vous me promettiez de m'y rendre
heureuse, je dusse m'attendre à une pareille
destinée. Vous aurez horreur de ma mémoire,
quand vous saurez quel supplice aura termi-
né mes jours ; mais je vous assure, que quelque honteux qu'il soit, il m'est agréable, puisqu'il va m'ôter une vie qui m'est devenue
odieuse depuis que vous m'avez oubliée. Si
vous retournez à Charleville, on vous ap-
prendra mon crime, sans qu'on soupçonne que
vous y avez part, car je ne vous ai jamais
nommé, & j'ai cru devoir ce ménagement à
un homme, dont l'honneur & le repos me sont
plus chers que moi-même. La seule grace que
je vous demande en mourant, c'est de faire*

*prier Dieu pour moi, & de croire que s'il me fait miséricorde, je n'employerai mes priéres auprès de lui, qu'afin qu'il vous comble de prospérités. Adieu, je meurs toute à vous.*

Quelles impressions ne me fit point la lecture de cette Lettre ! Je courus chez elle, plus résolu que jamais, de ne point souffrir qu'elle se fist Religieuse ; mais je ne la trouvai plus. Je sus qu'elle avoit eu quelques conversations avec un Pere Recollet ; j'allai demander ce Pere, qui refusa de m'en dire des nouvelles. Je fus près de huit jours à la chercher ; & enfin j'appris qu'elle étoit à l'Hôtel-Dieu, à dessein d'y prendre le voile. Je courus la voir, & on consentit avec beaucoup de peine que je lui parlasse. Jamais je n'avois été si transporté. Je me jettai à ses pieds, & je lui jurai de me poignarder si elle ne m'écoutoit. Mon désespoir l'attendrit, & elle me dit, les larmes aux yeux : que prétendez-vous faire, Monsieur ? Je ne puis être à vous sans exposer votre réputation, & vous auriez une honte éternelle d'avoir épousé une fille que vous avez arrachée de la potence. Il n'est pas, lui dis-je, question de vous épouser, puisque vous ne voulez pas que l'on en parle ; mais au moins, si vous avez à vous faire Religieuse, prenez une autre Maison que celle-ci. Mon Dieu, Monsieur, reprit cette généreuſe perſonne, je ne veux point vous être à charge. Je ſuis venue dans cette Maiſon, parce que j'y ſerai reçue pour rien. Je ne puis choiſir un autre Couvent, ſans qu'il vous en coûte, & je ſai que vous n'êtes pas en état de faire cette dépenſe. Ah ! lui dis-je, ma vie & mon bien ſont à vous, & quoi qu'il en coûte, je vous ferai recevoir dans toute autre Maiſon, où je croirai que vous trouverez plus de douceur. Je joignis mille empreſſemens à ces paroles, mais je ne pus en rien obtenir, & elle me quitta, en me diſant un adieu, dont je me ſentis percer le cœur. Je crus qu'il n'y avoit point d'autre parti à prendre que de demander la Supérieure. Elle vint, & je lui dis que je m'oppoſois à la réception de cette fille ; qu'elle étoit ma femme, & que je la redemandois. La Supérieure l'ayant fait venir, lui dit qu'elle ne pouvoit plus la recevoir. Ainſi elle me fut rendue, mais elle me fit promettre que je la menerois au ſortir de là dans une autre Maiſon de Religieuſes. Je la menai à un petit Couvent, dont la Supérieure étoit de ma connoiſſance, lui recommandant d'en avoir ſoin, & lui confiant que je la regardois comme une perſonne qui étoit ma femme.

Cependant ce qui étoit arrivé à Charleville faiſoit grand bruit, & j'appris qu'on décretoit contre moi pour l'enlevement

que j'avois fait. Toute ma famille en fut
informée, & je connus bien par toutes les
remontrances qu'on me fit, que cette fille
avoit mieux raifonné que moi, & que je ne
pouvois l'époufer avec honneur. Je ne dirai point tous les deffeins qui me pafferent
dans la tête : car enfin je trouvois que c'é-
toit la chofe du monde la plus injufte, de
me rendre efclave des opinions des hommes, & de n'avoir pas la liberté de paffer
ma vie avec une fille, dont la réputation
n'étoit tachée que par le malheur qu'elle
avoit eu de m'aimer. Si elle eût voulu y
donner les mains, nous ferions paffés en
Angleterre, mais je la trouvai toujours
perfuadée, que je devois lui permettre
pour ma gloire, de fe faire Religieufe, &
qu'il n'y avoit plus pour elle de parti à prendre que celui-là. Mon frere aîné, à qui je
racontai fans déguifement tout le détail de
cette avanture, me dit qu'il me plaignoit ;
mais qu'après tout, j'étois heureux d'avoir
affaire à une perfonne qui prenoit d'elle-
même le parti auquel j'aurois dû la porter.
Il ajoûta tant de chofes, qu'enfin je vis que
c'étoit une néceffité, ce qui me fit confen-
tir à fon deffein. J'obtins fa grace & la
mienne, & nous la fîmes Religieufe aux
Carmelites, en changeant fon nom, & ne
difant rien de ce qui lui étoit arrivé. Mon
frere aîné fut affez généreux pour lui faire

un préfent de deux mille écus. Je la con-
traignis auffi de recevoir un petit Contrat,
dont je fis la donation aux Religieufes. On
la reçut donc avec diftinction, & fans que
jamais perfonne ait fû qui elle étoit. Elle a
vécu comme une fainte, & pendant toute
fa vie, mon frere & moi, nous avons eu en
elle une amie inviolable, à laquelle nous
avions ordinairement recours quand nous
avions befoin de confeil ou de confolation.
J'eus une peine extrême à m'accoûtumer à
l'engagement qu'elle voulut prendre, &
fans le fecours de mon frere, je crois que
j'aurois perdu l'efprit. Je puis dire que je
n'ai jamais eu de Maîtreffe, & que je n'ai
jamais connu de femme, que j'aye tant aimée & eftimée que celle-là. Ainfi, par une
bizarrerie qu'on ne peut affez admirer, il
eft arrivé, que la feule perfonne que j'aye
véritablement trouvée digne de mon admiration, étoit une fille de qui je ne pouvois
en honneur, devenir l'époux, ni même paroître amoureux.

Cette avanture, & le chagrin qu'elle me
donna, reculerent un peu ma fortune : car
je fus un an entier fans vouloir voir perfonne, ayant loué un petit appartement auprès
des Carmelites, d'où je ne bougeois, n'é-
tant connu de perfonne, & paffant pour un
homme retiré du monde, & qui ne penfoit
qu'à fon falut. Mon frere ne laiffa pas de

me faire conferver ma Compagnie, faifant entendre que j'étois malade, & contraint, pour me rétablir, de paffer toute
l'année dans le voifinage des Eaux de Bour-
bon, qui étoient néceffaires à ma fanté.

Je ne dirai point la vie que je menai pendant cette retraite, ni toutes les douceurs
dont je jouiffois, lorfque je pouvois feulement démêler la voix de cette fille dans le
Service Divin. C'étoit le feul plaifir qui me
fût permis : car elle refufa toujours de me
voir, fe contentant de m'écrire quelquefois
pour me perfuader d'avoir plus de courage,
& de penfer, ou à une retraite qui m'ôtât
pour jamais du monde, ou à une vie plus
digne de ma naiffance. J'ai gardé toutes fes
Lettres, & elles me confolent encore quand
je les relis.

Mon frère joignant fes prieres à celles
de cette généreufe fille, me perfuada enfin
de me remettre dans le Service, & je retournai à l'Armée en 1645. Je n'avois encore
que vingt ans, mais je croyois qu'après les
expériences que j'avois eûes, il me feroit
impoffible de m'attacher jamais à aucune
femme. Je m'appliquai donc à la Guerre
plus que je n'avois fait jufques-là, & je
m'apperçus que le chagrin que m'avoit donné la retraite d'une fille, que j'avois aimée
fi tendrement, ne fervit pas peu à augmen-

ter mon courage , par l'envie qu'il m'inf-
piroit de chercher les occafions de mourir.
Je fervis à la Bataille de Nortlingue. Je
revins enfuite dans l'Armée de M. de Turenne , où j'affiftai à la prife de Dunkef-
pink , & je puis dire qu'il n'y eut perfonne
plus déterminé que moi , dans l'une & dans
l'autre occafion. Quelque valeur que les
hommes ayent reçu de la nature , il leur
faut fouvent des motifs étrangers pour être
braves , & le chagrin eut bien plus de part
que l'ambition , à la valeur dont j'acquis la
réputation pendant cette campagne.

Je revins à Paris après que Landau fe fut
rendu à M. de Turenne , & je m'apperçus
que le voifinage de mon aimable Religieufe augmentoit mon humeur fombre , car
je ne pouvois m'empêcher de retourner aux
Carmelites. Je découvris ma foibleffe à
mon frere , qui , perfuadé que j'avois befoin d'une abfence un peu longue, me propofa le voyage de Pologne. La Princeffe
Marie devoit partir au commencement de
Novembre , & les liaifons qu'elle favoit que
nous avions eûes avec un Prince , qui l'a-
voit aimée jufqu'à la mort , lui faifoient
fouhaiter que je l'accompagnaffe.

J'acceptai donc le parti que mon frere
me propofoit , & je dirai , à ma confufion ,
que je fentis alors naître dans mon cœur un

fecret

secret defir de plaire à la Princeffe, & de
venir à bout de m'en faire aimer. Je ne rai-
fonnai point, mais dès que je vis que j'allois faire le voyage avec elle, & que
j'aurois tous les jours occafion de la voir,
je commençai un peu à oublier la perfonne que j'avois perdue, & je reconnus
bien qu'une amour nouvelle eft un meilleur moyen pour fe confoler de la perte d'une Maîtreffe, que l'ambition & la
guerre.

La Princeffe fe trouva à l'égard du
Prince qui l'avoit aimée, dans une fitua-
tion prefque femblable à celle où j'étois
à l'égard de ma Carmelite. Elle ne pouvoit fe confoler de fa mort, & elle m'en
parloit tous les jours. Je lui racontai, de
mon côté, mon avanture de Charleville ; elle fut ravie de me voir capable
de toute la délicateffe qu'elle avoit, &
nos converfations roulerent long-temps
fur les difputes que nous avions en agi-
tant fi-elle étoit plus malheureufe de voir
mort un homme qu'elle avoit eftimé,
que moi de voir ma Maîtreffe Religieufe. Si j'avois entrepris de faire un Roman, je raconterois ici le détail de ces
converfations, & elles vaudroient peut-
être bien celles qui font le fort de Clé-
lie ou du grand Cyrus ; mais je laiffe

toutes ces digreſſions pour mieux exécuter le deſſein que je me ſuis propoſé dans
ces Mémoires, de faire voir le génie des
femmes, & les écueils qu'un homme peut
trouver auprès d'elles.

*Fin du premier Livre.*

## LIVRE SECOND.

LA Princesse me parut résolue de se consoler de la perte de son Amant, par les honneurs qui l'attendoient en Pologne ; & j'avois beau vouloir lui persuader de s'en consoler par une autre passion, je ne la trouvai occupée que de son ambition & de sa grandeur. Elle s'apperçut pourtant bien que je parlois par intérêt en lui proposant quelque attachement nouveau ; & elle me disoit, que quand elle auroit senti du penchant pour moi, elle auroit fait scrupule de me rendre infidelle à une personne aussi digne d'être aimée que ma Religieuse. Je ne me trouvois plus capable de cette fidélité délicate, & j'avoue que tout ce que la Princesse me disoit sur ce sujet, me mettoit dans une impatience extraordinaire. Je lui dis enfin nettement que je l'aimois. Elle fit d'abord semblant de n'en rien croire ; mais enfin, voyant que c'étoit tout de bon, elle prit son sérieux, & me fit entendre que si je continuois à lui parler sur ce ton-là, elle me renvoyeroit en France. Elle me dit ces paroles d'une maniere si impérieuse & si séche, que j'en fus outré, & je résolus, non-seulement de ne lui parler jamais d'a-

mour, mais auſſi de n'en point avoir pour
elle. Ainſi, pendant le reſte du Voyage,
je gardai preſque toujours le ſilence. Ma
mauvaiſe humeur lui déplut, & elle m'exhorta, puiſqu'il falloit que j'aimaſſe pour
être gai, d'aimer une de ſes filles qui étoit
fort bien faite : car, diſoit-elle, je ſaurai
bien empêcher que les choſes n'aillent trop
loin, & j'aurai le plaiſir de vous voir de
bonne humeur. Ces railleries me déſeſpé-
roient, & je pris la réſolution d'aimer, non
pas la fille qu'elle me propoſoit, mais la
premiere Polonoiſe que je trouverois à mon
gré ſi-tôt que nous ſerions arrivés. Cette
réſolution, dont je ne lui rendis point
compte, me rendit ma gaité, & je crus
m'appercevoir que la Princeſſe qui s'étoit
plainte quand elle m'avoit vû chagrin, n'é-
toit pas trop contente de me voir ſi gai.
J'évitai de lui dire un mot qui pût lui faire
croire que je l'aimois encore, & j'eus d'autant plus de facilité à éviter de lui parler
d'amour, qu'en effet je ſentois bien que
j'avois ceſſé de l'aimer. Quelque rang
qu'elle eût, je ne pouvois lui pardonner ſa
fierté & ſes railleries, & j'eus aſſez d'eſprit
& de raiſon pour comprendre que je ne ſerois jamais écouté d'une Princeſſe qui joignoit beaucoup d'ambition & de fierté à une
grande vertu.

Nous arrivâmes en Pologne. Le Roi La-

diſlas vint recevoir ſa nouvelle Epouſe. Elle
me préſenta à lui, & j'eus lieu de me louer
de tout le bien qu'elle lui dit de moi. A
peine fûmes-nous à Varſovie, que j'exécu-
tai la réſolution que j'avois priſe d'aimer la
premiere perſonne que je trouverois aimable. Parmi les Dames du Pays qu'on mit
auprès de la Reine, j'en vis une qui me
toucha aſſez pour croire que c'étoit la perſonne qui me convenoit; c'étoit une Demoiſelle de dix-huit à dix-neuf ans, fille
d'un des plus qualifiés Seigneurs du Royaume. Je me trouvai auprès d'elle la premiere fois qu'elle fut préſentée à la Reine, & je
la regardai avec beaucoup de diſtinction.
Je ne ſai ſi la Reine m'obſerva, mais il me
parut qu'elle ſourit en me voyant regarder
cette jeune perſonne avec application; &
je reconnus bien dans la ſuite que c'étoit
auſſi celle de toutes les Filles qu'on lui
avoit préſentées, qu'elle avoit trouvé le
plus à ſon gré. L'amitié que la Reine eut
pour elle me donna occaſion de la voir ſouvent, & j'en devins fort amoureux. Cette
fille entendoit aſſez le François pour me
donner lieu d'avoir des converſations avec
elle, & je ne tardai pas à lui expliquer mon
amour. Si je fus ſurpris de lui trouver autant de penchant pour moi que j'en ſentois
pour elle, je ne le fus pas moins de la maniere franche & naïve dont elle me le dé-

clara ; mais elle porta cette naïveté trop loin , car la Reine lui ayant demandé ce que je lui difois, non-feulement elle lui rendit compte de mes difcours , mais auffi de fes réponfes , & elle dit fans déguifement qu'elle avoit un grand penchant pour moi. La Reine lui repréfenta les inconvéniens d'une pareille paffion , & lui défendit de me parler en particulier. Elle me fit la même défenfe de mon côté , me menaçant de me faire retourner en France fi je continuois. J'avois intérêt de ne me pas brouiller avec la Reine, & de ne pas fortir mal d'avec elle ; mais auffi j'aimois cette fille, & la naïveté avec laquelle elle avoit déclaré fa paffion , ne me la rendoit que plus aimable. Je me trouvai donc fort embarraffé , mais je fortis de cet embarras pour retomber dans un plus grand. Il y avoit huit ou dix jours que j'avois promis à la Reine de ne plus parler à cette fille , & que j'évitois effectivement d'avoir des converfations avec elle, quand la Reine me dit que j'étois bien aifé à rebuter ; que ce qu'elle en avoit fait n'avoit été que pour m'éprouver : mais qu'enfin puifque j'avois été fi obéiffant, elle vouloit bien avoir égard à ma paffion , & qu'elle trouveroit très-bon, non-feulement que j'aimaffe cette fille, mais auffi que je lui parlaffe autant que je voudrois.

Je ne favois pas que ce qui avoit changé la Reine à cet égard ; c'étoit qu'elle s'étoit apperçue que le Roi fon mari aimoit cette même fille ; & , foit jaloufie, foit politique , elle crut que le moyen d'en dégoûter le Roi étoit de lui faire connoître que j'en étois aimé.

Je fus ravi de la permiffion que la Reine me donnoit de continuer mon amour , & dès le jour même je cherchai l'occafion d'entretenir ma Maîtreffe ; mais je vis qu'elle m'évitoit autant qu'elle avoit paru auparavant me fouhaiter ; & enfin l'ayant preffée de m'en dire la raifon , elle m'avoua avec fa franchife ordinaire, qu'elle étoit aimée du Roi , que cet amour lui faifoit trop d'honneur pour en écouter un autre , mais que dès que le Roi l'auroit mariée , elle continueroit à m'aimer. J'appris alors que la premiere chofe à laquelle les Grands penfent en Pologne , quand ils veulent avoir des Maîtreffes , c'eft de les marier ; & en effet on parla peu de jours après du mariage de cette fille avec un grand Seigneur de Lituanie. Ce mariage n'accommodoit point du tout la Reine, parce qu'elle prévoyoit bien que le Roi ne la marioit que pour continuer à l'aimer, & pouvoir la voir plus aifément. Cette Princeffe tâcha donc de me mettre dans la tête de la demander au Roi , & de l'époufer , parce

qu'en cas que mon mariage se fist, elle ne
doutoit pas que je ne dusse l'emmener en
France.

Je trouvois beaucoup d'inconvéniens à
demander cette fille en mariage, & encore
plus à l'épouser. Je jugeois bien, parce
qu'elle m'avoit dit, qu'on ne la mariroit
que pour faciliter les amours du Roi. Je ne
croyois pas pouvoir réussir à l'emmener en
France, malgré le Prince ; & quand il y
auroit consenti, je n'avois pas assez de fortune pour m'y charger d'une femme dont
tout le bien seroit en Pologne. Je dis donc
à la Reine que je ne pouvois me résoudre à
penser à ce mariage, & à en faire la proposition. Elle parut assez contente de mes raisons, & elle ne dissimula point, que voulant gouverner l'esprit du Roi son époux,
elle avoit intérêt de ne la marier qu'à un
homme qui pût lui répondre d'elle. Elle
convint avec moi que j'étois peu propre à
cela, & nous nous séparâmes sans savoir
quelles autres mesures elle prendroit.

La mort du grand Seigneur Lituanien
arriva sur ces entrefaites, & le Roi qui vouloit marier sa Maîtresse, ayant appris la
mort du mari qu'il lui destinoit, la pria
d'en choisir un autre, & cette fille eut assez
d'amour pour me nommer.

Le Roi dit qu'il le vouloit bien, & il me
fit aussi-tôt appeller. Je lui représentai que

je

je n'avois point de bien ; que j'étois un Cadet qui en efpérois fort peu, & que je ferois
un fort mauvais parti pour une fille qu'il
cherchoit à établir. Le Roi me répondit,
que la perfonne qu'il me deftinoit étoit affez
riche pour elle & pour moi, & que d'ailleurs il me feroit affez de bien en Pologne
pour m'obliger de ne pas regretter le peu
que j'avois en France, & pour rendre heureufe celle que j'épouferois. En toute autre
occafion j'aurois été ravi d'une pareille pro-
pofition, car enfin je trouvois tout d'un coup
le moyen d'époufer une fille que j'aimois,
& de faire ma fortune ; mais je ne pouvois
m'ôter de la tête que le Roi ne vouloit me
marier que pour aimer la femme qu'il me
donnoit, & je ne me fentois point affez de
courage pour digerer une condition fi honteufe. Je m'avifai donc de dire au Roi que
j'étois trop honoré du choix & des offres de
Sa Majefté, mais que j'étois obligé de lui
avouer que je me fentois d'une humeur horriblement jaloufe, & qu'une femme feroit
malheureufe avec moi. Ce Prince fourit à
cette excufe, & me dit : fi ce n'eft que cela,
nous y mettrons ordre, & je vous donnerai
des Emplois qui ne vous permettront guére
de voir votre femme, & d'être témoin de fa
conduite.

Ce difcours du Roi me parut un outrage;
mais diffimulant ce que je penfois, je lui

Tome I.     I

dis que j'avois de la peine à renoncer à la France, & que je ne consentirois à ce mariage qu'à condition que Sa Majesté me permettroit, immédiatement après mes nôces, d'y retourner, & d'y emmener ma femme. Ce n'est pas là mon compte, reprit le Roi, & votre femme ne sortira jamais de Pologne tant que je vivrai. Si cela est, Sire, lui répliquai-je, je remercie votre Majesté, & je la prie même de trouver bon qu'au lieu du mariage qu'elle me propose, je lui demande mon congé. Le Roi me quitta, disant que je pouvois partir quand je voudrois, & que j'étois un fou.

J'allai rendre compte de cette conversation à la Reine, qui me conjura, les larmes aux yeux, de faire ce que le Roi desiroit; qu'à l'égard de la jalousie & de la délicatesse qui étoit la seule raison qui m'obligeoit de m'opposer à ce mariage, elle attacheroit si fort ma femme auprès d'elle, que le Roi ne trouveroit jamais le moyen de la voir; qu'elle m'en répondoit, & que je pouvois être en repos sur toutes les choses qui pouvoient m'inquiéter.

La Reine me persuada par tant de raisons, que je la priai de dire au Roi que je ferois ce qu'il m'ordonnoit. Le Roi témoigna beaucoup de joie de ma résolution, mais sa joie n'approcha point de celle de ma Maîtresse qui s'abandonna toute entiere au plaisir d'être ma femme ; de maniere que je crus qu'elle n'aimoit point le Roi, & qu'il me seroit aisé, étant aimé d'elle & secondé par la Reine, d'éviter la honte que je craignois. Enfin, pour dire tout, la vûe de ma fortune & celle de mon amour me firent fermer les yeux à toute autre considération, & je fus même surpris d'avoir balancé un seul moment, tant le cœur humain est peu fixe dans ses vûes, & préfére aisément les raisons de l'intérêt & du plaisir à celles de l'honneur.

J'épousai donc cette fille, & ce mariage me fit changer de nom : car devenu maître en l'épousant d'un Comté très-considérable, on ne m'appella plus que du nom de cette Comté, & c'est sous ce nom-là que j'ai depuis paru dans le monde.

La Reine me tint la parole qu'elle m'avoit donnée. Sa jalousie, jointe à sa vertu, & l'une & l'autre soutenue par mes précautions, lui firent si bien garder ma femme, qu'il ne fut pas possible au Roi de continuer à l'aimer. Ce Prince se rebuta, & s'attacha à une autre personne moins observée. Je fus ravi de ce changement, & je crus alors jouir tranquillement de toutes les douceurs & de tous les avantages de mon mariage, mais ce fut tout le contraire, & mon malheur arriva par l'endroit que j'avois le moins prévû. Ma femme fut désespérée de voir que le Roi changeoit pour elle , & ce grand amour qu'elle m'avoit marqué se changea en une aversion extrême , dès qu'elle vit que ce Prince en aimoit une autre. Elle ne me dissimula point son désespoir , & elle me dit hautement que j'étois cause de ce qu'il avoit cessé de l'aimer. J'eus beau lui représenter son extravagance , toutes mes raisons ne servirent qu'à l'aigrir, & soit qu'elle voulût se défaire de moi , soit qu'elle espérât que la compassion rameneroit l'esprit de ce Prince , elle lui fit faire des plaintes des mauvais traitemens que je lui faisois. Ces mauvais traitemens étoient chimériques , mais le Roi y ajoûta d'autant plus de foi , qu'il se souvint que je lui avois dit que j'étois horriblement jaloux. La malice de ma femme alla plus loin ; elle fit entendre au Roi que j'aimois la Reine ; & le Roi , susceptible de toutes ces impressions , ne pensa plus qu'à me faire assassiner. Il trouva d'autant plus de facilité à faire exécuter ce dessein , que mon mariage avoit excité beaucoup d'envie contre moi dans l'esprit des Polonois.

Il n'y eut donc que trop de gens qui offrirent à ce Prince de me poignarder. La Reine en fut avertie plûtôt que moi , & comme on la mêloit dans cette affaire, elle ne jugea pas à propos de me le dire , voyant bien que si j'étois averti , rien ne pourroit

m'empêcher de prendre la fuite. Elle rai-
fonna fur cette fuite, qui pourroit être une
preuve de l'amour dont on m'accufoit à fon
égard , & elle crut qu'il falloit auparavant
détromper l'efprit du Roi. Elle ne fit donc
point femblant d'avoir reçu cet avis , mais
fuppofant des Lettres de France, par lef-
quelles on lui mandoit la mort de mon frere
aîné , elle les fit voir au Roi, & elle lui dit ,
que ce feroit nuire à mes affaires que vouloir me retenir en Pologne. L'indifférence
avec laquelle elle parla au Roi fur ce qui
me regardoit , & la propofition qu'elle lui
faifoit de me renvoyer en France , firent
juger à ce Prince, que ce qu'on lui avoit
dit de fon amour pour moi n'avoit aucun
fondement. Il lui avoua fes foupçons , &
il lui en demanda pardon ; & en même-
temps il lui dit, que fur les foupçons & fur
les plaintes que faifoit ma femme , il avoit
réfolu de fe défaire de moi , & qu'il ne favoit pas même fi j'étois encore vivant, parce qu'il croyoit que ce jour-là même on
devoit m'affaffiner. La Reine ayant fort blâ-
mé la précipitation avec laquelle le Roi
s'étoit laiffé aller à une réfolution fi cruelle,
dit qu'il n'y avoit point de temps à perdre ,
& qu'il falloit m'envoyer chercher.

On me chercha , mais fort inutilement.
J'avois été averti de l'affaffinat qu'on avoit
prémédité ; & la même perfonne qui m'en

avoit donné l'avis, m'avoit mis dans un lieu
de fûreté. C'étoit une des plus confidérables Dames de la Cour. J'avois remarqué
en plufieurs occafions que cette Dame fe
difoit de mes amies, mais je ne favois pas
que cette amitié allât jufqu'à la paffion. Elle
me le découvrit, en m'apprenant ce qu'on
tramoit contre moi. Comme elle étoit veuve, & plus maîtreffe de fes actions que les
femmes ne le font en Pologne, elle put facilement me cacher chez elle, & ce fut le
parti que je pris, intimidé par les circonftances dont elle me rendit compte, & qui
me perfuaderent que je n'éviterois pas mes
affaffins fi je paroiffois. Je me tins huit jours
caché chez elle, & pendant ce temps, elle
me propofa tout ce que la paffion lui fuggé-
roit pour me mettre en fûreté. Le moyen
fur lequel elle infiftoit davantage, étoit
d'empoifonner ma femme, & elle m'offroit
de fe charger de la chofe. Comme j'avois
lieu de m'imaginer qu'elle n'avoit ces penfées que parce que la paffion l'aveugloit,
je n'en eus pas tant d'horreur que j'en aurois
eû dans un autre temps, & je me contentois de lui faire voir les inconvéniens d'un
pareil deffein. Elle ne voulut jamais me
permettre d'écrire à la Reine, & de l'informer du lieu où j'étois. Il y a grande apparence que cette Princeffe crut qu'ayant été
averti du deffein du Roi, j'avois pris la fui-

te, ou bien que j'avois été aſſaſſiné ; &
l'une & l'autre opinion lui donna de l'inquiétude, mais enfin pour empêcher qu'on
ne jugeât mal des raiſons de mon abſence,
il eſt certain qu'elle fit courir le bruit, que
ſur les nouvelles de la mort de mon frere,
j'étois retourné en France.

Ce bruit vint juſqu'à moi, & croyant
qu'effectivement mon frere étoit mort, je
ne pûs plus demeurer caché, & je dis réſo-
lument à la Dame qui me gardoit, que je
voulois m'informer de la vérité de ces nouvelles, & voir la Reine pour en être inſtruit. Cette Dame me fit des reproches de
la ſenſibilité que j'avois pour mon frere, en
un temps où elle vouloit que je n'en euſſe
que pour elle. Des reproches elle paſſa aux
injures, & des injures au refroidiſſement.
Elle me menaça même de me livrer à mes
aſſaſſins, & enfin il lui échapa de me dire,
que puiſque je la voulois quitter, elle y
mettroit bon ordre, & qu'elle m'empoi-
ſonneroit plûtôt que de le ſouffrir. Ce
qu'elle m'avoit propoſé à l'égard de ma
femme, me fit craindre qu'elle n'en vînt en
effet juſqu'à faire ce qu'elle diſoit, & je craignis ſi bien le poiſon, que je ne voulus
plus manger. Jamais on n'a paſſé en ſi peu
de temps de l'amour à la haine, que nous
fiſmes cette Dame & moi. Elle m'étoit in-
ſupportable, & je lui étois devenu odieux.

Je lui déclarai nettement que je ne pouvois l'aimer , & que je la conjurois de souffrir que je sortisse. Tu sortiras , reprit-elle , mais ce sera de ce monde ; & en disant ces paroles , elle se jetta sur moi, tenant un poignard dont elle s'étoit saisie. Je lui arrachai ce poignard , & je ne sai comment elle en fut blessée à la gorge , mais je la vis toute en sang , & qui se laissa tomber. Je prévis toutes les suites de cet accident, & jugeant bien que je ne me sauverois pas des mains de ses Domestiques s'ils en avoient connoissance , je la laissai & le poignard auprès d'elle. Heureusement je trouvai les portes ouvertes , & je sortis sans être apperçû. Je passai une rue ou deux , & je me trouvai auprès de la maison d'un homme du Pays, que je connoissois, à qui je demandai un asyle, lui confiant qu'il falloit que je partisse sans être connu, ayant des affaires importantes en France, à cause de la mort de mon frere , & que ma femme n'ayant point voulu consentir à mon départ, j'étois obligé de partir *incognito*. Cet homme m'offrit toute sorte de secours , & dès la nuit suivante il me fournit des chevaux , sur lesquels je me rendis à Dantzic. Dès que j'y fus arrivé , j'écrivis à la Reine , & lui rendis compte de mon avanture.

La Reine reçut ma Lettre en un temps où personne ne doutoit que je n'eusse assas-

finé la Dame chez qui j'avois logé. Cette
Dame avoit été trouvée toute en fang par
fes Domeftiques, & elle leur avoit dit que
c'étoit moi qui l'avois traitée de cette forte.
Sa bleffure fe trouva légere, mais elle perfifta toujours à dire que j'étois fon affaffin.
Perfonne n'en croyoit devoir douter, & on
me cherchoit par tout, quand la Reine reçut ma Lettre. Elle la fit voir au Roi, qui
lui ordonna de m'écrire, que fi j'étois innocent, je ne tardaffe pas à revenir pour
confondre mes accufateurs.

La juftice de ce Prince eut moins de part
à cet ordre, que l'embarras que ma femme
lui donnoit. Comme il en étoit perfécuté,
& qu'il ne l'aimoit plus, il fut bien aife de
me faire revenir, afin que je fuffe chargé
feul du foin d'une femme fi emportée. La
Reine m'écrivit que la nouvelle de la mort
de mon frere étoit fauffe, & qu'il falloit que
je retournaffe à Varfovie, pour me purger
de l'affaffinat dont on m'accufoit. J'eus tant
de joye d'apprendre que mon frere n'étoit
pas mort, que je confentis fans peine à
retourner à Varfovie, malgré tous les embarras où je prévoyois que j'allois être.

Dès que je fus arrivé, j'allai me mettre
en prifon, par le confeil de la Reine. La
Dame qui m'accufoit fut extrêmement furprife de mon retour, mais fe piquant alors
d'une générofité qu'elle n'avoit pas, elle

fut la premiere à folliciter ma grace. J'aurois été ravi que la vérité eût été éclaircie,
mais enfin voyant qu'on ne regardoit plus
cette affaire, que comme une querelle de
deux Amans, je ne perfiftai point à demander de plus amples informations. Je reçus
ma grace, & je fortis de prifon. Le Roi
voulut même que j'en témoignaffe ma reconnoiffance à la Dame qui m'avoit ac-
cufé.

Cette affaire l'avoit entiérement perdue
de réputation, car on ne pardonne guére
en Pologne des galanteries auffi fortes que
celle dont elle avoit donné lieu d'être convaincue. Il n'y avoit point d'autre moyen
de rétablir fon honneur que de m'époufer,
& c'eft ce qui m'a toujours perfuadé qu'elle
avoit empoifonné ma femme, qui mourut
un mois ou deux après cette affaire, & affez
fubitement, pour me faire croire que mes
foupçons étoient vrais.

Il y avoit peu de temps qu'elle étoit ac-
couchée de deux enfans, d'une fille & d'un
garçon, & j'appris plûtôt la mort que la
maladie : car nous faifions fort mauvais mé-
nage, par les idées qu'elle m'avoit fait avoir
de fa mauvaife conduite. Je ne laiffai pas
d'en être touché, & je fus moins fenfible
en ce moment aux raifons que j'avois de la
haïr, qu'à celles que j'avois eûes de l'aimer.

Dès qu'elle fut morte, le Roi lui-même me dit, que c'étoit une néceſſité pour moi d'épouſer la femme qui m'avoit caché chez elle, & que j'avois deshonorée par l'éclat que nous avions fait. Je dis au Roi, que je le priois de ne point précipiter ce mariage, & de me donner au moins un peu de temps pour me conſoler de la perte de ma femme, dont je lui parus très-affligé. Je demandai ce délai, afin de pouvoir ſonger à loiſir, à trouver moyen d'éviter une choſe que j'étois abſolument réſolu de ne point faire. La Dame qu'il s'agiſſoit d'épouſer, n'étoit ni belle, ni jeune, & d'ailleurs la familiarité qu'elle avoit avec les aſſaſſinats & les poiſons, me donnoit beaucoup d'horreur. Je diſſimulai pourtant, & je feignis de la regarder comme une femme que je devois épouſer.

Elle ſe tenoit ſi ſûre de notre mariage, qu'elle ne prit aucun ſoin de me ménager ni de me plaire. Au contraire, elle affecta de me mépriſer hautement, & de témoigner de l'attachement pour d'autres. Comme je cherchois l'occaſion de rompre avec elle, je commençai à la chicaner ſur ſa conduite. Elle ſe moqua de ma mauvaiſe humeur, diſant nettement qu'elle n'avoit point à ſe contraindre pour moi, puiſqu'il falloit bien que je l'épouſaſſe de gré ou de force. Je crus que ſi je pouvois la ſurprendre en galanterie, ce feroit une raifon qui m'affranchiroit de cette prétendue obligation. Je n'eus pas de peine à réuffir ; elle fe cachoit fi peu de fes intrigues, que tout le monde en étoit auffi bien inftruit que moi, & je fus averti un foir qu'un Palatin étoit enfermé avec elle. J'en fis mes plaintes au Roi, lui témoignant qu'après une pareille infidélité, je me croyois très-difpenfé d'achever le mariage. Le Roi me répondit, qu'il falloit favoir auparavant fi celui avec qui je l'avois furprife confentiroit à l'époufer, parce qu'en cas qu'il ne le voulût point, la chofe revenoit à moi, comme au premier & plus ancien fondé en droit. Cette réponfe me parut fi bizarre, que je la pris pour une plaifanterie, & ne pus m'empêcher d'en rire : mais le Roi m'affura qu'il parloit très-férieufement, & qu'en pareil cas, c'étoit de cette maniere qu'on en ufoit en Pologne.

Je ne me donnai pas le temps d'examiner fi en effet la Jurifprudence Polonoife l'ordonnoit ainfi, parce que dès ce moment je réfolus de partir & de revenir en France. J'avois pris toutes mes mefures pour ne plus différer. J'étois las du féjour d'un Royaume étranger, & rebuté de toutes les difgraces qui m'y étoient arrivées, & de celles dont je me voyois encore menacé. Je confiai mon deffein à la Reine, la priant

de vouloir bien prendre soin de mes enfans ; & après avoir vendu sourdement ce
que je pus du bien que j'avois en Pologne ,
je me dérobai avec un seul Valet, n'empor-
tant de toute cette grande fortune que j'a-
vois faite , que pour environ vingt mille
écus de Lettres de change , & laissant mes
enfans assez riches du bien de leur mere.
Je demeurai en Pologne près de deux ans ,
& c'étoit à la fin de 1647. que j'en sortis.
Je n'avois pas encore vingt-trois ans, mais
j'en paroissois avoir beaucoup davantage ;
car le séjour que j'y avois fait, m'avoit extrêmement engraissé ; & comme j'ai toujours eu une grande taille, on m'en auroit
donné près de trente.

Ce fut alors que je crus être entiérement
détrompé des femmes , car pendant mon
voyage j'eus le loisir de faire des réflexions
sur les malheurs qu'elles m'avoient déja at-
tirés. Je voyois que c'étoit ce qui m'avoit
fait quitter la France en un temps où j'étois
en chemin de m'avancer, & que c'étoit elles
aussi qui avoient été cause que j'étois sorti
de Pologne lors que ma fortune sembloit y
être la mieux établie. Je résolus de profiter de mes expériences, & de ne plus penser qu'à la guerre. J'avois mandé mon retour à mon frere aîné, qui avoit fort désap-
prouvé que je me fusse marié en Pologne,
& qui n'étoit pas trop fâché que j'eusse eu

des prétextes d'en fortir. Les Lettres que je
reçus de lui en chemin , me déterminerent
à paffer par Venife , à caufe qu'il me mandoit que j'y trouverois un de fes meilleurs
amis , qui s'étant battu en duel avoit été
contraint de s'y retirer.

J'arrivai à Venife fur la fin de l'année ,
dans le temps que tout fe préparoit pour les
divertiffemens du Carnaval. J'y vis l'ami
de mon frere , qui m'engagea à y faire
quelque féjour , & ce fut là que j'oubliai
toutes les belles réfolutions que j'avois prifes fur le chapitre des femmes. Cependant
j'y trouvois, fi j'euffe voulu ouvrir les yeux ,
de nouvelles raifons de mieux envifager le
tort qu'elles m'avoient fait ; car à peine
fus-je arrivé à Venife, que j'appris par mille
endroits , que le bruit couroit que j'avois
été contraint de quitter la Pologne, parce
que j'étois foupçonné d'y avoir empoifonné ma femme & poignardé ma maîtreffe.
Je favois ce qui avoit pû donner lieu à des
bruits fi injurieux à ma réputation ; je dé-
trompai le mieux que je pus tous ceux qui
m'en parurent prévenus : mais il m'a fallu
bien des années pour en venir à bout , &
j'ai toujours de temps en temps trouvé en
mon chemin des gens perfuadés de cette
opinion, qui n'a pas laiffé de me faire tort,
tant la médifance diftingue peu la vérité
d'avec le menfonge.

Quelque preſſantes que fuſſent les ſolli-
citations qu'on me faiſoit de paſſer le Carnaval à Veniſe, j'aurois eu peine à m'y réſoudre, ſans le malheur qui m'arriva d'y devenir éperdûment amoureux. Je puis dire
que j'avois peu ſenti cette paſſion en Pologne, & que toutes les amours que j'y
avois faites, n'avoient point été juſqu'au
cœur. Ce fut là, peut-être, ce qui me rendit
plus facile à m'entêter de la perſonne dont
je crus être aimé.

C'étoit la fille d'un noble Vénitien,
chez qui j'eus d'abord beaucoup d'accès
par le moyen de l'ami de mon frere, qui
avoit connu à Paris le fils aîné de ce Vénitien, & avec qui il avoit lié une amitié
très-étroite. Je voyois ſouvent le pere &
le fils ; mais je fus long-temps ſans voir la
fille autrement que par ſon portrait. Ce
portrait me parut ſi charmant, que je ne
pus m'empêcher de m'écrier en le voyant,
que je n'avois jamais rien vû de ſi beau. La
fille étoit alors dans un endroit d'où elle
pouvoit me voir ſans que je la viſſe, & elle
entendit toutes mes admirations ſur ſa
peinture. Comme je ſortois de chez ſon
pere, je me vis ſuivi par un homme, qui,
ſans me rien dire, me mit dans la main
un petit billet qui n'étoit point cacheté, &
où je lûs ces paroles en Italien.

*La perſonne dont vous avez admiré le*

*portrait est plus touchée de vous que vous ne l'étes de sa peinture ; & s'il est vrai que le portrait vous ait fait plaisir, il ne tiendra qu'à vous de voir l'original. Soyez discret ; c'est tout ce qu'on vous demande, & laissez-moi gouverner le reste.*

Je relûs vingt fois ce billet ; & quoique j'eusse peine à me persuader qu'il fût en effet de la personne dont j'avois vû le portrait, cependant je crus, dans l'incertitude, que je n'en devois point parler, & que le plus sûr, soit qu'on eût voulu me tromper, soit que la chose fût effective, c'étoit d'avoir la discrétion qui m'étoit recommandée.

On n'aura pas de peine à s'imaginer l'impatience que j'eus de retourner chez le Vénitien. J'y allai dès le lendemain ; j'y regardai vingt fois le portrait, témoignant un desir extrême d'en voir l'original ; mais personne ne s'offrit de me donner cette satisfaction. On me proposa une Mascarade pour le jour suivant, & chacun convint des habits sous lesquels on masqueroit.

A peine fus-je retourné chez moi, que le même homme qui m'avoit donné le billet dont j'ai parlé, me vint demander ; & gardant toûjours un grand silence, il me mit dans la main une boëte, & se retira aussitôt. Quelque instance que je lui fisse pour s'arrêter, il ne me parla que par signes, & il s'échappa.                    J'ouvris

J'ouvris la boëte, qui étoit pleine de pierreries ; & sous ces pierreries, je trouvai encore ce billet, écrit de la même main que le premier.

*Comme on s'intéresse à votre gloire, on veut contribuer à votre magnificence. Servez-vous de ces pierreries pour la Mascarade que vous devez faire ; celui qui vous les porte ira les reprendre, quand vous n'en aurez plus besoin.*

Je commençai, en voyant ces pierreries & cette Lettre, à ne plus douter que la chose ne fût sérieuse, & je ne puis dire combien cette avanture me donna à la fois & d'inquiétude & de plaisir.

Je me servis des pierreries que l'on m'avoit envoyées. Elles étoient si belles & en si grand nombre, que personne ne parut avec plus d'éclat que moi. Plusieurs personnes me demanderent où je les avois prises, & ayant répondu que je les avois louées, le frere de la Demoiselle me dit à l'oreille ; je connois le Marchand chez qui vous les avez eûes, & ce qu'elles vous ont coûté pour le prêt. Ces paroles me firent croire qu'il étoit confident de sa sœur ; je rougis, & ne lui répondis rien.

Comme nous nous retirions après la Mascarade, nous fûmes attaqués par six hommes armés, qui ayant écarté ceux avec qui j'étois, ne s'attacherent qu'à moi ; ils me défarmerent, quelque réfiftance que je fiffe, & ils me volerent mes pierreries. Mes camarades revinrent pour me fecourir, mais il étoit trop tard, & mes voleurs étoient échappés.

Quel chagrin n'eus-je point de cet accident ; mais enfin il me reftoit encore une Lettre de change de douze mille écus, & je crus que cela pourroit payer les pierreries. L'homme qui me les avoit apportées revint pour les reprendre. Je lui contai comment j'avois été volé, & je lui offris la Lettre de change. Il la refufa ; & s'étant retiré fans dire un mot, je crus qu'il étoit muet.

Le lendemain dès le grand matin, je le vis revenir avec cet autre billet.

*Ne vous affligez point de la perte des pierreries. Quand j'ai pris le parti de vous les prêter, je me fuis expofée de bonne volonté à tous les inconvéniens qui en pourroient arriver, & c'eft moi, & non pas vous, qui fuis caufe qu'elles font perdues. C'eft donc à moi feule de les payer. Je voudrois pouvoir vous marquer par des pertes plus confidérables, que je n'eftime nul autre bien dans le monde que votre cœur. Gardez-le moi, jufqu'à ce que vous ayez pû juger fi je le mérite.*

Si elle le mérite, repris-je auffi-tôt. Hé! y a-t'il dans le monde une femme d'un plus grand mérite ? Charmé de la grandeur d'ame d'une perfonne fi généreufe & fi défintéreffée, je m'abandonnai à tout ce que la paffion peut infpirer de plus violent & de plus tendre. Je conjurai encore mon homme muet de prendre la Lettre de change, ou du moins de fe charger d'une réponfe, pour la perfonne qui l'avoit envoyé. Il ne voulut faire ni l'un ni l'autre, & il fortit avec le même filence que les autres fois.

La fille qui m'avoit envoyé les pierreries, les avoit louées à un Jouaillier, qui étoit de la connoiffance de fon frere, & elle s'étoit fervie de lui pour les avoir. Ce fut fon frere lui-même qui me l'apprit, ajoûtant que fa fœur lui avoit fait confidence de la paffion qu'elle avoit pour moi, & qu'elle n'avoit point fait de difficulté de fe découvrir à lui, parce qu'elle le fervoit auprès d'une de fes amies, dont il étoit amoureux. Ce fut un jour ou deux après que les pierreries eurent été volées, qu'il me fit cette confidence, m'affùrant qu'il ne tiendroit qu'à moi de trouver auprès de fa fœur tous les agrémens que cette fœur lui procuroit auprès de fa maîtreffe.

On fera furpris, quand je dirai que tout cela n'étoit qu'un artifice pour attrapper mon argent. C'étoit le frere qui m'avoit fait voler mes pierreries, & elles étoient entre fes mains ; mais faifant toujours femblant qu'elles avoient été volées, il me dit que fa fœur, quelque généreufe qu'elle fût, ne laiſſoit pas d'être embarraſſée pour payer ces pierreries; & que ſi elle s'obſtinoit à ne vouloir point recevoir ma Lettre de change, l'affaire pourroit faire du bruit, & viendroit aux oreilles de ſon pere; que ſi je voulois, il me meneroit chez le Marchand, de qui je ſaurois ce qu'elles valoient, & à qui je pourrois les payer; que c'étoit un homme auquel on pourroit ſe fier du ſecret, & qui ne ſavoit pas même que je les euſſe reçûes par le canal de ſa ſœur. Je fus ravi de trouver le moyen de payer ces pierreries; & n'ayant aucun ſoupçon que ce fût un panneau, je donnai huit mille écus au Jouaillier, avec plus de plaiſir, que je n'ai jamais payé aucune dette. Ce Marchand, qui s'entendoit avec le frere de la Demoiſelle, eut quelque choſe pour ſa peine, & mon argent devint la proye du frere & de la ſœur.

Je ne ſavois rien de tout cela, & je n'avois garde de m'en défier; mais ſacrifiant toujours aux idées que ma vanité me donnoit d'être aimé de la perſonne qui m'avoit inſpiré tant de paſſion, je ne m'appercevois point que ces folles idées m'avoient déja preſque tout dépouillé, & je n'étois occupé que du deſir de voir une perſonne ſi aimable.

Je preſſois ſouvent ſon frere de m'en procurer l'occaſion. Il me le promettoit, & trouvoit toujours des raiſons pour me

manquer de parole. Je recevois quelquefois des lettres de ſa ſœur, & ce n'étoit plus
le muet, c'étoit ſon frere lui-même qui me
les rendoit en main propre , & qui ſe char-
geoit de mes réponſes. Ces lettres étoient
toujours fort paſſionnées , & rouloient ſur
le déſeſpoir où nous étions de ne nous pas
voir.

Je vécus de la ſorte juſqu'au milieu du
mois de Février , que je reçus des lettres
de mon frere , qui me blâmoit fort de m'arrêter ſi long-temps à Veniſe , me mandant
que je courois riſque de perdre l'Emploi
qu'il avoit obtenu pour moi dans l'Armée
de Monſieur le Prince , qui devoit ſe mettre en campagne , & aſſiéger Ypres dès le
mois de Mars.

Je fus inſenſible aux ſoins de mon frere
& au tort que je me faiſois en reſtant plus
long-temps ; & n'étant touché que du deſir
de voir la perſonne dont je me croyois aimé , je mandai à mon frere que j'étois malade & hors d'état de partir ſi-tôt , l'aſſû-
rant que dès que ma ſanté ſeroit aſſez rétablie pour ſouffrir la fatigue du voyage, je
prendrois la poſte. Mon frere étoit mieux
averti que je ne penſois de l'état de ma
ſanté. L'ami qu'il avoit à Veniſe l'en avoit
informé. Il m'écrivit encore lettres ſur lettres ; mais j'étois ſi aveuglé & ſi fou , que
j'aurois mieux aimé mourir que de quitter

Venife avant que d'avoir vû ma maîtreffe.

Les lettres de mon frere ne me fervirent qu'à preffer avec plus d'inftance le frere de la Demoifelle de ne me plus laiffer languir ; & enfin, voyant que je le menaçois de partir, il me promit de me la faire voir. Il me dit que pour cela, il falloit me déguifer en Efpagnol, & prendre fur moi le plus que je pourrois d'argent & de pierreries, parce que fa fœur, qui vouloit conferver fans obftacle le plaifir de m'aimer & de me voir, avoit fait entendre à la perfonne chez qui je devois la trouver, que l'amant qu'elle aimoit étoit un grand Seigneur d'Efpagne. Je n'examinai point fi cette raifon étoit bonne ; je fis ce qu'il voulut, & ayant pris l'habit & l'équipage Caftillan, fans oublier de l'argent & des pierreries, je me laiffai conduire dans la maifon d'une des plus fameufes Courtifannes de Venife, que j'avois vûe plufieurs fois, & que je connoiffois pour telle. J'étois, à dire le vrai, un peu fcandalifé, que ce fût chez une femme de ce caractére que ma maîtreffe me donnât un rendez-vous ; mais j'avois une fi furieufe envie de la voir, que je m'arrêtai peu à ce fcrupule. Ainfi, je me rendis chez la Courtifanne, occupé de la feule efpérance de la voir.

Dès que j'y fus arrivé, on m'enferma dans une chambre ; & peu de temps après je vis enfin arriver la Demoiselle au portrait : elle ne me parut pas aussi belle qu'elle m'avoit semblé dans sa peinture, mais cependant je la reconnus, & j'y trouvai assez de ressemblance, pour ne pas douter que ce ne fût elle. Cette différence de beauté entre l'original & le portrait, me rendit moins passionné que je ne croyois le devoir être; & la fille qui s'en apperçut, me fit bien remarquer, par les soins qu'elle prit de réveiller ma passion, que ce n'étoit pas la premiere fois qu'elle s'étoit trouvée dans une pareille rencontre. Je dissimulai pourtant ma pensée, mais je ne pus dissimuler mon chagrin; &, ne sachant à qui m'en prendre, je m'avisai de lui faire des remontrances sur ce qu'elle osoit venir dans la maison d'une Courtisane. Elle soutint d'abord assez bien des réprimandes, ausquelles elle me dit qu'elle ne s'attendoit pas ; mais, enfin, voyant que je continuois à la prêcher, elle me quitta brusquement, en me disant qu'elle ne me reverroit jamais.

Ce fut alors que je connus la foiblesse du cœur. J'avois tous les sujets du monde de croire que cette fille n'étoit rien moins qu'une honnête fille ; mais, dès qu'elle m'eut quitté, je me sentis plus possédé que jamais du desir de la revoir. Tous mes scrupules s'évanouirent, & je me repentis du procédé que j'avois eu. Son frere entra quel-

que temps après ; &, m'abordant avec un
visage irrité, il me dit, mettant l'épée à la
main, que j'étois un malhonnête homme,
que sa sœur venoit de lui dire que je l'avois
insultée, & qu'il en auroit raison. Moi, lui
dis-je, insulter votre sœur! Au nom de
Dieu, mon cher ami, faites que je la re-
voye, & vous verrez à quel point je l'aime.
Le frere s'adoucit à ces paroles, & remet-
tant son épée dans le fourreau, il sortit, disant qu'il alloit tâcher de la ramener ; mais
il ne revint point ; & après avoir attendu
plus de deux heures, je vis entrer la Courtisane chez qui nous étions, qui me dit en
langage Vénitien : Qu'est-ce donc, Seigneur Don Juan ; qu'avez-vous aujour-
d'hui, & pourquoi votre maîtresse est-elle
moins contente de vous que les autres
jours? Cette femme, en disant ces paroles,
me regarda attentivement, & parut fort surprise. Je lui demandai ce qui la suprenoit,
& pourquoi elle m'avoit donné le nom de
Don Juan ; mais elle ne voulut point répondre, faisant toujours l'étonnée : elle me
dit seulement, que si je voulois la revenir
voir, elle m'apprendroit la cause de sa surprise. Je ne pus en tirer autre chose, & je
sortis rêvant à mon aventure, & commençant à en deviner une partie.

Si-tôt que je fus chez moi, je voulus
serrer l'argent & les pierreries que j'avois
portées,

portées, mais je ne les trouvai plus, & je connus qu'on m'avoit volé : je n'en pouvois accuser que la personne du rendez-vous ; & cela me confirma dans les opinions que j'avois d'elle. Je me souvins alors qu'il y avoit à Venise un jeune Espagnol qui s'appelloit Don Juan, & je jugeai que c'étoit pour lui que la Courtisane m'avoit pris : je devinai qu'il falloit que cet Espagnol fût l'Amant de ma Maîtresse, & qu'il fût en possession de la voir chez cette Courtisane. La chose étoit en effet comme je le conjecturois. Je retournai dès le lendemain chez la Courtisane, qui m'apprit tout ce que je voulois savoir, & je vis que cette personne dont j'avois été si passionné, & pour laquelle je m'étois presque brouillé avec mon frere, étoit une fille accoutumée à ce manége, & qui, depuis plus de six mois, avoit avec cet Espagnol un commerce réglé dans cette maison.

Comme je pensois à me venger, je reçus des lettres de mon frere, qui me manda qu'il avoit appris la vie que je menois à Venise, & qui m'instruisoit que j'avois été la dupe du frere & de la sœur : il me conseilloit de ne point faire de bruit, mais de partir le plus promptement que je pourrois.

Mon frere avoit appris tout ce détail de l'ami qu'il avoit à Venise, & je jugeai bien qu'il n'avoit pû l'apprendre par un autre,

J'allai chez lui pour lui faire des reproches de ce qu'au lieu d'avertir mon frere, il ne m'avoit pas averti moi-même. Il diſſimula d'abord qu'il eût rien écrit; mais enfin, il m'embraſſa, & me dit : que voulois-tu que je fiſſe, mon pauvre garçon ? Tu étois fou, & ſi j'avois voulu t'éclairer, tu ne m'aurois pas crû. Je fus encore long-temps à me plaindre de ce qu'il m'avoit laiſſé duper, & voyant qu'il n'y avoit point de reméde, je dis que je voulois abſolument ravoir mon argent, ou me couper la gorge avec le frere de ma friponne de maîtreſſe.

Celui à qui je parlois, n'étoit à Veniſe que pour avoir fait un duel en France. Son exil ne l'avoit pas corrigé de la démangeaiſon de ſe battre, & je le trouvai très-diſpo-ſé à me ſervir de ſecond. Nous convînmes donc que je ferois appeller le Vénitien. Je le fis, mais il ſe moqua de ce cartel, & il ne parut point au rendez-vous. Surpris de ſa lâcheté, je réſolus de l'obliger à ſe battre malgré lui, & je m'aviſai le jour que nous choiſîmes pour l'attaquer, de reprendre l'habit eſpagnol, ſous lequel j'avois été au rendez-vous, d'en donner un de même à celui qui me ſervoit de ſecond, & de faire prendre auſſi à toute notre ſuite des habits à l'Eſpagnole.

Nous allâmes l'attendre en cet équipa-ge, & l'ayant inutilement preſſé de mettre

l'épée à la main, je lui donnai par le visage
quatre ou cinq coups de revers de mon
épée, qui l'obligerent enfin de se défendre.
Il le fit foiblement, & reçut un coup qui
le jetta sur le carreau. Nous fûmes assez
heureux, quoique la chose se fist en plein
jour, de n'être point arrêtés. Nous nous
sauvâmes avec toute notre suite, & nous
étant jettés dans une Gondole, nous allâmes nous embarquer, & sortîmes de Venise, car nous avions pris auparavant toutes ces précautions. J'en avois même pris
une autre pour me mieux venger, & faire
retomber sur l'Espagnol Don Juan tout le
bruit de cette affaire.

J'avois écrit au pere de la Demoiselle,
comme si j'eusse été un parent de Don Juan,
qu'étant venu à Venise, j'avois appris que
mon parent avoit un commerce avec sa
fille, par le moyen de son frere. Je spécifiois tout ce que je savois du détail de leur
intrigue, & je finissois, en lui disant que
mon parent Don Juan ayant été affronté
par son fils, je voulois en avoir raison, &
qu'il ne cherchât point ailleurs celui qui
s'étoit battu contre lui.

Le pere ayant reçu cet avis, fit informer
contre Don Juan. Outre ce qui étoit marqué dans ma lettre, il avoit appris par tous
ceux qui avoient été témoins de notre combat, que c'étoit un Espagnol qui l'avoit atta-

qué & qui avoit pris la fuite avec plufieurs autres de la même Nation.

Nous apprîmes à Padoue que la chofe avoit réuffi comme je le pouvois fouhaiter ; que le frere de la Demoifelle étoit mort de fa bleffure, fans avoir pû parler ; que Don Juan voyant qu'on informoit contre lui, & que toute fon intrigue étoit connue du pere, avoit pris la fuite, & qu'enfin tout le monde étoit perfuadé que c'étoit lui qui avoit fait faire le combat. J'eus toute la joie qu'on peut avoir de s'être vengé, & cela me confola un peu de la perte de mon argent, & des friponneries qu'on m'avoit faites, bien réfolu de ne m'embarquer de ma vie en aucune intrigue de femmes.

L'ami de mon frere, qui m'avoit fuivi à Padoue, ne pouvant revenir en France, me propofa de le laiffer aller en Pologne. J'y confentis d'autant plus volontiers, que j'étois ravi d'avoir quelqu'un qui m'informât fûrement de l'état de mes enfans, & de tout ce qui s'étoit paffé & fe pafferoit à Varfovie, à quoi je pourrois prendre quelque part. Je favois déja que le Roi Ladiflas étoit malade ; le bruit de fa mort couroit par tout, & je jugeois bien que la Reine, qu'on parloit de remarier au Prince Cafimir, fon beau-frere, feroit en état de rendre à l'ami que je lui recommandois, tous les bons offices dont il pourroit avoir befoin.

Comme nous étions déja fur la fin du mois de Mai, & que la campagne étoit commencée en Flandre, je crûs qu'il n'y auroit pas d'honneur pour moi à m'y rendre fi tard; & c'eft ce qui me fit prendre le parti, pour me donner de l'occupation, de me jetter dans Naples, efpérant trouver l'occafion de me fignaler fous les ordres du Duc de Guife, qui s'étoit rendu maître de cette grande Ville; affaire qui faifoit alors grand bruit par toute l'Italie.

J'écrivis mon deffein à mon frere, & confervant toujours l'habit efpagnol, je pris la route de Naples, croyant que fous cet habit, je trouverois plus aifément le moyen de joindre le Duc de Guife; mais je n'y arrivai que plus d'un mois après que ce Duc eut été fait prifonnier, tant j'avois été mal informé de ce qui fe paffoit.

J'appris qu'il étoit encore à Gayette; & comme il connoiffoit toute notre famille, qu'il étoit ami particulier de mon frere, & qu'il m'avoit auffi fort connu dans ma jeuneffe, je crûs que je ne pouvois mieux faire, que de tâcher de le voir avant fon départ, & que d'aller lui offrir mes fervices pour la France.

Ce fut encore ma mauvaife étoile, qui me fit naître cette envie; car ce voyage me rembarqua dans une intrigue qui me causa autant de peine & de chagrin, que celle que j'avois eûe à Venise.

Le Duc fut ravi de me voir, & quand je lui eus témoigné que le croyant encore à Naples, j'avois eu dessein d'aller m'y enfermer avec lui : ce ne sera pas, me répondit-il, dans une affaire si périlleuse que vous me servirez. J'ai besoin de vous pour un service plus agréable & moins difficile ; & là-dessus, il me fit voir une Lettre qu'il avoit reçûe d'une Dame Napolitaine, avec laquelle il avoit eu une intrigue pendant son séjour à Naples. Cette Lettre étoit furieusement emportée, & je vis bien, en la lisant, que cette femme étoit au désespoir de l'absence & de la prison du Duc, car elle le menaçoit de se poignarder, s'il ne consentoit au dessein qu'elle avoit de le suivre en Espagne. C'est une folle, me dit le Duc, qui fera quelque extravagance, si quelqu'un ne lui remet l'esprit. Faites-moi donc le plaisir de retourner à Naples. Je vous donnerai une Lettre pour elle ; & je ne puis choisir personne plus capable que vous de lui faire entendre raison. Je promis au Duc de faire ce qu'il souhaitoit ; je pris la Lettre & l'adresse de la Dame, & ayant encore été à Gayette jusqu'à son embarquement, je pris la route de Naples, dès que je l'eus vû partir.

Je ne pus, pendant le chemin, m'empêcher de faire cent fois réflexion sur la bizarrerie de ma deſtinée, qui dans un temps où je cherchois à oublier les femmes, me rappelloit à une occaſion néceſſaire de les revoir, & qui me rendoit le confident d'une intrigue amoureuſe, lorſque je n'avois que la guerre en tête. Je dirai même que je ne fus point fâché d'avoir la commiſſion que le Duc de Guiſe m'avoit donnée, & que je ſentis un ſecret déſir de me faire aimer d'une femme qui me paroiſſoit avoir autant d'eſprit & aimer d'auſſi bonne foi que celle dont il m'avoit fait lire la Lettre. Ce fut le maudit penchant que j'avois pour le ſexe qui m'empêcha de profiter autant que j'aurois dû des réflexions que je faiſois ſur le retardement que j'apportois à ma fortune, en retournant à Naples, au lieu d'aller en France, & je ſentis bien que quelque déſir qu'un cœur ait d'acquérir de la gloire, on ne ſauroit compter ſur lui, quand il ſe livre à l'amour.

J'avois repris l'habit eſpagnol pour mieux cacher, en entrant à Naples, que j'étois François. J'arrivai à Pozzolo Caſtello qu'il faiſoit encore grand jour, & je m'y arrêtai, pour n'entrer dans Naples qu'à la nuit. J'allai, en attendant qu'elle fût arrivée, me promener dans un lieu fort agréable & fort folitaire, où je crus n'être vû de perfonne: mais j'y trouvai deux femmes & un homme qui y étoient, à ce que j'en pus juger, long-temps avant moi. Une de ces femmes étoit un peu éloignée de l'autre, & je crus que c'étoit pour lui donner lieu d'entretenir plus librement le Cavalier. Comme cela avoit l'air d'une intrigue, je m'approchai fans qu'elles m'apperçuffent, m'étant caché derriere des arbres qui les couvroient, j'entendis une partie de leur converfation. Cette Dame affûroit le Cavalier qu'elle n'avoit jamais aimé que lui, & elle fe juftifioit fort d'un reproche qu'il lui faifoit d'avoir eu de la paffion pour un autre. C'eft tout ce que je pûs concevoir de leur converfation; mais j'eus la malice, après les avoir écoutés près d'une demi-heure, de me lever & de fortir du lieu où j'étois, en faifant affez de bruit pour être apperçu. Dès que la Dame qui parloit au Cavalier m'eut regardé, elle pâlit, & elle s'écria: Ah! qu'eft-ce que je vois? C'eft lui-même. Cette Dame me parut fort belle, & croyant qu'elle me prenoit pour fon mari, ou pour quelqu'autre fâcheux qui l'eût furprife dans cette intrigue, je la faluai fort refpectueufement, & je paffai mon chemin. Comme j'allois doucement, & que je détournois la tête de temps en temps, je vis que la femme qui étoit avec elle me fuivoit. Je m'ar-

rêtai pour lui donner le temps de m'abor-
der. Elle vint à moi, & m'ayant fort con-
fideré, elle me dit en espagnol, que j'avois
tellement de l'air du Duc de Guise, que
l'on m'avoit pris pour lui. Je ris de cette
imagination ; car excepté la taille & la
couleur des cheveux & du teint, je n'avois
rien qui pût me faire prendre pour le Duc
de Guise. Je lui dis que je ne l'étois pas,
& lui demandai quel intérêt elle prenoit à
ce Duc. Elle me répondit qu'il n'y avoit
personne à Naples qui ne dût craindre que
le Duc de Guise ne tramât encore quelque
chose pour se rendre maître d'une Ville,
qui heureusement étoit retournée sous la
domination de son Prince. Je vis bien que
cette personne me parloit ainsi , parce
qu'elle me croyoit Espagnol ; car je savois
assez que le Duc étoit fort aimé à Naples.
Je ne me découvris point, & il ne me resta
de cette avanture qu'une curiosité de connoître la Dame qui étoit avec le Cavalier,
& un peu d'inclination pour elle ; mais je
n'osai l'interroger , & je revins à Pozzolo
Castello , d'où j'entrai à Naples , lorsque
la nuit fut venue.

Dès le lendemain matin , j'allai pour
tâcher de voir la personne à qui j'avois des
Lettres à rendre ; mais celui qui devoit me
la faire voir , & auquel le Duc de Guise
m'avoit adressé , me dit qu'elle étoit à la

campagne. Je lui demandai fi cette campagne étoit éloignée , & fi je ne pourrois
pas l'y aller trouver. Il me répondit que je
m'en gardaffe bien , ajoûtant que cette Dame étoit fort obfervée , & que j'avois de
grandes mefures à prendre , parce que fon
intrigue avec le Duc de Guife avoit fait du
bruit , & l'avoit rendue fort fufpecte aux
Efpagnols.

J'attendis huit jours à Naples, où je m'en-
nuiai terriblement , n'ofant prefque paroître , par les mefures que les Efpagnols
avoient prifes de fe faifir de tous les François. Au bout de ce temps , j'appris que la
Dame étoit revenue , & mon correfpon-
dant m'introduifit chez elle. C'étoit jufte-
ment la Dame que j'avois vûe à Pözzolo
Caftello. Je la reconnus , & elle me reconnut auffi. Je lui rendis la Lettre du
Duc , mais je ne lui dis rien pour la détourner du deffein qu'elle avoit marqué dans la
Lettre que le Duc m'avoit fait voir , de fe
poignarder ou de le fuivre , parce que je la
trouvai fort confolée de fon départ. Je ne
pouvois ignorer qu'elle n'eût une autre intrigue , puifque j'avois entendu fa converfation , & je crus que c'étoit le Cavalier
avec qui je l'avois vûe qui l'avoit confolée,
mais je reconnus que cette femme cherchoit plus d'un confolateur ; & avant que
je l'euffe quittée , elle me dit affez nette-

ment qu'elle me trouvoit tant d'air du Duc
de Guise, qu'elle sentoit pour moi la même inclination qu'elle avoit eûe pour lui.

On s'étonnera de la foiblesse que j'eus
de répondre à des avances qui devoient me
paroître peu sincéres, & de ce que je pensai à me faire aimer d'une Dame que je ne
pouvois attacher à moi sans la détacher du
Duc qui m'avoit choisi pour son confident;
mais on ne raisonne point, quand on se
croit aimé d'une jolie personne. Ni la perfidie que je faisois au Duc, ni celle que sa
maîtresse lui avoit déja faite, en s'attachant
à celui avec qui je l'avois surprise, ne me
détournerent de la passion que je sentis. Je
l'assûrai que j'avois pour elle plus de penchant qu'elle n'en avoit pour moi ; mais
je ne lui dissimulai point que j'avois entendu sa conversation de Pozzolo Castello,
& que je savois qu'elle avoit un autre
amant que le Duc de Guise & moi. Elle
me répondit que c'étoit un homme qu'elle
haïssoit, & qu'elle avoit résolu de ne jamais voir ; & que là-dessus, je n'aurois jamais aucun sujet de jalousie. Je la crus, ou
je fis semblant de la croire, travaillant moi-
même à m'aveugler & à éloigner tout ce
qui auroit pû m'empêcher de goûter le plaisir d'une passion nouvelle.

J'écrivis au Duc de Guise que sa maîtresse étoit une infidelle, & l'amour qu'elle

commençoit à m'infpirer, ne m'empêcha pas de la peindre à ce Prince avec toutes les couleurs que méritoit fa perfidie : heu-reux, fi j'avois dû avoir pour elle tout le mépris que je voulois faire prendre au Duc, & la reconnoître pour telle que je la repré-fentois dans ma Lettre ; car j'en faifois un portrait que je favois bien qui lui reffem-bloit parfaitement ; mais, malgré cela, je l'aimois, & j'avois réfolu de l'aimer ; & les amans portent quelquefois leur aveugle-ment jufqu'à ne pas connoître dans leurs maîtreffes les défauts qu'ils favent bien en faire connoître aux autres.

L'amant qui étoit en poffeffion de fon cœur avant mon arrivée, s'apperçut bien-tôt de notre intrigue, & je m'apperçus bien auffi qu'on ne l'avoit pas éloigné, & qu'on le voyoit toujours. Cette femme qui nous trompoit l'un & l'autre, lui avoit appris que je n'étois pas un Efpagnol, mais un François, qui ne la voyois que de la part du Duc de Guife. Dès qu'il eut fu ce fe-cret, il trouva un prompt reméde à la ja-loufie que je lui donnois. Il alla me dé-couvrir, & je fus arrêté. Quand je me vis en prifon, j'écrivis à cette Dame, que je comptois qu'elle employeroit le crédit qu'elle avoit fort grand, pour me faire rendre ma liberté ; mais bien loin de me faire réponfe, j'appris qu'elle publiot par-

tout que c'étoit elle qui m'avoit fait arrêter, parce que j'étois venu pour lui propo-
ser, de la part du Duc de Guise, de la faire
passer en France. Elle imagina cet artifice
pour marquer qu'elle avoit oublié le Duc,
& pour témoigner à l'amant qui lui restoit
qu'elle n'avoit jamais eu d'attachement
pour moi.

Lorsque j'eus appris cette perfidie, je
sortis comme d'un profond assoupissement,
& je connus que j'avois bien mérité ce qui
m'arrivoit. O Dieu ! quelles imprécations
ne fis-je point contre les femmes ! Quels
violens desirs de me venger ! Mais il fallut
supprimer tout cela, & ne penser qu'à ma
liberté. Je n'osai jamais dire qui j'étois, de
peur qu'on ne me resserrât plus étroitement. Je fis donc croire que j'étois un domestique du Duc de Guise, qui n'étois venu en effet que pour apporter des Lettres à
cette Dame de la part de mon maître. On
crut ce que je disois, & après huit jours,
on me donna la liberté, ainsi qu'à quelques
autres malheureux François qui avoient
été les compagnons de ma prison, & qu'on
ne crut pas plus propres que moi à servir sur les Galeres, ausquelles j'aurois été
condamné, si je n'étois tombé malade en
prison.

Dès que je me vis libre, je ne pensai
qu'à revoir la Dame qui m'avoit si cruelle-

ment abandonné. J'allai chez elle dans l'état où je me trouvai pour lors, c'est-à-dire, sans argent, & n'ayant qu'un mauvais habit à demi déchiré, car on m'avoit tout pillé en m'arrêtant. Cette femme ne put me voir dans ce triste état, sans se mettre à rire, & quand j'eûs pris la parole pour lui reprocher sa perfidie, elle m'interrompit, en me disant : que demandez-vous, mon pauvre garçon ? Tout ce que je puis faire, c'est de vous donner la charité, pour vous aider à faire votre voyage. Qu'on lui donne trois pistoles, dit-elle à une de ses femmes, & qu'on le renvoye.

Quel accablement pour moi ! Mais il en fallut passer par-là, & j'avoue que si je résistai à cet affront, ce fut pour me voir un jour en état de me venger. Je refusai son argent, & je sortis ; je crûs que l'homme à qui le Duc de Guise m'avoit adressé, me fourniroit dequoi passer en France, mais il refusa de me voir, & je ne me trouvai plus d'autre ressource que la Providence.

Je n'avois mené avec moi à Naples qu'un seul valet Polonois, qui avoit pris la fuite, dès qu'il m'avoit vû arrêté, & qui même me vola tout ce qui étoit échappé à ceux qui m'arrêterent. La résolution que je pris, fut de gagner Rome, où je savois bien que je trouverois des ressources, soit du côté de la France, soit du côté de la Pologne.

J'allai jufqu'à Terracine, le mieux que je pûs, & mon bonheur voulut que j'y trouvaffe la Ducheffe de .... qui alloit à Rome. Je lui appris qui j'étois, & lui ayant dit que j'étois tombé entre les mains des bandits, elle me mena à Rome, où je touchai bien-tôt de l'argent. Peu de temps après, je pris la pofte pour me rendre en France. La diligence que je fis, fut telle, que j'arrivai en Flandre le 18 d'Août, deux jours avant la Bataille de Lens.

J'avois bien compris que le meilleur moyen de regagner l'efprit de mon frere, & de reparoître en France avec honneur, c'étoit de commencer par quelque action d'éclat, qui effaçât tous les mauvais bruits qu'on avoit fait courir contre moi, pendant que j'avois été abfent. C'eft ce qui me fit aller droit en Flandre ; & dès que je fus arrivé à l'Armée, j'appris qu'on fe préparoit à une Bataille. Je ne voulus point paroître devant mon frere, qui fervoit dans cette Armée, avec la réputation d'un des meilleurs Officiers que le Roi eût. Je me contentai de me découvrir à un autre Officier de mes parens, qui me cacha jufqu'au jour de la Bataille, où je lui dis que je voulois fervir. Il me promit de m'y donner de l'emploi, & je reftai dans fon quartier, fans que mon frere eût le moindre foupçon de mon arrivée.

Les précautions que je veux prendre en écrivant ces Mémoires, pour ne point apprendre qui je suis, m'empêcheront de faire ici le détail d'une action qui me distingua dans la Bataille, au-delà de ce que j'aurois pû souhaiter. On a fait tant de relations de cette action, que si je spécifiois la part que j'y eûs, personne ne pourroit me méconnoître. C'est assez de dire que Monsieur le Prince publia par tout qu'il devoit le gain de la Bataille au bonheur que j'eûs d'empêcher la fuite & la défaite d'un corps considérable, qui auroit infailliblement entraîné la déroute de toute l'Armée. Cette action me valut un Régiment, que j'obtins peu de temps après, à la recommandation de Monsieur le Prince. Je retrouvai dans mon frere toute la tendresse & toute l'amitié qu'il avoit pour moi avant mon absence. J'appris que mon frere le Comte étoit allé me chercher en Pologne, ayant encore été obligé de sortir de France, pour s'être battu ; que ma sœur étoit séparée de son mari, & qu'elle demeuroit chez ma mere.

Comme la réputation que j'avois acquise à la Bataille de Lens, m'avoit mis en goût pour la guerre, je demandai à demeurer dans l'Armée du Maréchal de Rantzau. J'eûs part à la prise de Furnes, & je ne revins à Paris qu'à la fin d'Octobre, où je trouvai

tout

tout en combustion ; car c'étoit le temps
des troubles si fameux, par la haine des
Parisiens pour le Cardinal Mazarin.

Plus je faisois de réflexion à tout ce qui
m'étoit arrivé depuis deux ans, plus je trouvois ma vie romanesque, tant du côté de
l'amour, que du côté de la guerre. Tant
d'avantures si bizarres, m'avoient donné
une confiance en ma destinée, qui m'empêcha de m'appliquer autant que j'aurois
dû aux occasions de faire ma fortune, &
d'éviter les intrigues de l'amour. Je ne
croyois pourtant pas qu'il fût possible que
je fûsse encore trompé par les femmes, &
je résolus de les voir & de les aimer toutes
sans attachement. J'eus lieu d'être confirmé dans cette résolution, par le ridicule
que ma mere donna en ce temps-là, & dont
je dois parler, pour faire connoître que
l'âge le plus avancé, n'est pas capable de
faire prendre une bonne conduite aux femmes, qui ont l'entêtement d'être aimées.

Ma mere avoit vécu sans amitié pour ses
enfans & sans aucune économie pour la
dépense. Il y avoit long-temps qu'elle étoit
aimée d'un homme à peu près de son âge,
& qui ayant long-temps passé pour son
amant, ne justifioit le scandale de ses assiduités, qu'en faisant croire ou qu'il étoit
déja son mari, ou qu'il le seroit un jour.
Nous étions tous persuadés dans la famille

que ce mariage étoit fait ; & le parti que nous avions pris, c'étoit de vivre avec elle avec beaucoup de froideur, mais sans aucune division ouverte ; mon frere aîné se contentant d'avoir, autant qu'il le pouvoit, l'œil à ses affaires, pour l'empêcher de manger le fond de son bien.

L'homme qui passoit pour son mari avoit un fils qu'il retira du Collége, & que ma mere prit chez elle. Comme on nous fit entendre qu'elle ne l'avoit pris qu'en attendant qu'on le mît à l'Académie, mon frere aîné ne s'en plaignoit point, & souffrit, sans dire mot, les dépenses qu'on vit bien que ma mere faisoit pour lui ; mais nous fûmes bien-tôt avertis par les domestiques, que ma mere ne se tenoit pas à ne faire pour lui que de la dépense, & que sa passion alloit jusqu'à donner toutes les marques & tout le scandale d'une véritable galanterie. Son pere en fut instruit aussi bien que nous ; & comme il étoit plus autorisé que mon frere à lui faire des reproches, il lui en fit, jusqu'à la maltraiter, & à faire sortir de force son fils de chez elle, & le mettre à Saint Lazare. Mais, quelle fut sa surprise & la nôtre, quand ma mere lui déclara qu'elle avoit épousé cet enfant, & lui fit voir un contrat & une célébration de mariage faite avec lui depuis plus d'un mois! Ainsi le pere n'avoit pû venir à bout, en

quinze ou seize ans d'assiduités & de com-
plaisances, de ce que son fils, encore écolier, avoit fait en trois ou quatre mois.
Cette affaire qui fit grand éclat, nous mor-
tifia au dernier point. Le pere vouloit que
nous fissions casser le mariage, & produi-
soit même une promesse que ma mere lui
avoit faite ; mais comme il nous étoit in-
différent qui elle épousât, puisqu'elle avoit
en tête de se marier, nous ne voulûmes
point remuer cette affaire, & nous laissâ-
mes le pere s'en démêler seul. Il fit beaucoup de poursuites, qui tournerent toutes
à sa confusion ; & enfin, le chagrin le prit,
& il en mourut, après avoir deshérité son
fils, qui fut rendu à ma mere. Elle déclara
son mariage, mais elle ne put y accoûtumer le public, jusqu'à l'obliger de l'appeller du nom de ce nouveau mari.

Je croyois être absolument détrompé des
femmes, par la mauvaise opinion que tant
d'expériences m'en avoient donnée ; mais
ce fut justement par-là, que je me trouvai de la disposition à de nouveaux engagemens. Je sentois un secret desir d'éprouver encore si enfin je ne trouverois point
quelque femme raisonnable. On voit bien
qu'étant dans cette disposition, je fus incapable de résister, dès que je crûs avoir trouvé ce que je cherchois.

Je voyois toujours ma pauvre Carme-

lite, c'eſt-à-dire, que je lui parlois ; car
elle gardoit exactement la régle, qui défend aux Carmelites de ſe faire voir. Elle
avoit pris beaucoup de part à més avantures, ſurtout à la derniere, je veux dire à
la Bataille de Lens ; & je devois un peu à
ſes conſeils, & à l'amitié que j'avois toujours pour elle, le ſoin que j'eus d'éviter
beaucoup de panneaux, que les coquettes
de la Cour, qui étoient en grand nombre,
me tendoient de jour en jour pour m'attacher à elles ; car rien ne gagne plus les
femmes que la réputation d'homme guer-
rier & galant, & elles étoient toutes per-
ſuadées que j'étois l'un & l'autre. Je me
contentois donc de les voir ſans aucune liai-
ſon particuliére ; & me donnant fort ſouvent
la Comédie de ceux de mes amis, que je
voyois attachés à elles, j'étois de leurs parties, & quelquefois de leurs débauches,
n'ayant rien ſur mon compte, & me ré-
jouiſſant de tout.

Je vivois de la ſorte, quand ma Carmelite me dit, que puiſque j'avois renoncé à
la Pologne, je devois penſer à me marier à
Paris, & qu'elle avoit ſongé pour cela à
une Dame de la Cour, qu'elle me nomma,
qui étoit fort ſon amie, & qui lui avoit
toujours paru très-prévenue en ma faveur.
Elle étoit veuve, mais extrêmement riche,
& c'étoit un des meilleurs partis qu'il y eût

en ce temps-là. Je connoiſſois cette Dame.
Je l'avois trouvée fort aimable ; mais en
apprenant qu'elle étoit prévenue pour moi,
je lui trouvai un redoublement de charmes
qui me toucha vivement. Je demandai en
riant à ma Carmelite , ſi elle jureroit bien
qu'une Dame d'un ſi grand mérite ne fût
pas coquette. Ah ! reprit-elle , c'eſt un
exemple de ſageſſe & de vertu ; & perſonne, juſqu'à préſent, n'a pû l'accuſer que
d'un peu trop de régularité, car elle la porte juſqu'à l'excès. Je lui témoignai qu'elle
me feroit plaiſir de m'en donner la connoiſſance , & de ménager ce mariage , qui
étoit bien au-deſſus de ce que je pouvois
eſpérer. Nous prîmes jour pour nous trouver à ſon parloir, comme ſi le hazard nous
y avoit amenés. Là , je vis cette Dame ; &
après une converſation générale , je la re-
menai chez elle. Dès que nous y fûmes
arrivés , elle me dit d'un air ouvert : Monſieur , je ne veux point vous faire languir.
Dans le deſſein où je ſuis de me remarier,
je cherche un homme qui puiſſe me rendre
heureuſe ; & ce que votre amie m'a dit de
vous , m'a fait croire que vous ſeriez plus
capable qu'un autre de me procurer le bonheur dont je me flatte. Je répondis avec
beaucoup de marques de reconnoiſſance &
de paſſion, & elle m'apprit qui étoient ceux
qui la recherchoient. Elle ne m'en nomma

aucun qui ne fût homme de mérite & d'une qualité diftinguée; mais elle m'affura qu'aucun d'eux ne lui plaifoit tant que moi.

Je fus charmé plus que je ne l'avois encore été de ma vie; & trouvant enfin une femme vertueufe, prévenue pour moi d'une inclination affez forte pour vouloir faire ma fortune, je m'abandonnai à la paffion que je commençai à fentir pour elle, & je la vis réguliérement tous les jours. Nos converfations roulerent prefque toujours fur des conteftations qui furvenoient pour fon bien, & je m'apperçus en peu de temps qu'elle vouloit me faire fon folliciteur, avant que de me faire fon mari. Quelque ennemi que je fuffe des affaires, je pris les fiennes à cœur; & l'application que j'y eûs, me rendit bien-tôt bon chicaneur. Comme on voyoit que toutes fes affaires rouloient fur moi, & que je ne bougeois de chez elle, le bruit fe répandit que nous étions mariés. Je l'en avertis, efpérant que ces bruits la détermineroient à conclure; mais elle me dit au contraire, que puifqu'on parloit de nous, il falloit que je ne la viffe pas fi fouvent; & que fes affaires n'étant pas encore difpofées de forte qu'elle pût fe marier, je l'obligerois de lui en laiffer choifir le temps, & que cette complaifance feroit une marque d'amitié, par où elle pourroit juger de moi. J'enrageois de ce

délai ; car dans le fond , il ne tenoit qu'à elle
de m'époufer ; mais , me piquant avec elle
de complaifance & de délicateffe , je lui dis
que je ne la verrois plus que quand elle le
fouhaiteroit. Elle me parut charmée de ma
docilité; & ayant réglé mes vifites à trois fois
la femaine , nous nous écrivions les autres
jours. Ses lettres étoient fort tendres, & non-
feulement elle m'y découvroit fans précaution la paffion qu'elle avoit pour moi ,
mais elle m'y renouvelloit les affurances de
n'en époufer jamais un autre. Cependant ,
la campagne commença , & il fallut quitter ma maîtreffe. Ce fut en me jurant plus
que jamais de m'époufer à mon retour , &
je n'eus pas lieu , pendant mon abfence ,
de la foupçonner d'aucun changement, par
la régularité & la tendreffe de fes lettres.

Nous fîmes peu de chofe cette année ;
les ennemis reprirent Ipres, & nous eûmes
notre revanche par la prife de Condé. Je
revins à Paris après la campagne , & ma
maîtreffe m'affûra qu'elle étoit toujours
dans les fentimens où je l'avois laiffée.

J'étois en ce temps-là obligé d'aller fouvent à Saint Germain , où étoit la Cour.
Un jour que je devois être au coucher du
Roi , j'allai prendre congé de la Dame.
Elle me laiffa fortir après ma vifite ; & me
rappellant de deffus le degré : A propos ,
me dit-elle, que faites-vous de mes lettres ?

Voudriez-vous me les rendre, car je crains que vous n'en égariez quelqu'une ? Je l'assurai que j'en avois grand soin. N'importe, dit-elle, rendez-les moi, j'aurai l'esprit en repos, & je vous prie que je les aye avant que vous partiez pour Saint Germain. Je voulus la refuser ; mais elle me fit tant d'instances, que je lui promis de les lui renvoyer dans le moment ; ce que je fis, voulant toujours garder auprès d'elle le caractére d'homme désintéressé & complaisant. Je fus obligé de rester plusieurs jours à Saint Germain, & il y avoit deux jours que j'y étois, quand on dit chez la Reine qu'un Prince, que l'on nomma, alloit se marier, & que l'affaire étoit conclue. Je demandai quelle étoit la personne qu'il épousoit, & je fus bien surpris, quand on me nomma celle avec qui je croyois me marier. Je le fus encore bien davantage, quand on me soutint que c'étoit par moi que l'affaire se faisoit. En effet, toutes les apparences devoient le persuader. Le Prince étoit mon ami, & on savoit que je gouvernois la Dame.

J'eûs peine à me persuader d'abord que la nouvelle de ce mariage eût de la vraisemblance ; mais enfin, voyant qu'on en parloit hautement, & rappellant dans mon esprit, & l'assiduité que ce Prince avoit eûe depuis quelque temps pour ma maîtresse, & l'affectation

l'affectation avec laquelle elle m'avoit re-
demandé ses lettres, je commençai à en
croire quelque chose. Ce qu'il y avoit de
plus mortifiant pour moi, c'est que tout le
monde m'en faisoit compliment, comme
si j'eusse fait ce mariage.

Le Prince en question se trouva pour
lors à Saint Germain, & je ne crûs point
de meilleur moyen, pour m'éclaircir entiérement de la vérité, que d'aller chez lui
sans faire semblant de rien. Si-tôt qu'il me
vit, il vint m'embrasser, disant hautement:
Voilà celui qui a voulu que je me mariasse,
puisque la personne que j'épouse, m'a assûré
que c'étoit sur tout le bien qu'il lui a dit de
moi, qu'elle y avoit consenti. Je pensai
tomber de mon haut, quand j'entendis ces
paroles ; & la rage & le désespoir m'ayant
déterminé sur le champ, je lui répondis à
l'oreille, que son mariage n'étoit pas encore fait, & qu'il y avoit une personne qui
avoit un mot d'importance à lui dire dans
un Jardin hors du Louvre, que je le conjurois d'y venir seul avec moi. Il fut surpris
du froid & de la pâleur avec laquelle je lui
dis ces mots ; & me suivant sur l'heure,
nous prîmes ensemble le chemin du Jardin ; le Prince me demandant continuellement, qu'y a-t'il donc ? qu'est-il arrivé ?

Je ne lui répondis rien ; mais quand nous
fûmes dans le Jardin où je l'avois mené, je

lui demandai bien férieufement s'il étoit vrai qu'il époufoit la Dame dont nous venions de parler. Pourquoi, me répondit-il, me demander une chofe que vous devez favoir mieux que moi ? C'eft, lui repartis-je, parce que je l'ignore, que je vous le demande ; & la raifon qui me le fait ignorer, c'eft, fi vous ne le favez pas, que c'eft moi qui époufe cette Dame. Le Prince me regarda en riant ; & voyant que je gardois mon férieux : Es-tu fou, mon pauvre Comte ? reprit-il. Et depuis quand la cervelle t'a-t'elle tournée ? C'eft toi qui a propofé mon mariage, à ce que la Dame m'a fait entendre. Je fuis ton ami, & je me donne au diable, fi j'ai jamais penfé à l'époufer, tant que j'ai crû que tu y penfois. Dis-moi donc, à quoi en es-tu avec elle ? J'en fuis, lui répondis-je, au point qu'il n'y a que trois jours encore qu'elle m'a juré qu'elle n'en époufroit jamais d'autre que moi ; & que je vous ai amené ici à deffein de me couper la gorge avec vous. Cela ne fera pas, s'il plaît à Dieu, me répondit-il, & je te donne ma parole, de ne penfer de ma vie à cette femme, fi elle t'a promis de t'époufer. Ne faifons donc point de bruit, lui répondis-je ; nous devons bien-tôt, vous & moi, retourner à Paris, & nous faurons à quoi il faudra nous en tenir.

J'eus impatience d'être de retour ; & quoique je duffe encore refter quelques jours à Saint Germain, je demandai mon congé. Dès que je fus à Paris, je courus aux Carmelites, pour informer ma Religieufe de ce que j'avois appris à Saint Germain ; mais je la trouvai déja toute informée de cette affaire, & elle avoit reçu depuis un jour une lettre de la Dame fon amie, qui lui mandoit que les affiduités que j'avois eûes pour elle, avoient fait croire à tout le monde que nous avions enfemble un commerce criminel ; & que ne pouvant fe réfoudre à faire croire que fon mariage fût la fuite d'un pareil commerce, elle avoit écouté les propofitions qu'on lui avoit faites en faveur du Prince. C'étoit à peu près le contenu de fa lettre, & on juge bien que fes raifons nous parurent frivoles, & que nous conclûmes que l'inconftance feule ou l'intérêt étoient la vraie caufe de ce changement.

Ma Carmelite me confeilla, puifque cette Dame étoit de ce caractére, de ne point m'opiniâtrer à ce mariage, me faifant craindre les fuites d'un pareil engagement avec une perfonne fi légere ; mais j'étois piqué au jeu, & je voulois en venir à bout, ou en avoir raifon.

J'allai chez elle au fortir des Carmelites ; & l'abordant fans faire femblant de rien, je lui demandai, après quelques autres discours, si elle ne vouloit donc pas que nous achevassions notre mariage. Elle me demanda si je n'avois rien ouï dire à Saint Germain, & lui ayant répondu que non, elle me dit que mon amie des Carmelites me diroit ce qu'elle n'osoit me dire elle-même. Alors, voyant qu'il n'étoit plus temps de dissimuler, je lui avouai que je savois qu'elle vouloit épouser le Prince d . . . . Hé, pourquoi donc, me répondit-elle, disiez-vous que vous ne le saviez pas ? Je n'aime point les menteurs, & cela seul m'empêcheroit de vous épouser. Cette réponse me parut la plus outrageante qu'elle eût pû me faire, & j'en fus d'autant plus piqué, qu'elle me la fit avec un sang froid, dont je ne croyois pas que l'on pût être capable en une pareille occasion. Je m'emportai, je criai, je soupirai, je me jettai à ses pieds, je la menaçai, sans que jamais j'en pûsse tirer une autre réponse. Je sortis, en lui disant que je publierois par tout que j'avois en effet eu avec elle le commerce dont elle se croyoit accusée.

Ce fut d'abord le parti que je voulus prendre pour en dégoûter le Prince ; mais comme, après tout, ç'auroit été une calomnie, n'ayant jamais eu rien de pareil avec elle, je me contentai d'entrer avec lui dans le détail de tous les engagemens

de parole & d'amitié que nous avions eûs
enſemble. Soit que le Prince ne ſe ſouciât
pas trop de ce mariage , ſoit qu'il ne voulût pas épouſer une femme qui lui paroiſſoit , ſur mon récit , d'un caractére peu
ſolide , ſoit qu'il crût qu'elle eût eu pour
moi trop de complaiſance & de foibleſſe ,
il m'aſſûra qu'il n'y penſeroit jamais ; & en
effet , il retira ſa parole.

Je laiſſai paſſer quelques jours , après
que l'on eût appris que ſon mariage avec
cette Dame étoit rompu , ſans lui rendre
viſite , afin de lui donner le temps de ſe
conſoler du chagrin que je croyois qu'elle
en auroit. Elle m'envoya chercher au bout
de trois jours ; & m'ayant fait des reproches de ce qu'elle étoit perſuadée que j'a-
vois dit contre ſa conduite , pour rompre
ſon mariage , elle ajoûta que , puiſque
c'étoit une néceſſité de m'épouſer après cet
éclat , elle étoit prête de le faire.

Jamais je n'en eûs moins d'envie , que
quand je vis que la choſe étoit prête à ſe
conclure ; car enfin , l'inconſtance de cette
Dame avoit éteint la paſſion que j'avois
pour elle , mais l'opinion de ſa vertu & de
ſa ſageſſe me raſſûroit ; & du moins, diſois-
je , en trouvant beaucoup de bien , je ſerai
ſûr d'avoir une femme vertueuſe.

Je n'étois pas pourtant ſi déterminé, que
je ne balançaſſe quelquefois , & c'eſt ce qui

me fit consentir à un délai de quinze jours ou de trois semaines, que me demanda cette Dame, prétextant quelque incommodité dont elle disoit qu'elle vouloit se guérir. Je lui dis que je lui donnois tout le temps qu'elle vouloit, & je crus la chose si assûrée, que je commençai à m'occuper de tout ce qui étoit nécessaire pour la cérémonie.

Un soir, comme je sortois de chez elle, où je l'avois trouvée couchée, une de ses femmes de chambre me dit que si je voulois me cacher dans une petite antichambre qui tenoit presque à son lit, & où je pourrois entrer par un escalier dérobé, elle me feroit voir & entendre des choses qui me surprendroient, & dont il étoit pourtant besoin que je fusse éclairci. Je lui demandai ce que c'étoit. C'est, me dit cette fille, que Madame est grosse, & que je ne crois pas qu'elle passe la nuit sans accoucher. Je regardai cette fille avec étonnement; & elle me dit en levant les épaules, que si je voulois passer dans le lieu qu'elle m'avoit marqué, je serois convaincu de la vérité d'une chose si surprenante.

L'avis que je recevois, méritoit bien que je m'éclaircisse. Je montai dans cette garde-robe; & environ deux heures après, j'entendis la Dame en travail. On avoit pris soin d'éloigner les domestiques, & il n'y

avoit que la fille qui m'avoit parlé, & une
Sage-femme, qui euſſent connoiſſance de
ce myſtére. Quel fut mon étonnement! Je
n'entreprendrai point de l'expliquer. Je
paſſai dans la chambre où elle accouchoit,
& m'étant caché en un coin, je fus témoin
oculaire de la choſe. Je penſai éclater de
rage & de déſeſpoir; mais enfin m'étant
retiré dans la garderobe, la même fille qui
m'avoit parlé, me vint dire : Ne vous en
allez pas, Monſieur, Madame vous a apperçu dans ſa chambre, & elle veut vous
parler. Ce meſſage me ſurprit encore plus,
ſi cela peut-être, que tout ce qui venoit
d'arriver. Eſt-elle en état de me parler,
lui dis-je ? Et veut-elle que je lui donne la
mort qu'elle mérite ? Cependant, la curioſité de ſavoir ce qu'elle me pourroit dire,
m'obligea d'entrer ; & dès que je fus près
de ſon lit, elle me dit d'une voix foible :
c'eſt moi, Monſieur, qui ai voulu qu'on
vous rendît témoin de ce que vous avez
vû, pour vous faire voir qu'il n'a pas tenu
à moi que vous n'euſſiez point ce chagrin,
puiſque j'ai fait ce que j'ai pû pour épouſer
le Prince d . . . . mais vous vous étes opi-
niâtré. Vous voyez à quelle femme vous
vous étes attaché, & ſi je méritois tous les
ſoins que vous vous étes donnés. Je ne
répondis rien qu'après un long ſilence ;
mais au moins, lui dis-je, Madame, appre-

nez - moi quel eft l'heureux pere de cet
enfant qui vient de naître. C'eft ce qu'il
vous importe peu de favoir, reprit - elle.
Il fuffit que je n'ai pas voulu vous tromper ; & j'en aurois ufé autrement, fi vous
aviez été moins honnête homme ; mais vos
maniéres pour moi ont été fi refpectueufes
& fi foumifes, que je n'ai jamais eu la force
de vous faire cette injure. Adieu , vous
verrez, après cela , fi vous voulez encore
m'époufer.

La maniére dont elle venoit de me parler, me toucha jufqu'aux larmes, & j'eus
peine à la quitter. Je n'en eus pas moins à
deviner par quel motif j'avois pleuré en
une occafion où je ne devois avoir que du
dépit. Si-tôt que je fus chez moi, je crus
que ce qui venoit d'arriver étoit un fonge,
tant j'y voyois peu de vraifemblance ; car
j'avois obfervé cette Dame, & je ne m'étois
jamais apperçu, je ne dis pas de la moindre
intrigue , mais du moindre penchant à la
débauche. Je fus agité de divers mouve-
mens qui m'occupoient moins, que l'envie
de favoir de qui elle avoit eu cet enfant. Je
crus que la franchife avec laquelle elle m'a-
voit rendu confident de cette affaire , ne lui
permettroit pas de me le cacher , & j'allai
chez elle dès qu'il me fut permis de la voir.

Elle prit la parole la premiere , & elle
me dit que j'avois plus de part que je ne

penſois à ce qui lui étoit arrivé , & que jamais elle n'auroit été groſſe, ſi elle ne m'eût
paſſionnément aimé. Ce diſcours me parut
une ſuite de choſes inconcevables , & je vis
bien que toute cette avanture ſeroit contre la vraiſemblance. Elle m'apprit qu'elle
avoit eu pour moi une extrême paſſion , &
que ſon plus grand déſeſpoir avoit toujours
été de me voir avec elle ſur un pied reſ-
pectueux ; qu'elle auroit voulu que je l'eûſſe
contrainte par mes maniéres à ne me rien
refuſer de ce qu'elle brûloit de m'accorder ;
& qu'étant un jour occupée de ces deſirs
violens , elle avoit reçu une de mes lettres
par un Page.

Quelque extraordinaire que fût tout ce
que cette femme me diſoit, je commençai
à le trouver vraiſemblable , en rappellant
dans mon eſprit , que ce Page avoit paru
avoir de l'attachement pour elle. Je ne
doutai pas que cette premiere avanture
n'eût été ſuivie de pluſieurs autres ; car il
ne coûte aux femmes, pour s'engager dans
les deſſeins les plus emportés & les plus
violens , que d'avoir oſé commencer ; &
plus elles ſont d'obligation de s'obſerver
devant les gens qu'elles craignent , plus
elles ont de facilité à ne plus rien ménager
avec ceux à qui elles ſe confient.

Je regardai donc cette femme avec d'autres yeux que je n'avois fait juſques-là ; &

fans rien dire , touchant la part prétendue
qu'elle vouloit que j'euffe à ce qui lui étoit
arrivé , je lui dis que fi la cervelle ne lui
eût pas tourné , elle n'auroit jamais eu une
lâcheté femblable ; & que le meilleur confeil que je pouvois lui donner , c'étoit
d'époufer le Page qu'elle aimoit.

Je la quittai en difant ces mots , & je ne
la traitai plus que comme une folle.

J'en reçus une lettre deux ou trois heures après , dans laquelle elle me mandoit
en termes fort emportés , que j'étois caufe
de tous fes malheurs. Elle finiffoit , en me
demandant un fecret éternel fur tout ce
qu'elle m'avoit confié. Je ne lui fis point
de réponfe , mais je lui gardai exactement
le fecret. Je me défis du Page , qui étoit
affez grand pour fervir , & j'eus la force de
ne plus penfer à une perfonne fi indigne
de mon attachement. Sa mauvaife conduite
eut moins de part à cet oubli , que fon peu
de cervelle ; & ce que je lui pardonnois le
moins , étoit la fimplicité ou la bêtife avec
laquelle elle m'avoit donné connoiffance
d'une chofe qu'elle auroit dû fe cacher à
elle-même. Elle croyoit au contraire avoir
fait en cela une action héroïque , & que je
devois lui tenir compte de ce qu'elle n'a-
voit pas voulu me tromper. Je laiffe à décider aux lecteurs , qui d'elle ou de moi eut
raifon ; mais je fai bien que je ne confeille-

rai jamais à aucune femme d'avouer ſes galanteries, ni à un mari, ni à un amant.

Quand on ſut dans le monde que je ne
la voyois plus, on jugea que cette brouil-
lerie étoit une ſuite du chagrin que m'a-
voient donné les propoſitions de ſon mariage avec le Prince d . . . . Je ne me mis
pas beaucoup en peine de détruire cette opinion. Il n'y eut que le Prince que je dé-
trompai, en lui diſant en général que cette
femme avoit un caractére d'eſprit capable de faire enrager tous les maris du monde ; & il n'eut pas de peine à ſe le perſuader, en ſe ſouvenant qu'elle avoit voulu l'épouſer en un temps où elle vouloit
m'épouſer auſſi. Je ne ſai ſi elle continua
l'intrigue du Page ; mais un an après que
tout ceci fut arrivé, un homme en faveur
la fit demander pour un de ſes parens,
qu'elle a épouſé, & duquel elle s'eſt ſépa-
rée, étant devenue la femme du monde la
plus coquette & la plus décriée.

Je me trouvai donc encore la dupe de
ce dernier engagement ; & au lieu d'une
occaſion de faire ma fortune, il m'en fut
une de beaucoup de chagrins & de dépen-
ſes, & je me confirmai toujours de plus en
plus dans la mauvaiſe opinion que j'avois
des femmes.

Je repris la réſolution de ne plus m'y
attacher que par amuſement, & mon amu-

sement fut auprès d'une femme qui avoit eu une intrigue ouverte avec un grand Seigneur de la Cour, qu'elle ne voyoit plus, par l'éclat que cette intrigue avoit fait dans sa famille. Elle tâcha de me persuader qu'elle l'avoit entiérement oublié pour moi, & je fis semblant d'en être persuadé; mais qui pourroit tenir contre les protestations d'une femme artificieuse? Celle - ci me parut si détachée, non - seulement de sa premiere inclination, mais encore de tous les hommes, que je m'imaginai à la fin qu'elle n'aimoit plus que moi. Comme elle étoit fort aimable, & qu'elle avoit de l'esprit infiniment, je me sus bon gré d'avoir fixé une femme de ce caractére; & malgré toutes mes résolutions, je sentis bien que je l'aimois. Le premier soin de cet amour, fut de lui inspirer plus de délicatesse qu'elle n'en avoit eu jusqu'à moi; & elle parut répondre si bien à mes sermons, que je la crûs entiérement convertie.

Le Roi d'Angleterre Charles II. étoit en ce temps-là à la Cour de France; & comme il étoit fort galant, on prétendoit qu'il avoit grand nombre de maîtresses. J'avois beaucoup d'accès auprès de lui, & je m'étois souvent trouvé dans des parties de divertissemens qui m'avoient fait entrer dans sa familiarité. Un de mes amis qui le voyoit aussi quelquefois, me dit qu'une

femme qu'il ne connoissoit point, s'étoit
adressée à lui pour une chose fort plaisante.
C'est que cette femme l'avoit assûré qu'il
y avoit une grande Dame de la Cour qui
offroit quatre cens pistoles à quiconque
pourroit lui ménager les bonnes graces du
Roi d'Angleterre. Il faut, répondis-je à
mon ami, que nous sachions qui est cette
Dame, & que vous & moi nous lui fassions
donner les quatre cens pistoles. Vous pouvez assûrer la femme qui vous a parlé, que
je ménagerai cette affaire auprès de ce Prince ; & en effet, je lui en parlai dès le lendemain. Le Roi d'Angleterre me parut
avoir autant d'envie de voir la Dame, que
j'avois de curiosité de la connoître. Mon
ami rendit réponse à la femme qui lui avoit
fait cette proposition, & ils prirent ensemble des mesures pour faire trouver la personne dont il s'agissoit à une Maison près
de Paris, où ce Prince iroit *incognito*. La
chose se fit comme ils l'avoient projettée.
La femme donna deux cens pistoles à mon
ami, promettant les deux cens autres après
la visite du Roi ; & ce Prince n'étant accompagné que d'un Gentilhomme Anglois, de mon ami & de moi, alla au rendez-vous. A peine fûmes nous entrés, que
la même femme qui avoit négocié la partie, vint prier le Roi d'entrer seul, parce
que la Dame ne vouloit pas être connue.

Il ne prit donc avec lui que le Gentilhomme Anglois; & mon ami & moi nous allâmes l'attendre dans un Bois qui étoit au
bout du Jardin de cette Maison. Le Roi
vint nous retrouver, & il nous apprit que
la Dame sachant que nous étions-là, n'a-
voit jamais voulu demeurer, qu'elle étoit
déja partie, & que la raison qu'elle avoit
alléguée au Roi, pour n'être point vûe de
nous, c'est qu'elle me connoissoit pour
l'homme du monde le plus indiscret, & qui
ne manqueroit pas de publier l'avanture. Je
fus surpris qu'il y eût une femme en France qui me crût de ce caractére; car je puis
dire que j'étois particuliérement estimé
pour ma discrétion. Je demandai fort au
Roi d'Angleterre comment cette Dame
étoit faite, & ce Prince me répondit qu'il
me la feroit voir, puisqu'il savoit bien
qu'elle alloit souvent à la Cour, & que ce
n'étoit pas la premiere fois qu'il avoit vû
son visage.

Trois ou quatre jours après, comme
j'étois à la Foire Saint Germain avec la
Dame à laquelle j'étois attaché, & que je
croyois avoir mis cet amour sur le pié
d'une vraie délicatesse, le Roi d'Angleterre
y vint, & me voyant avec elle, il sourit,
& me dit à l'oreille, que la même Dame
avec qui j'étois, étoit la Dame aux quatre
cens pistoles avec laquelle il avoit eu le
rendez-vous.

Je tenois alors cette Dame par la main ;
& , voyant qu'elle avoit remarqué que le
Roi d'Angleterre m'avoit parlé à l'oreille,
je lui dis ce qu'il m'avoit dit : elle ne m'en
parut point étonnée. Quoi, dit-elle, est-
ce que vous ne le saviez pas ? Je n'ai pû,
Monsieur, me mieux venger de la lâcheté
que vous avez eue de me livrer pour quatre cens pistoles, qu'en vous laissant faire
ce que vous vouliez. Je suis fort contente
du Roi d'Angleterre, & vous devez l'être
de moi , puisque les pistoles vous ont été
exactement payées.

Ah ! Malheureuse, lui repliquai-je, est-
ce que j'aurois pu me persuader que c'étoit
vous ? Croyez-moi , reprit-elle , voyant
que je voulois faire du bruit, ne réveillons
point cette affaire, nous n'avons rien à nous
reprocher l'un à l'autre : & , s'il y a de la
lâcheté à moi d'avoir aimé un Prince, il y
en a beaucoup plus à vous d'avoir vendu
votre maîtresse.

J'admirai le sang-froid de cette femme,
& je lui enviai la présence d'esprit avec laquelle elle prit son parti ; car je fus chagrin,
& peu s'en fallut que je ne la maltraitasse,
pendant qu'elle ne faisoit que rire de ma
mauvaise humeur. J'avoue que les femmes
ont à cet égard plus de résolution que les
hommes , & qu'elles soutiennent mieux
que nous la honte d'être convaincues d'infidélité.

Je rompis abſolument avec cette femme, & j'en dis les raiſons au Roi d'Angleterre , qui me témoigna du chagrin de
cette affaire, mais qui ne laiſſa pas de continuer à la voir. Je ne m'en mis plus en peine ; & l'indifférence que j'eus à l'égard de
leur intrigue , me perſuada que je ne l'aimois plus. Dans le temps que je voyois
cette femme , j'avois ſouvent vû chez elle
une de ſes amies qui avoit une fille de ſeize
ou dix-ſept ans , qui étoit encore penſion-
naire dans un Couvent, & que ſa mere faiſoit quelquefois venir chez elle. Cette fille
étoit parfaitement belle , & elle paroiſſoit
avoir beaucoup d'eſprit. Je cauſois quelquefois avec elle ; mais, quoique je la trou-
vaſſe fort à mon gré, elle me paroiſſoit ſi
jeune , que je n'avois jamais oſé lui parler
ſérieuſement de l'inclination que j'avois
pour elle. Je ne croyois pas même qu'elle
eût fait beaucoup d'attention à moi ; mais
je m'apperçus bien qu'elle y penſoit , par
une lettre qu'elle m'écrivit de ſon Couvent,
à l'occaſion d'une légere indiſpoſition que
j'avois eue. Cette lettre me parut ſi obli-
geante & même ſi paſſionnée, que j'en fus
touché , & qu'après tant de tromperies des
femmes , je me figurai qu'il y auroit plus
de ſolidité & moins de riſque à m'attacher
à une jeune perſonne, qui ſembloit n'écouter & ne ſuivre que ſon cœur dans l'inclination

nation qu'elle me marquoit. Je répondis à
sa lettre de la maniere la plus pleine de tendresse & de reconnoissance qu'il me fut possible ; & trois jours après qu'elle l'eut reçûe,
elle m'en écrivit une autre qui ne contenoit
que deux ou trois lignes. Elle me prioit de
me trouver chez moi le lendemain à dix
heures du matin. Je ne pouvois me figurer
à quel dessein elle me faisoit cette priere,
& je n'avois garde de m'imaginer qu'elle
eût envie, ou qu'il lui fût possible de m'y
venir voir : cependant elle y vint, & elle
me dit qu'elle s'étoit échapée d'une de ses
parentes qui étoit venue la prendre dans son
Couvent. Il est aisé de s'imaginer combien
je fus charmé de cette démarche, & combien ma passion en fut augmentée. Elle
demeura peu avec moi, afin que sa parente
qu'elle avoit laissée dans une Eglise, &
qu'elle alloit retrouver, ne s'apperçût de
rien. J'en reçus des lettres le lendemain,
& elle continua pendant un mois à m'écrire tous les jours, & jamais lettres n'ont été
plus passionnées. J'y répondois d'une maniere d'autant plus tendre, que j'étois sincérement touché ; car j'avois tous les sujets
du monde de croire que cette jeune personne m'aimoit, & qu'elle n'avoit jamais
aimé que moi. Je n'osois aller la voir dans
le Couvent, parce qu'elle m'avoit dit que
cela l'exposeroit, & qu'il valoit mieux que

jamais perſonne ne découvrît notre amour.
J'étois donc borné à lui écrire & à recevoir
de ſes lettres , en attendant l'occaſion de
nous revoir.

Il y avoit environ un mois que notre
petit commerce duroit , quand elle me
manda qu'elle étoit obligée de l'interrompre , & qu'on lui en avoit fait ſcrupule.
Cette lettre m'accabla ; & ne me contentant pas de lui écrire avec tout le déſeſpoir
dont j'étois capable , je confiai la paſſion
que j'avois pour elle à une Dame de mes
amies , qui me promit d'aller la voir , &
de lui parler pour moi.

Cette Dame l'ayant vûe , me vint dire
que le ſcrupule dont elle m'avoit parlé ,
n'étoit qu'un prétexte , & que la vraie raiſon de ſon changement étoit une paſſion
nouvelle ; qu'elle ne lui avoit pas avoué la
choſe , mais qu'il lui avoit été aiſé de le
comprendre par tout ce qu'elle avoit dit.
J'en fus perſuadé quand cette Dame m'eut
rendu compte de ſa converſation : je ne
laiſſai pas pourtant de la prier de lui rendre
une ſeconde viſite , pour tâcher de la faire
revenir. Elle ne voulut point s'expliquer
avec cette Dame plus qu'elle n'avoit fait la
premiere fois ; mais m'écrivant à moi-même , elle m'avoua qu'elle n'avoit pu continuer à aimer un homme qu'elle n'oſoit
voir , & qui d'ailleurs paſſoit pour avoir

mille autres inclinations. Le ſtyle de ſa
lettre me convainquit plus de ſon changement, que les mauvaiſes raiſons qu'elle
alléguoit ; & je reconnus alors, que quelque ſoin qu'on prenne de rendre une lettre tendre & paſſionnée, elle ne l'eſt plus
dès que le cœur ne la dicte pas. Je ne doutai donc plus qu'elle n'en aimât un autre.
Mais combien ma vanité ſouffrit-elle quand
j'eus lieu de croire que celui à qui elle étoit
attachée étoit un valet-de-chambre de ſa
mere !

Comme je l'aimois de bonne foi, je tâchai de la juſtifier dans mon eſprit, n'attribuant l'amour qu'elle avoit pour lui qu'à
la facilité qu'elle trouvoit de le voir ; & je
réſolus de lui ôter du moins ce prétexte,
en me mettant ſur le piéd de la voir auſſi
ſouvent que je voudrois. J'avoue qu'il y
avoit un peu de lâcheté à moi de continuer
à aimer une perſonne qui avoit le cœur
aſſez bas pour écouter un valet-de-chambre ; mais, outre que ma jalouſie n'alloit
pas auſſi loin qu'elle auroit pu aller, parce
que ce valet n'avoit pu la voir qu'à la grille, je l'excuſois un peu de n'avoir pas, à
ſon âge, aſſez de conſtance pour aimer &
ne voir jamais ſon amant. C'eſt ma faute,
diſois-je ; & depuis que je l'aime, je devois avoir trouvé cent manieres de la voir.

Celle que j'imaginai pour cela, fut de

me déguiser moi-même en valet, & d'aller la voir, comme si je fusse venu de la part de sa mere. Dès qu'elle m'eut reconnu, elle témoigna tant de joie & de reconnoissance de ce que je l'avois assez aimée pour cela, que je crus vingt fois qu'elle alloit perdre l'esprit, tant elle parut hors d'elle-même. Elle ne cessoit point de me répéter : Hélas ! Est-il possible que vous m'aimiez ? Je ne le croyois pas. Que je suis heureuse ! J'en mourrai de joie.

Ces transports si naturels me charmérent au point que je n'eus plus de chagrin de l'infidélité qu'elle m'avoit faite : je lui en fis des reproches ; elle m'avoua qu'elle avoit eu quelque honnêteté pour l'homme dont je lui parlois, mais qu'elle ne l'avoit écouté que dans le désespoir où l'avoit mise l'indifférence qu'elle s'étoit imaginée que j'avois pour elle ; & qu'au reste, pour me marquer qu'elle n'avoit nulle considération pour lui, elle le feroit poignarder, ou qu'elle le poignarderoit elle-même si je voulois. Je lui dis qu'elle ne se mît point dans l'esprit d'idées chimériques ; & que c'étoit assez qu'elle ne vît jamais cet homme, & qu'elle me demandât pardon. Elle se jetta à genoux, & pleurant de tout son cœur, elle me fit des excuses d'une maniére si vive, que j'avois peine à ne pas rire.

Tout cela me faisoit un plaisir extrême,

& je goûtois tout ce qu'il peut y avoir de
délicieux dans l'assurance d'être aimé ; car
on ne pouvoit avoir plus d'esprit qu'elle en
avoit, & j'étois persuadé que ce n'étoit que
la force de la passion qui la portoit à ces
excès. Je lui donnai, avant que de la quitter, quelques leçons pour m'être toujours
fidéle ; & voyant que je ne lui parlois point
de l'épouser, elle me demanda si je ne la
trouvois pas un assez bon parti pour cela.
Je lui répondis que je ne croyois pas que
ses parens pensassent si-tôt à l'établir, &
que je craignois d'ailleurs que pouvant prétendre à de meilleurs partis que moi, on
ne me refusât si je la faisois demander. Hé
bien, me dit-elle, qu'avons-nous affaire
de parens ? Si vous voulez que je sois votre
femme, je me sauverai du Couvent, &
j'irai vous trouver où vous voudrez. Il faudra bien qu'on nous marie après cela. Je
lui représentai qu'il falloit avoir un peu de
patience, & que j'agirois sourdement pour
pressentir la volonté de sa mere & pour
tâcher d'avoir son consentement. Ces paroles la remirent un peu ; mais elle ne voulut jamais me laisser aller, que je ne lui
eusse juré que je l'épouserois.

Elle étoit en effet un si bon parti, qu'il
y avoit déja quelque temps qu'on ména-
geoit son mariage avec l'aîné d'une Maison titrée ; & même toutes choses ayant

été difposées pour ce mariage, on la fit fortir du Couvent, & le bruit fe répandit qu'elle alloit fe marier à celui qui la recherchoit. Elle dit hautement à fa mere qu'elle ne l'épouferoit jamais, parce qu'elle s'étoit promife à un autre, & elle me nomma fans en vouloir faire aucun myftére.

Cette nouvelle me furprit d'une étrange forte, car perfonne ne favoit que je la connoiffois. Comme le mariage dont il s'agiffoit étoit réfolu entre les parens, on lui remontra qu'elle ne devoit jamais ni fe fouvenir, ni parler de l'intrigue qu'elle difoit qu'elle avoit eûe avec moi ; & que fi elle s'obftinoit à ne pas obéir, on la renfermeroit pour le refte de fes jours. Cette menace l'intimida ; mais ce qui la rendit obéiffante, ce fut la vûe de celui qu'elle devoit époufer. Elle ne le vit que la veille du jour deftiné au mariage ; & elle le trouva fi à fon gré, qu'elle l'aima d'abord avec la même facilité & le même emportement qu'elle avoit eu pour moi.

Elle m'avoit fait favoir ce qu'elle avoit dit à fes parens, touchant les engagemens que nous avions enfemble, ajoûtant qu'il n'y avoit point d'autre reffource que de l'enlever ; & pour cela, elle me donnoit une heure où je pourrois la trouver dans une Eglife voifine de fa maifon. J'avois peine à me réfoudre d'en venir à cette extrêmité-là,

mais comme elle étoit un fort bon parti ,
& que je m'en croyois aimé paſſionnément,
je paſſai par-deſſus toutes les conſidérations
qui auroient pû me retenir ; & ayant pris
toutes les meſures néceſſaires pour cet enlevement , je me rendis avec un carroſſe à
l'Egliſe qu'elle m'avoit marquée. J'y arrivai juſtement comme on la marioit. Je crus
qu'elle avoit voulu me jouer, & ne me
figurant pas qu'on pût changer en ſi peu de
temps, je pris tout ce qu'elle m'avoit mandé touchant le deſſein de l'enlever , comme une piéce qu'elle avoit voulu me faire.
Cela me conſola aſſez de ſa perte , pour
oſer être le témoin de la cérémonie de ſon
mariage. J'y demeurai juſqu'à la fin ; ce qui
choqua fort les parens à qui elle avoit parlé
de moi , qui depuis ce temps-là ont toujours été mes ennemis , ſans que jamais
j'aye pû avoir d'éclairciſſement , ni avec
eux , ni avec mon infidéle maîtreſſe , qui
ne fit pas ſemblant de me voir , ou qui peut-
être ne me vit pas , tant elle étoit occupée
de celui qu'elle épouſoit.

On ſera ſurpris que je ne penſaſſe point
à me venger des infidélités que l'on me faiſoit ; mais j'avoue que l'amour étant la choſe du monde la plus libre , je n'ai jamais
mis ces ſortes d'injures au nombre de celles
dont il eſt permis à un honnête homme de
ſe venger. Je n'ai pourtant pas toujours

gardé cette modération ; & dans la suite, on en verra des exemples qui m'ont coûté bien des peines & des embarras.

Quand je vis cette derniere maîtreſſe mariée, je crus plus que jamais qu'il étoit impoſſible de trouver parmi les femmes les douceurs d'une véritable paſſion, & cela me rendit, à leur égard, moins honnête que je n'avois été. Je ne me piquai plus avec elle, ni de politeſſe, ni de complaiſance ; & ce qui me ſurprit moi-même, c'eſt que plus je paroiſſois brutal, plus il me ſembloit qu'elles avoient pour moi de ménagement & d'égards.

J'eus cette brutalité, qui ne m'étoit pas naturelle, pour une Dame que je ne connus que par le mal que je lui entendis dire de moi. C'étoit une femme qui avoit un mari qu'elle avoit rendu preſque imbécille, à force d'avoir pour lui des airs de hauteur & de mépris. Comme elle étoit belle & fort maîtreſſe de ſa conduite, preſque tous les jeunes gens de la Cour s'attachoient à elle, & elle avoit la réputation de changer d'amans tous les quartiers. Je n'avois pû m'empêcher d'en faire des railleries qui lui étoient revenues. Elle s'en plaignoit par tout, & elle garda ſi peu de meſures, qu'un jour l'ayant trouvée dans une maiſon, elle me déchira, en ma préſence, de la maniére du monde la plus

injurieuſe,

injurieuſe. Je lui rendis injures pour injures ; & ſi l'on ne m'avoit retenu , je crois
que je lui aurois donné un ſoufflet. Ce dé-
mêlé fit beaucoup de bruit , & tout le monde blâma en moi une brutalité que je con-
damnois le premier. On voulut m'obliger
de lui en faire quelque ſatisfaction , mais
je ne pus m'y réſoudre , & je continuai à
donner par tout des marques du mépris que
j'avois pour elle.

Ce procedé me réuſſit mieux que je ne
penſois , & cette Dame devint mon amie
à force de me croire ſon ennemi. Elle me
fit parler par une Dame , qui me demanda
en grace que je la viſſe chez elle , m'aſſurant que je n'en ſerois pas mal ſatisfait. Je
ne pouvois m'attendre dans ce rendez-vous,
qu'à recevoir de nouvelles injures , & c'eſt
ce qui me donnoit de la peine à y conſen-
tir ; mais enfin , on m'aſſura ſi fort que ce
n'étoit point pour cela qu'on vouloit m'entretenir , que je me laiſſai gagner , & je
me trouvai chez la Dame qui devoit me la
faire voir.

Elle y vint , & elle commença par pleurer , en diſant qu'elle étoit bien malheureuſe d'être haïe du ſeul homme qu'elle
aimoit. Ce compliment me ſurprit & me
toucha , & nous nous raccommodâmes ſi
bien , que je devins le premier & le plus

affidu de fes amans. J'écartai tous les autres ; mais voyant qu'elle faifoit aveuglé-
ment tout ce que je fouhaitois, je commençai à n'avoir plus pour elle les maniéres
auffi hautes que je les avois eûes. Ma complaifance & mon honnêteté lui donnerent
le moyen de rappeller les amans que j'avois
fait fuir , & j'aimai mieux la voir infidéle,
que de devoir fa fidélité à mes mauvais
traitemens & à mes menaces. Je m'en éloi-
gnai peu à peu , & j'appris qu'elle difoit,
en parlant de moi , que je n'avois pas affez
de courage pour être méchant , & que ma
bonté me rendoit malheureux auprès des
femmes. J'admirois qu'une femme qui ne
gouvernoit fon mari qu'en le gourman-
dant, voulût être gourmandée à fon tour,
pour être gouvernée par fes amans.

J'avois cette intrigue dans le temps que
la Reine-Mere fit arrêter Monfieur le Prince ; & l'attachement que nous avions pour
lui , mon frere & moi , nous ayant rendus
fufpects , mon frere me confeilla de faire
un voyage en Pologne , où le bien & les
enfans que j'y avois laiffés , pouvoient
avoir befoin de ma préfence. Je fuivis fon
confeil, le laiffant feul à Paris ménager à
la fois , & ce qu'il devoit à la Reine, & ce
qu'il devoit au Prince ; & je pris la route
de Pologne, me croyant fort détrompé des

femmes , mais étant pourtant toujours le même & plus exposé que jamais à leurs infidélités. C'est ce qu'on verra dans la suite d'une maniére encore plus marquée qu'on ne l'a vû jusqu'ici.

*Fin du second Livre.*

## LIVRE TROISIÉME.

JE pris ma route par l'Allemagne, & j'arrivai à Heidelberg sur la fin d'Avril. Il n'y avoit que deux ou trois ans que le Prince Charles Louis de Baviere avoit été rétabli dans son Electorat ; & ses amours ont fait assez de bruit pour faire juger que sa Cour étoit galante, & que je pouvois y trouver les écueils que j'avois résolu d'éviter : mais j'avoue que je n'aurois jamais prévû celui que j'y trouvai, & qu'il me fut d'autant plus fâcheux que je l'avois moins recherché. Il y avoit une Françoise au service de Madame l'Electrice. Cette fille étoit belle, & elle ne connoissoit ni dans quelle Province de la France, ni de quels parens elle étoit née. Elle avoit été, à ce qu'on disoit, amenée en Allemagne à l'âge de dix ans, par une Françoise qui avoit passé pour sa mere jusqu'à sa mort ; mais cette femme avoit déclaré en mourant, qu'on l'avoit chargée de sa conduite sans lui avoir découvert le secret de sa naissance : &, comme elle ne s'étoit pas mieux expliquée sur le sort de cette fille, on l'appelloit l'A-vanturiere, nom qui lui convenoit fort, & que la suite de sa vie confirma encore mieux que le commencement.

L'Avanturiere donc, car on ne l'appelloit point autrement, étoit à Heidelberg
quand j'y arrivai. Comme elle étoit belle,
& qu'elle avoit beaucoup d'efprit & d'agrément, elle y étoit fort diftinguée, & la
plûpart des galanteries dont on parloit le
plus, rouloient fur elle. Je la vis, & dès la
premiere vûe nous fifmes connoiffance. Je
la trouvai fiére fur la qualité ; & ce qu'on
difoit de l'incertitude de fa condition & du
peu de connoiffance qu'on avoit de fes parens, lui avoit fait prendre le parti de s'en
donner de confidérables : elle ne faifoit
donc point difficulté de dire qu'elle étoit
fille d'un grand Prince & d'une grande
Princeffe, qui, pour des raifons qu'elle
n'expliquoit pas, l'avoient fait cacher en
Allemagne. Je crus d'abord que ce n'étoit
qu'en riant qu'elle s'attribuoit une naiffance fi illuftre; mais je m'apperçus qu'elle en
étoit perfuadée ; & dès la trois ou quatriéme fois que je la vis, elle me dit qu'elle
avoit fait tirer fon horofcope, & que les
Devins lui avoient prédit qu'elle devoit paffer en Pologne, parce que c'étoit là où elle
trouveroit fes parens, & un établiffement
digne d'elle. Elle vivoit dans cette efpérance, en attendant que le Ciel lui préfen-
tât une occafion d'accomplir fon horofcope, en lui fourniffant le moyen d'aller à
Varfovie. Elle crut qu'elle avoit trouvé

P iij

cette occasion en moi ; & elle ne douta plus que le Ciel ne m'eût envoyé exprès pour la conduire où ses destinées l'appelloient.

Elle m'en parla, & je reçus sa proposition en raillant ; mais je fus obligé de prendre mon sérieux, voyant qu'elle parloit tout de bon. Je lui représentai qu'elle étoit trop bien chez Madame l'Electrice pour la quitter ; que j'étois obligé de faire mon voyage en poste, & par conséquent il m'étoit impossible de me charger d'elle ; & qu'enfin ce seroit exposer sa réputation & la mienne, que de faire une pareille équipée. Elle me répondit que j'avois beau dire, & qu'elle me suivroit.

Je reconnus alors la faute que j'avois faite d'avoir noué connoissance trop facilement avec cette fille, & d'avoir paru m'attacher à elle ; car j'avoue qu'elle m'avoit plu. Elle étoit Françoise ; & la voyant sans aucun obstacle, j'avois un peu débuté par lui en conter. Elle avoit fait fonds sur mon amour lorsque je ne pensois qu'à me divertir ; & elle se mit si bien dans la tête que je l'aimois, & que je serois fidéle, qu'elle résolut de me suivre.

Je ne vis point d'autre moyen de m'en débarrasser, que d'examiner si parmi ceux qui lui en contoient, il n'y auroit point quelqu'un qui l'aimât de bonne foi, & à qui son absence ne fût pas indifférente. Je ne fus pas long-temps sans trouver ce que je cherchois, & je m'apperçus qu'un gros Allemand, homme de qualité, l'aimoit éperduement, & l'auroit épousé sans Madame l'Electrice, qui s'opposoit à une alliance indigne de lui.

Ne doutant point du tout de l'attachement sérieux de cet homme pour la Demoiselle, je résolus de lui donner de la jalousie, & j'affectai encore plus qu'auparavant d'en paroître amoureux. Je trouvai même le moyen de lui faire dire que j'étois homme capable de lui enlever sa maîtresse, & qu'il feroit bien, non-seulement de l'observer, mais aussi d'avertir Madame l'Electrice de prendre garde qu'elle ne lui échapât. Je ne savois si cet artifice réussiroit, car l'Allemand ne s'expliquoit point : il ouvroit de grands yeux sur moi toutes les fois que nous étions ensemble, mais c'étoit toujours sans me parler.

Cependant le jour de mon départ arriva; & ayant encore doublé mon sérieux pour faire entendre raison à l'Avanturiere, & pour l'obliger de quitter sa résolution de me suivre, je sortis d'Heidelberg avec mes gens, croyant qu'elle y avoit renoncé; mais, à peine fûmes-nous à une lieue de cette Ville, qu'ayant été obligés de nous arrêter, parce qu'un de nos chevaux s'étoit déferré, nous fûmes joints par deux Cavaliers : c'étoit mon Avanturiere déguisée en homme. Quelque étonnement que me donnât cette apparition, je fus encore plus surpris de voir que le Cavalier qui l'accompagnoit étoit le gros Allemand qui en étoit amoureux.

Il ne me parla pas plus qu'il avoit fait jusques-là, & il se contenta de me regarder avec de grands yeux, pendant que l'Avanturiere me disoit que sur les difficultés que je lui avois faites de la conduire en Pologne, elle avoit persuadé à cet Allemand de l'accompagner, & que je ne pouvois lui refuser de souffrir qu'ils fissent le voyage avec moi.

Comme j'avois paru à Heidelberg amoureux de cette fille, j'eus peur qu'on ne mît sa fuite sur mon compte ; &, d'ailleurs, je prévoyois beaucoup d'embarras à la mener en Pologne. L'équipage où je voyois son Allemand, me surprenoit ; & je ne pouvois comprendre comment un homme de cette qualité alloit de la sorte, sans suite, dans un pays étranger, traînant avec lui une fille qui vouloit se faire accompagner par un homme qu'il avoit sujet de regarder comme son rival. Je résolus de m'en expliquer avec lui ; & le prenant en particulier, je lui dis en Allemand, que je le priois de m'apprendre quel étoit son dessein, & à quoi je pouvois le servir.

Cet homme, avant que de me répondre, me fit de profondes inclinations ; & enfin, rompant le silence obstiné qu'il avoit toujours gardé avec moi, il me dit, me traitant d'Altesse, qu'il étoit trop honoré du choix que j'avois fait de lui pour lui faire épouser la Princesse ma sœur. On peut juger combien ces paroles m'étonnérent ; mais, quelque surprise que j'en eusse, je devinai la tromperie qu'on lui faisoit ; & ce que je connoissois déja du caractére de l'Avanturiere, me fit conjecturer tout ce que j'appris dans la suite.

Elle avoit fait entendre à cet Allemand que j'étois son frere, & elle m'avoit donné le nom de Prince d... en lui faisant croire que je me déguisois pour les mêmes raisons qui l'avoient obligée de se déguiser aussi à Heidelberg ; mais, que s'il vouloit passer avec elle en Pologne, je l'avois assûrée de les marier, & de les remener ensuite en France avec tout l'éclat de ma qualité.

Il n'est pas difficile de voir que le gros Allemand n'étoit pas l'homme du monde le plus spirituel ; mais il n'eut pas la même bétise lorsque je l'eus détrompé ; il prit son parti en homme d'esprit, & il me jetta dans de nouveaux embarras. Je lui dis donc, que je n'étois ni Prince, ni frere de l'Avanturiere ; qu'il falloit qu'elle eût perdu l'efprit , pour fe mettre ces extravagances dans la tête , & pour vouloir les lui perfuader ; & que le meilleur confeil que je puffe leur donner à l'un & à l'autre , c'étoit de retourner à Heidelberg avant que leur fortie eût éclaté.

Soit que cet homme fût médiocrement amoureux , foit que la tromperie qu'on lui avoit faite , eût guéri fon amour , à peine eut-il reconnu que je lui parlois de bonne foi , qu'il piqua fon cheval vers la Ville , me laiffant l'Avanturiere plus obftinée que jamais à vouloir me fuivre. Je lui dis réfolument , que je ne pouvois l'emmener , & que fi elle s'opiniâtroit à un deffein fi peu raifonnable , je retournerois à Heidelberg , & que j'apprendrois fa folie à tout le monde.

Mes difcours la touchérent foiblement ; &, atteftant toujours mon amour & ma fidélité , elle me conjura , les larmes aux yeux , de lui aider à fuivre fes deftinées : & j'avouerai encore ici ma foibleffe. Je ne pouvois balancer à croire que cette fille étoit une folle ; cependant fa beauté m'attendriffoit : j'étois même flatté du violent amour qu'elle me faifoit paroître ; & je crois que j'aurois été affez bon pour l'emmener , fi on ne fût venu la reprendre : ce qui prouve bien qu'il n'y a point de folie ſi outrée, qui puiſſe quelquefois empêcher les femmes de tourner les hommes comme elles veulent.

Lorſque cette fille commençoit à me gagner, nous vîmes arriver, de la part de Madame l'Electrice, une femme dans une litiere, accompagnée de pluſieurs hommes à cheval, qui ſe ſaiſirent de l'Avanturiere, & qui me dirent que Monſieur l'Electeur auroit été bien-aiſe que je vinſſe lui rendre compte des raiſons que j'avois eues de l'enlever : c'étoit me dire qu'ils m'arrétoient de ſa part. Je ne fis aucune difficulté de les ſuivre, & je retournai à Heidelberg, où tout le monde paroiſſoit perſuadé que c'étoit moi qui lui avoit mis l'amour en tête, pour l'engager à me ſuivre. L'Allemand, honteux d'avoir crû les folies qu'elle lui avoit dites, étoit le premier à publier par tout que j'avois obligé cette fille à ſe déguiſer, pour faire avec moi le voyage de Pologne; & il étoit venu en avertir l'Electrice ſi-tôt qu'il nous eut quittés.

J'admirois ma deſtinée ſur les enlevemens, car c'étoit la troiſiéme ou la quatriéme fois de ma vie que je paſſois pour avoir voulu enlever des femmes; ce qui me devoit convaincre qu'on ne peut trop prendre garde à ne ſe pas embarquer avec des perſonnes qu'on ne connoît point, puiſqu'en ſe piquant d'honnêteté pour les tirer

d'embarras, on eſt ſouvent expoſé à d'é-
tranges avantures.

Je rendis compte à Monſieur l'Electeur
de la maniére dont les choſes s'étoient paſ-
ſées. Il ne douta point du tout de la vérité
de mon récit : il rit beaucoup du gros Allemand, & m'aſſura qu'il mettroit ſon application à lui faire épouſer l'Avanturiére.

On me permit de partir après cette explication, mais je tombai malade en chemin, & je n'arrivai à Varſovie que plus de
ſix femaines après. J'appris avant que d'y
arriver, que la ſeule perſonne dont je craignois la préſence, étoit morte depuis quelques jours. On voit bien que je parle de
celle chez qui j'étois demeuré caché il y
avoit trois ans. Après mon départ, elle
avoit épouſé celui avec qui je l'avois ſurpriſe, & le bruit étoit que cette femme
ayant voulu l'empoiſonner, avoit été prévenue, & qu'elle n'étoit morte que du poiſon qu'il lui avoit donné.

Le Roi Ladiſlas étoit mort auſſi dès l'année 1648, & le Prince Caſimir ſon frere
lui ayant ſuccedé à la Couronne, avoit
épouſé la Reine, ſa belle-ſœur. Je trouvai
cette Princeſſe groſſe & ſur le point de faire
ſes couches. Elle me témoigna beaucoup
de joie de me revoir, & me dit que j'arri-
vois fort à propos, pour deux raiſons; l'une,
pour remédier à toutes les mauvaiſes affai-

res que mon second frere s'étoit fait en Pologne ; & l'autre, pour rendre le calme à une pauvre fille qui avoit eu recours à elle, & qui se plaignoit fort de moi.

Elle m'apprit en gros que mon frere s'étoit attiré beaucoup d'ennemis par l'imprudence de plusieurs galanteries, & que même il étoit obligé de ne plus venir à la Cour. A l'égard de la fille, qui prétendoit avoir sujet de se plaindre, je fus fort surpris d'apprendre par le portrait qu'on m'en fit, que c'étoit mon Avanturiere d'Heidelberg, qui étoit arrivée en Pologne, près de quinze jours avant moi.

La Reine me dit que cette fille publioit que je lui avois donné une promesse de mariage, & qu'après avoir reçu d'elle toutes les marques d'une entiére confiance, je l'avois abandonnée. Je répondis à la Reine que c'étoit une folle, & je lui racontai tout ce qui m'étoit arrivé à son égard. La Reine ajoûta qu'elle commençoit à plaire au Roi, & qu'on disoit déja que ce Prince avoit de l'amour pour elle. Cela me consola un peu, & j'esperai que la complaisance qui lui étoit dûe, pourroit me débarrasser de cette folle.

J'appris comment elle étoit sortie d'Heidelberg, & voici ce qu'on me conta. Après que Madame l'Electrice l'eut fait revenir, Monsieur l'Electeur pensa à ce qu'il m'a-

voit dit , & tâcha en effet de la marier au
Seigneur Allemand qui en étoit amoureux ;
mais cette extravagante , toujours persuadée que son étoile l'appelloit en Pologne,
refusa de l'épouser. L'Allemand s'opiniâtra , soutenu du crédit de l'Electeur , & on
l'enferma pour mieux la réduire. Elle trouva le moyen de se sauver , & ayant pris un
habit d'homme , elle avoit passé à Varsovie , suivie d'une seule femme déguisée
comme elle. Je fus le premier qu'elle chercha ; mais ne me trouvant point , & ne sachant ce que j'étois devenu , elle s'avisa de
dire que je l'avois trompée, & qu'elle étoit
venue me chercher , pour exiger de moi
l'effet de la promesse qu'elle disoit que je
lui avois donnée. C'est ainsi qu'elle parla à
la Reine; mais avant même que j'arrivasse,
elle commençoit à tenir un autre langage;
& l'amour que le Roi marqua pour elle ,
& qu'il lui déclara presqu'aussi-tôt qu'il la
vit , lui fit croire que son horoscope alloit
s'accomplir , & elle ne s'avisa plus de se
plaindre , ni de moi , ni de sa mauvaise
destinée.

Je la revis donc comme si nous ne nous
étions jamais vûs ; elle ne m'entretint que
de l'amour que le Roi lui témoignoit.
J'applaudis fort au choix de ce Prince , &
il me parut que la gloire de s'en voir aimée , lui avoit entièrement remis l'esprit,

& qu'elle étoit devenue auſſi raiſonnable qu'elle étoit belle ; car c'étoit en effet une des plus charmantes perſonnes que j'euſſe jamais connues. Je devins ſon confident ſur l'intrigue qu'elle avoit avec le Roi , & cela me jetta dans de nouveaux embarras.

La Reine auſſi jalouſe de ſon dernier mari qu'elle l'avoit été du premier , vouloit que je l'avertiſſe de tout ce que je ſavois touchant cette galanterie. Ne ſachant comment la contenter , je m'aviſai de faire ſemblant d'être fort amoureux de cette fille , & je fis croire à la Reine que le Roi ne la voyoit point , & qu'elle n'avoit point d'intrigue qu'avec moi.

Cela raſſura l'eſprit de cette Princeſſe , qui ſe moqua de tous les avis qu'on lui donnoit touchant cette galanterie. Elle ne put même s'empêcher de dire au Roi le bruit qui couroit , & l'injuſtice qu'on lui faiſoit , de le croire amoureux d'une fille , avec qui j'avois un commerce qui étoit connu.

Ce diſcours ne ſervit qu'à me rendre ſuſpect à ce Prince. Il crut qu'en effet j'étois ſon rival , & il défendit à ſa maîtreſſe de recevoir mes viſites. Quand la Reine vit que je n'oſois plus continuer à la voir , elle fut perſuadée de tout ce que j'avois tâché de lui déguiſer , & m'accuſant de l'avoir trompée , elle en eut tant de dépit , qu'elle commença à me haïr presqu'autant que sa rivale.

D'ailleurs, la mauvaise conduite de mon frere le Comte, avoit un peu rendu notre nom odieux aux Polonois. J'ai dit qu'il s'étoit retiré à Varsovie il y avoit plus de dix-huit mois, ayant été obligé de sortir de France, & croyant que j'étois encore en Pologne. Il y avoit trouvé cet ami dont j'ai parlé, avec qui j'avois quitté Venise, & dont je m'étois séparé à Padoue.

La Reine les avoit fort bien reçus l'un & l'autre ; mais comme la mort du Roi Ladiflas, & l'élection du nouveau Roi Casimir, suivie de son mariage, n'avoit occupé les Polonois que de cérémonies & de divertissemens, ils n'avoient pû trouver l'occasion, qu'ils disoient qu'ils étoient venus chercher, de servir le Roi de Pologne contre la Suéde, & tout leur temps s'étoit passé à des commerces d'amour. Je n'en fûs point d'autres particularités, sinon qu'ils s'étoient souvent battus, & que la profession qu'ils faisoient de ne garder aucunes mesures avec les femmes, dont il leur plaisoit d'être amoureux, avoit obligé la Reine de leur défendre de se montrer à la Cour ; c'est-à-dire, qu'ils avoient admirarablement bien confirmé l'opinion qu'on avoit, dès ce temps-là, du peu de politesse des François dans leurs intrigues amou-
reuses;

reufes ; opinion que ceux de nos jeunes
gens qui ont depuis vifité les Cours étran-
géres, n'ont pas détruite, & que je vois
aujourd'hui fi bien établie par tout, qu'on
regarde avec admiration un jeune homme
de qualité, qui n'eft pas un étourdi &
un fou.

Quelque chagrin que la Reine eût contre moi, elle mettoit beaucoup de différence entre le caractére de mon frere & le
mien ; & fi elle me parut fouhaiter que je
ne reftaffe pas long-temps en Pologne, ce
fut parce qu'elle me crut peu propre à la
fervir dans le deffein qu'elle avoit de gouverner le Roi, à qui j'étois devenu fufpect.
Ainfi, quand j'eus mis ordre à mes affaires
& affuré le bien de mes enfans, dont la
Reine prenoit toujours foin, je penfai à
m'en retourner en France. Je tâchai de
perfuader à mon frere & à l'ami que j'avois
en Pologne, d'avoir une meilleure conduite, & l'effet de mes remontrances, fut
de les faire paffer en Suéde, où ils efpé-
roient trouver plûtôt l'occafion de fervir,
car leur procès leur avoit été fait en France, & ils n'ofoient y revenir.

Je quittai la Pologne cette feconde fois,
à peu près comme j'en étois forti la premiere, c'eft-à-dire, affez mal avec la Cour,
& toujours à caufe des femmes ; car ce fut

l'Avanturiere d'Heidelberg qui vint m'y troubler, & fans ce malheureux incident, j'aurois trouvé beaucoup d'agrément auprès du Roi Cafimir. Ce Prince étoit du génie de fon frere, c'eft-à-dire, ennemi des affaires & efclave des plaifirs, mais beaucoup plus brave & plus courageux. Il n'avoit pas naturellement affez de hardieffe pour rien entreprendre; c'eft ce qui a donné à la Reine un pouvoir abfolu pour le déterminer fur tout : mais quand il étoit déterminé, il ne manquoit ni de courage, ni de réfolution pour bien exécuter. Il avoit un extrême penchant pour les femmes, & fe piquoit peu d'être conftant. Sa légereté naturelle étoit aidée, à cet égard, par des réflexions, qui lui faifoient craindre que Dieu ne le punît des égaremens où l'entraînoient fes intrigues, & il ne manquoit jamais d'être dévot, quand il commençoit à fe laffer d'une maîtreffe ; mais fa dévotion ne duroit pas plus que fes amours, & toute fa vie a été un mélange de galanteries & de fcrupules. A l'égard des maniéres, il les avoit franches & honnêtes, mais il étoit fimple, & s'amufoit à la bagatelle; & fi le Roi de Suéde & Lubomirski (1) euffent voulu le laiffer en repos, il fe feroit

(1) Général des Rébelles, qui lui firent la Guerre pendant quinze ans.

peu mis en peine de la réputation de grand Roi, pour jouir des commodités & des plaisirs d'homme privé.

La Reine le gouvernoit, sans être aussi assurée qu'elle devoit l'être du pouvoir qu'elle avoit sur lui. Elle n'avoit là-dessus aucune présomption, & elle étoit la seule du Royaume qui ne sentît pas toute son autorité. Ce n'est pas qu'elle n'eût assez bonne opinion de son esprit, & qu'elle ne connût le caractére de celui du Roi, mais c'étoit par cette connoissance même qu'elle se défioit de son autorité. Elle craignoit toujours qu'un Prince, dont le caractére étoit si facile, ne se laissât gouverner par d'autres ; & comme il ne pouvoit s'empêcher d'avoir des galanteries, elle avoit grand soin de le dégoûter de toutes les femmes qui pouvoient avoir assez d'esprit pour se rendre maîtresses du sien.

Telle étoit la situation de la Cour de Pologne ; car commençant à n'être plus enfant, je m'appliquois un peu plus que je n'avois fait jusques-là à connoître le génie des personnes que je fréquentois, & l'état de leurs affaires.

Avant que de quitter la Pologne, il m'arriva une avanture nouvelle qui pensa me coûter la vie, & qui me rendit témoin d'un des plus cruels spectacles que l'on puisse voir. Je frémis même encore, quand j'y pense. Quoique le penchant que j'avois à être honnête & généreux à l'égard des femmes, fût particuliérement ce qui m'engagea dans cette avanture, je ne puis cependant la mettre au nombre de celles que j'aurois pû éviter, sans ce penchant, puisqu'il n'y a personne qui ait un peu d'humanité, qui ne s'y fût engagé ainsi que moi.

Il y avoit deux jours que j'étois sorti de Varsovie, quand me reposant dans une espéce de Bourgade, en attendant qu'on m'eût donné des chevaux, je vis accourir à moi une femme échevelée qui se hâtoit fort de me joindre, me faisant signe de m'approcher, pour lui épargner un chemin dont elle paroissoit extrêmement fatiguée. J'allai au-devant d'elle, & quand j'en fus assez proche, elle se jetta entre mes bras, voulant me parler, mais elle n'en eut pas la force, & elle s'évanouit. C'étoit une petite femme, comme le sont presque toutes les femmes Polonoises. Elle ne paroissoit pas avoir vingt ans, & quoiqu'elle fût fort abattue, je ne laissai pas de remarquer qu'elle devoit être aussi belle qu'on peut l'être en ce pays-là. Je l'emportai dans l'endroit où étoient mes gens, & l'ayant mise sur de la paille, faute de lit, nous la fîmes revenir.

Elle nous dit qu'elle étoit de Breslau, & que ses parens l'avoient mariée à un Tar-

tare, de qui elle recevoit des traitemens si
rudes & si rigoureux, que ne pouvant plus
y résister, elle avoit pris la fuite, & qu'elle
cherchoit quelqu'un qui voulût bien la conduire à Varsovie, où elle avoit des parens
qui la protegeroient contre son mari. Ce
fut-là tout ce qu'elle nous dit d'abord ;
mais nous connûmes dans la suite qu'elle
ne s'étoit sauvée des mains de ce mari, que
parce qu'elle lui avoit donné lieu de soupçonner sa fidélité. Nous apprimes même
que c'étoit avec celui qui passoit pour son
amant qu'elle avoit pris la fuite, & que cet
homme étant tombé dans une embuscade
de Cosaques, y avoit perdu la vie, &
qu'elle avoit été témoin de sa mort.

Cette pauvre femme me fit d'autant plus
de pitié, qu'outre la douleur d'avoir vû
assassiner son amant, elle avoit une crainte
mortelle de retomber dans les mains de son
mari, dont elle nous dit qu'elle étoit pour-
suivie. Je ne voyois guéres d'apparence de
la secourir autrement, qu'en prenant soin
moi-même de la remener à Varsovie ; ce
que je ne pouvois faire qu'en retournant
sur mes pas. Je crus que l'honneur & la
charité m'y obligeoient, & j'ordonnai à un
de mes gens de la prendre en croupe & de
me suivre ; mais à peine eûmes-nous mar-
ché une demi-journée, que nous rencontrâmes son mari qui s'étoit arrêté à un Bourg

avec dix ou douze Tartares. Il la reconnut, & venant le fabre à la main à celui qui avoit fa femme en croupe, il le menaça de le tuer. Je vins à fon fecours le piftolet à la main, mais le grand nombre de Tartares nous eut bien-tôt entourés, & la femme nous fut enlevée. Je ne fai fi dans la colére où étoit le mari, il me prit pour l'amant de fa femme; mais m'ayant fait faifir, il me força d'entrer dans une étable où il l'avoit déja enfermée, & il me rendit le témoin de l'horrible maniére dont il fe vengea de fon infidélité. Il la fit prendre par quatre hommes qui lui tinrent les bras & les pieds pendant que ce barbare commença à l'écorcher. Cette malheureufe créature me regardoit de temps en temps, & parmi les horribles cris que cet affreux fupplice lui faifoit jetter, elle prioit Dieu de lui faire miféricorde. Elle mourut bien-tôt dans cette barbare opération; & fon mari la voyant morte, me jetta à la tête ce qu'il lui avoit arraché de fa peau. Cette action me fit croire qu'il me prenoit pour fon rival; & craignant avec raifon qu'il ne voulût me traiter comme fa femme, je lui criai en Polonois, qu'il prît garde à qui il avoit affaire, que j'étois un étranger, & que je ne connoiffois point fa femme. Ces paroles l'obligerent de m'examiner attentivement, & ne trouvant en moi aucuns traits de celui pour qui vraisemblablement il m'avoit pris, il vint à moi avec plus de civilité que je n'avois sujet d'en attendre d'un homme si inhumain; &, sans me rien dire, il me fit rendre mes gens & mon équipage, & me laissa en liberté de continuer ma route.

J'avoue que jamais avanture ne m'a causé, ni plus de terreur, ni plus de crainte de périr. Je passai plus de dix jours sans pouvoir m'ôter de devant les yeux le cruel supplice où j'avois vû expirer cette déplorable créature, & il me prenoit de temps en temps de violentes envies d'aller chercher le Tartare & de le tuer de ma propre main; mais enfin le temps dissipa, avec cette affreuse image, ces desirs extravagans, aussi bien que les réflexions, que je ne pouvois m'empêcher de faire sur les malheurs d'un mariage mal-assorti, & sur la mauvaise conduite des femmes.

J'arrivai à Paris sur la fin de Janvier, après avoir été près de dix mois à mon voyage. Dix ou douze jours après mon retour, Messieurs les Princes furent mis en liberté, & j'espérai qu'il nous seroit permis, à mon frere & à moi, de témoigner tout l'attachement que nous avions pour Monsieur le Prince, sans nous brouiller avec la Cour, avec laquelle nous croyons qu'il alloit être mieux qu'auparavant; mais nous ne fûmes pas long-temps sans reconnoître que cette espérance étoit vaine ; & dès la premiere fois qu'il nous fut permis de saluer Monsieur le Prince, nous jugeâmes bien qu'il méditoit de sortir de France. Il ne reconnoissoit que trop que la Reine vouloit faire revenir le Cardinal Mazarin, qui je croi étoit alors à Sedan. Ce Prince ne déguisoit pas que si ce Ministre paroissoit jamais, il se mettroit en état de le chasser la force à la main. Nous voyions bien où cela tendoit, & nous ne fûmes bien-tôt que trop confirmés dans nos conjectures. Mon frere ne crut pas devoir suivre Monsieur le Prince hors du Royaume, quelque attachement qu'il eût pour lui; mais comme j'étois plus sans conséquence, non-seulement il trouva bon que je fisse ce qu'il ne faisoit pas, mais il me conseilla de m'attacher à sa fortune, soit qu'il ne vît pas lieu de me servir auprès de la Reine, soit que dans le desir sincére que mon frere avoit de voir le Prince revenir au service du Roi, il fût bien aise d'avoir quelqu'un auprès de lui, par qui il pût insinuer les conseils qu'il auroit à lui donner.

Mais, quelque motif que mon frere pût avoir de me faire prendre ce parti, je sai bien que je ne l'aurois jamais pris, tant je le trouvois peu sûr pour ma fortune, si dans ce temps-là je n'avois été bien aise de m'éloigner

m'éloigner de Paris, pour me confoler de
la perfidie d'une maîtreffe, avec laquelle
je m'étois embarqué depuis mon retour de
Pologne. Ce fut une vraie hiftoire, & depuis celle de ma Carmelite, rien ne m'a-
voit tant touché au cœur, & ne m'avoit
expofé à tant d'agitations & de chagrins.
Auffi peut-on dire que dans les divers événemens de cette avanture, quoiqu'elle eût
peu duré, j'eus lieu de connoître dans les
femmes, des caractéres que je n'y avois
point encore apperçus, & contre lefquels
je n'étois point en garde. On en jugera par
le récit que je vais en faire.

J'étois logé à Paris dans le voifinage
d'une femme dont le mari étoit mort depuis peu de temps, mais duquel elle avoit
été féparée peu d'années après fon mariage. Tout le monde vouloit que les galanteries de cette femme euffent donné lieu à
leur féparation, & je le crus comme les
autres ; mais quand je vins à la mieux connoître, je trouvai encore d'autres raifons
qui avoient pû obliger fon mari à l'éloigner. C'étoit la perfonne du monde la plus
finguliére. Les fingularités d'une femme
toujours bizarres & toujours oppofées à ce
qu'on peut attendre d'elle, font, à mon
fens, auffi infupportables que fa mauvaife
conduite. Si la réputation d'un mari en

souffre moins, le repos & la douceur de la
vie n'en font que plus troublés.

Cette femme avoit une fille qui avoit
fuivi fa deftinée, & qui vivoit auprès d'elle;
car dans leur féparation, les garçons étoient
demeurés chez le mari, & on avoit donné
la fille à la mere. C'étoit affurément la plus
mauvaife école où l'on pût la mettre, non-
feulement par le caractére de fingularité
qu'avoit la mere, mais auffi par des fentimens fort extraordinaires dans une mere,
à l'égard d'une fille; car, ce qu'on auroit
de la peine à comprendre, ou du moins ce
que je n'avois jamais compris jufques-là,
cette mere, qui ne pouvoit ignorer que
l'on avoit parlé d'elle, fe trouva jaloufe
de la réputation que la fille pouvoit avoir
en ne fuivant pas les exemples de fa mere,
& elle ne fouhaitoit rien davantage que de
la voir dans quelque engagement qui pût
auffi faire foupçonner fa conduite; mais,
par une autre efpéce de rafinement, elle
ne vouloit pas que les engagemens qui
commettroient la réputation de fa fille, à
l'égard de la conduite, puffent lui faire
honneur, à l'égard du choix; & elle avoit
autant d'application pour éloigner d'auprès
d'elle les hommes d'efprit & de mérite,
que pour lui en faire voir de fots & de
ridicules.

Telle étoit cette mere, comme j'eus lieu de le reconnoître, & je n'avois garde de l'accuſer d'un pareil caractére. Je crus ſeulement que la facilité avec laquelle elle ſouffroit que des gens ſans mérite viſſent ſa fille, n'étoit fondée que ſur l'opinion qu'elle avoit qu'ils étoient moins dangereux que d'autres.

La fille étoit fort aimable ; elle avoit naturellement beaucoup d'eſprit & de feu, mais fort peu de jugement, & elle joignoit à ce défaut un tempéramment fort vif & fort emporté pour tout ce qui flatte les paſſions.

Je ne connoiſſois ni la mere, ni la fille, pour telles que je viens de les dépeindre ; & je les vis d'abord comme d'agréables voiſines, dont le commerce ſeroit à mon goût, par le peu de contrainte qu'elles faiſoient profeſſion & de donner & de recevoir ; mais je n'eus pas vû la fille deux fois, que j'en devins très-ſérieuſement amoureux. Elle reçut les marques de mon amour d'une maniére qui le redoubla, & en peu de jours, nous nous vîmes en poſſeſſion de nous aimer, comme ſi nous nous fuſſions connus toute notre vie.

Elle m'avertit qu'il ne falloit point donner de ſoupçon à ſa mere ; & pour la mettre dans nos intérêts, je fis ſemblant de m'attacher à ſa fille pour deux raiſons ;

R ij

l'une, pour lui former l'esprit par les connoissances que les voyages & les langues que je possédois m'avoient données; & l'autre, pour ménager son mariage avec un de mes parens, homme fort riche, & qu'on disoit que je gouvernois un peu.

Mais ces deux raisons étoient justement de toutes celles que j'aurois pû choisir, les plus capables de me rendre suspect à la mere. Elle ne vouloit pas que sa fille eût du mérite, & elle vouloit encore moins qu'elle fût bien mariée. Elle ne songeoit qu'à la faire passer pour sotte & pour déreglée, & elle me trouva mal-propre à l'un & à l'autre.

Je m'apperçus donc bien-tôt que je ne lui étois pas agréable. On me comptoit mes visites, on en mesuroit la durée, & jamais je ne me trouvois seul avec la fille, qu'on ne nous fît à elle & à moi des chapitres qui duroient deux heures.

En même temps que j'étois si maltraité, on donnoit une liberté entiére à un autre, de voir & d'entretenir la Demoiselle, tant qu'il lui plaisoit. C'étoit un homme qui possédoit au souverain degré tout ce qui étoit capable de gâter la réputation d'une fille, & de la faire croire de mauvais goût, c'est-à-dire, qu'il étoit parfaitement tel que sa mere vouloit que fussent les amans de sa fille.

Il avoit cinquante-cinq ans, & il étoit si universellement méprisé, que tout le monde à Paris, se trouvoit de la même opinion sur son chapitre. Le plus grand bien que l'on dît de lui, c'est que c'étoit un fort bon homme, ami de la paix & du repos, qu'il ne s'avisoit point de troubler, ni par colére, ni par vengeance, n'ayant jamais mis l'épée à la main, ni menacé de la mettre, encore qu'il fût Officier. Le seul talent qu'il avoit, étoit de se rendre éternel dans une maison, si-tôt qu'il s'y attachoit, sur tout si c'étoit une maison où l'on mangeât & où l'on put croire qu'il y eût quelque galanterie; car il avoit grand soin d'épargner sa bourse & de se faire passer pour homme à bonne fortune.

Il y avoit trente ans que ce vieux Officier étoit ami de la mere de la Demoiselle, & je ne fus pas d'abord surpris de l'assiduité des visites qu'il rendoit à l'une & à l'autre; mais la fille, qui paroissoit avoir pour moi autant de confiance que d'inclination, me dit qu'il étoit furieusement amoureux d'elle. Comme je croyois qu'elle ne parloit ainsi que pour me demander mes conseils, & que je n'avois garde de croire qu'une personne en qui je trouvois beaucoup de mérite, fût capable de l'accepter pour amant, j'en ris avec elle, & je me contentai de lui dire qu'elle évitât exactement de se trouver feule avec lui , pour ne pas donner lieu à la vanité d'un homme auffi fat & auffi vain que celui-là.

Je crus qu'elle avoit déferé à mes confeils , mais je fus bien-tôt averti du contraire. Je fus qu'elle le voyoit depuis le matin jufques au foir , & que prefque tous les jours , quand la mere étoit couchée , il reftoit feul avec la fille , jufqu'à deux ou trois heures après minuit. Je lui en parlai ; & après m'avoir voulu nier que cela fût auffi fréquent qu'on me l'avoit dit , elle s'excufa fur ce qu'elle ne pouvoit faire autrement , parce que fa mere vouloit abfolument qu'elle en usât de cette maniére. Ce fut alors que je commençai à connoître le caractére d'une mere fi indigne de ce nom , & je ne doutai point du tout qu'elle ne cherchât à faire décrier fa fille. L'intérêt que je prenois à la réputation & à l'établiffement d'une perfonne que j'aimois de bonne foi , m'obligea de lui découvrir mes conjectures fur la conduite de fa mere , mais il étoit trop tard. La facilité avec laquelle elle voyoit ce vieux Officier , lui avoit donné du goût pour lui. Elle commençoit à le trouver aimable & à ne me plus aimer ; car enfin , les femmes s'attachent où elles peuvent , & quelque différence que cette fille trouvât entre mon vieux rival & moi , elle aima plus celui des deux qu'il lui étoit plus aifé de voir.

J'avoue que quelque chagrin que j'eusse du changement de la Demoiselle, je l'excusois quelquefois, & que mon plus fort ressentiment tomboit sur la mere ; mais j'eus bien-tôt sujet de ne me plaindre que de la fille.

Comme elle aimoit le vieil Officier, & qu'elle se trouvoit bien de la liberté qu'on lui donnoit de le voir à toutes heures, elle eut peur que je ne la rendisse suspecte ; & pour s'assurer à mes dépens la possession où elle étoit, elle apprit à sa mere que je l'aimois. J'ose dire que ce fut moins mon amour qui me nuisit auprès de la mere, que l'idée qu'elle avoit de mon mérite. Elle craignit que sa fille n'aimât un honnête homme, & ne passât pas pour être d'aussi mauvais goût qu'elle la vouloit.

Je ne savois point que cette fille eût découvert mon amour à sa mere, & je n'attribuai le froid qu'on me fit qu'à une suite de ses bizarreries ordinaires. Cependant, ce que la mere avoit prévu arriva. Les visites trop fréquentes du vieil Officier firent bruit dans le monde. Les valets prétendoient l'avoir vû sortir à heure indue de la chambre de la fille ; & en peu de temps, on en dit tout ce qu'on en pouvoit dire de plus désavantageux.

Je me trouvai alors dans des circonstances bien dures pour un homme qui aime sincérement. Quoique je ne crusse pas cette fille aussi perfide qu'elle étoit, je ne pouvois pourtant m'empêcher de croire une partie des bruits qu'on en répandoit ; mais comme je l'aimois toujours, & que l'amour m'intéressoit à sa gloire, je me voyois partout obligé de prendre son parti, & de m'inscrire en faux contre des choses que je ne savois que trop bien fondées.

Cette fille ne pouvoit ignorer le zéle avec lequel je prenois ses intérêts ; mais, soit qu'elle eût honte de la perfidie qu'elle se reprochoit, soit qu'elle eût levé le masque, & qu'elle craignît des conseils qu'elle ne vouloit pas suivre, elle m'évita avec tant de soin, qu'il ne me fut pas possible de lui parler.

Je me trouvai fort embarrassé sur le parti que j'avois à prendre. Je ne me pouvois mettre dans l'esprit qu'elle aimoit véritablement mon rival ; je ne me sentois pas méme assez de courage pour la haïr, quand cela auroit été. Cependant, la médisance s'augmentoit toujours, & j'entendois dire par tout qu'elle étoit grosse. Quoiqu'on m'en donnât des preuves qui ne me paroissoient que trop fortes, je ne pouvois pourtant me résoudre, ni de la croire coupable, ni de la croire innocente, ni de la haïr, ni de l'aimer. Enfin, je crus à propos de ne rien approfondir, & d'aller oublier loin de Paris une maîtreſſe , ſur laquelle je ſentois que j'étois ſi peu d'accord avec moi - même. J'avoue que je n'ai jamais mieux connu la foibleſſe du cœur que dans cette occaſion , & que cette avanture me donna des chagrins d'une eſpéce plus ſenſible encore que tous ceux que j'avois eus ſur le ſujet de l'amour.

Je trouvai Monſieur le Prince fort chagrin & fort peu content des Eſpagnols. Il avoit ſur le cœur la perte de Monrond ; & dès qu'il fut ſeul avec moi, il me demanda ce qu'on diſoit de lui à Paris, & ſi mon frere ne viendroit pas auſſi le trouver. Je lui dis que tout le monde , à Paris & à la Cour, étoit affectionné à ſon ſervice, mais que perſonne ne lui étoit plus attaché que mon frere ; & qu'une marque de ſon attachement , c'étoit de m'avoir permis de venir ſervir dans ſon Armée. Monſieur le Prince me demanda encore pluſieurs fois ſi mon frere ne viendroit pas, & s'il pouvoit s'accommoder du Cardinal. Je lui répondis encore que mon frere ne faiſoit ſa cour qu'au Roi, & qu'il n'avoit aucunes liaiſons particuliéres avec Monſieur le Cardinal. Mandez-lui , me dit le Prince, qu'il faſſe tout un , ou tout autre ; & que s'il ne veut pas ramper devant le Cardinal , il fera mieux de ſervir ici. Je dis au Prince que je ne croyois pas que mon frere prît un autre parti que celui qu'il avoit pris. Je vois bien, dit le Prince, qu'il veut être Maréchal de France. Je ne l'en eſtime pas moins; & ſi j'avois été en ſa place, je n'aurois jamais quitté priſe; mais la condition des Princes eſt malheureuſe. Là-deſſus, il m'ouvrit ſon cœur, & je vis bien qu'il condamnoit lui-même l'engagement où il s'étoit mis. Je voulus me ſervir des ouvertures qu'il me faiſoit, pour le porter à faire ſa paix avec le Roi. Il me répondit qu'il étoit trop tard, & que puiſque le vin étoit tiré, il falloit le boire. Nous eûmes enſemble pluſieurs autres converſations; & ſoit qu'il eût en moi plus de confiance qu'aux autres, ſoit qu'ayant commencé à me découvrir ſon cœur, il s'en fût fait une habitude, il ne paſſoit aucun jour ſans peſter avec moi contre les Eſpagnols, & il avoit toujours de nouvelles découvertes à me raconter ſur le peu de fonds qu'il devoit faire ſur eux : cela lui fit venir une penſée qui me chagrina, car je mourois d'envie de ſervir; & Monſieur le Prince, qui m'avoit connu depuis la Bataille de Lens, & qui paroiſ-ſoit m'eſtimer, n'auroit pas manqué de me donner de l'emploi, tel que j'aurois pû le ſouhaiter; mais voyant qu'on ne détermi-noit rien en Flandre que par le conſeil de Madrid, il crut qu'il devoit envoyer en Eſpagne quelque perſonne de confiance

qui pût appuyer ſes intérêts auprès de Dom
Louis de Haro, premier Miniſtre, & lui
rendre compte de ce qui ſe paſſoit en cette
Cour-là. Il me dit qu'il avoit d'abord jetté
les yeux ſur l'Abbé de M...... pour lui
donner cette commiſſion, parce qu'il auroit mieux aimé retenir en ma perſonne un
Officier capable de le ſervir à l'Armée ;
mais que cet Abbé étoit trop fou & trop
emporté, & qu'il craignoit qu'il ne gâtât
tout ; qu'il ne trouvoit perſonne plus propre que moi à lui ménager les Miniſtres
d'Eſpagne ; que cet emploi, qui ſeroit ſecret, me convenoit mieux que de porter
les armes contre la France, où j'avois un
frere, ſur lequel on ſe vengeroit peut-être
de moi ; que comme il n'y avoit pas d'apparence que mon frere quittât jamais le parti du Cardinal, il prévoyoit qu'il feroit auſſi
tous ſes efforts pour me rappeller ; & qu'en
cas que je vouluſſe retourner en France,
je le ferois plus honnêtement, ayant eu
l'emploi qu'il me deſtinoit, que ſi j'avois
ſervi dans ſes troupes.

Je me rendis aux raiſons & aux ſollici-
tations de Monſieur le Prince ; & je vis
bien qu'il avoit encore un motif dont il ne
me parloit pas, & qui peut-être avoit eu
plus de part que tout le reſte, au choix
qu'il faiſoit de moi : c'étoit la jalouſie de
ceux qui paſſoient pour avoir plus de cré-

dit auprès de lui, & qui voyoient bien, par la maniere dont Monsieur le Prince en usoit avec moi, qu'en restant auprès de lui, je partagerois sa faveur.

Je dis donc à Monsieur le Prince, que j'étois prêt de faire ce qu'il souhaitoit ; &, ayant reçû mes instructions, je partis pour Madrid sans être connu, & sans avoir d'autre qualité que celle d'Etranger qui alloit en Espagne pour ses propres affaires. Monsieur le Prince n'avoit pas jugé à propos de me faire paroître autrement, pour ne point donner de jalousie aux Espagnols, & pour mieux assûrer mes négociations : il n'avoit même dit à personne l'emploi qu'il me donnoit ; & il fut le seul qui sût ce que j'étois devenu.

Je fus près de deux ans à Madrid, sans rendre d'autres services à Monsieur le Prince, que de porter de temps en temps les plaintes qu'il faisoit des Espagnols, de Flandre à la Cour d'Espagne, & que de répondre à celles que les Epagnols même faisoient de lui ; car, à en juger par leurs lettres, il n'y avoit guére d'intelligence entr'eux ; & je connus encore mieux à Madrid, que Monsieur le Prince ne le connoissoit en Flandre, combien on est à plaindre quand la révolte nous fait dépendre des Etrangers. On trouvoit Monsieur le Prince trop peu ménager d'argent, & trop lent

dans ſes conquêtes ; & on auroit voulu que,
ſans qu'il en eût coûté un ſou à l'Eſpagne,
il lui eût aſſujetti la France en trois mois.
A la vérité, on ne pouvoit rien ajouter à
l'idée que l'on avoit du mérite & de la valeur de ce Prince ; & tous les jours on faiſoit à Madrid des parties pour aller le voir
dès qu'il étoit à Bruxelles : mais, avec toutes les hautes idées qu'on avoit de lui, on
le ſervoit mal ; & le bruit couroit que Dom
Louis de Haro étoit gagné par le Cardinal
Mazarin & la Reine Mere, & qu'il en touchoit des penſions conſidérables, pour laiſſer manquer le Prince de ſoldats & d'argent. Quoi qu'il en ſoit, je ſervis peu à
Madrid, & je n'y pûs ménager pour Monſieur le Prince que des promeſſes vagues &
des louanges ſtériles.

Etant donc fort peu occupé, on ne doit
pas s'étonner ſi je me redonnai à la galanterie, & ſi j'eus en deux ans que je reſtai à
Madrid, les affaires & les intrigues dont
je vais parler. L'Eſpagne eſt un pays fertile
en ces ſortes d'avantures, & on y peut encore mieux connoître qu'ailleurs, le génie des femmes, qui eſt ce que je me ſuis
particuliérement propoſé dans ces Mémoires.

Je me logeai avec un François qui étoit
de Bayonne, & qui, par ſa fauſſe vanité,
auroit pu paſſer pour un Eſpagnol naturel,

car les Espagnols & les Gascons ont assez de conformité ; du moins, celui dont je parle me donna lieu de trouver cette ressemblance. Cet homme étoit, je crois, un Négociant ; mais il se disoit de qualité, & il ne s'expliquoit pas plus sur les affaires qui le retenoient à Madrid, que moi sur les raisons que j'avois d'y demeurer. Le trafic que je lui voyois faire de Tapisseries & de Tableaux, me donna lieu de le croire de race & de profession marchande ; car on ignoroit alors que les gens de qualité pussent faire, comme ils le font aujourd'hui, un trafic de curiosités.

Je ne puis m'empêcher de dire ici la maniére dont je le vis acheter quelques Tapisseries & quelques Tableaux : elle paroîtra peu vraisemblable ; & on aura de la peine à se persuader qu'il y ait en Espagne de si effrontés voleurs.

Un Espagnol avec lequel celui dont je parle étoit en commerce, le mena un jour chez le Roi ; &, lui ayant fait considérer les Tableaux & les Tapisseries de son plus bel appartement, il lui demanda s'il trouvoit parmi ces différens meubles quelque chose qui lui fît envie. Mon homme spécifia entr'autres un Tableau & une Tapisserie. Hé bien, lui dit l'Espagnol, combien en voulez-vous donner, & je trouverai le moyen de vous les faire avoir ? Le François

ne s'imaginant pas que celui qui lui parloit
eût droit de difpofer de ces chofes, voulut
d'abord prendre en riant ce qu'il lui difoit;
mais l'Efpagnol l'ayant affûré qu'il parloit
tout de bon, & que ce n'étoit pas la premiere fois qu'il avoit vendu les meubles du
Roi fans qu'on s'en fût apperçu, ils con-
vinrent du prix, & dès le lendemain l'Efpagnol lui fit porter le Tableau dont il s'a-
giffoit, après l'avoir coupé dans la place où
il étoit, n'y laiffant que la bordure. Il eut
quelques jours après la Tapifferie, que
mon homme fit paffer promptement à
Bayonne. Ce fut lui-même qui me raconta
comment il les avoit achetés; & il me difoit que les Efpagnols n'en faifoient point
d'autres, & que tous les jours des filoux
trafiquoient ainfi des meubles de plufieurs
Palais, convenant du prix avant que de les
dérober.

Je me trouvois en affez mauvaife compagnie, avec un homme qui avoit part à
de telles friponneries; mais, ne me mêlant
point de fes affaires, je me contentois de
lui conter quelquefois mes galanteries,
comme il me faifoit part de toutes les fiennes.

La premiere intrigue que j'eus, fut avec
une femme dont le mari étoit créature de
Dom Louis de Haro. Comme l'emploi
dont j'étois chargé à la Cour de Madrid

me donnoit lieu de voir souvent ce Ministre, je connus le mari de celle dont je
parle, & j'étois souvent obligé de m'adres-
ser à lui pour avoir audience de Dom Louis.
Je n'avois point vû sa femme ; & je ne savois pas même qu'il fût marié, quand elle
me parla un jour en entrant dans une Eglise. Je vis qu'elle me connoissoit, & je jugeai qu'elle avoit envie que je la connusse
aussi. Elle étoit jeune & belle, & je n'eus
pas de peine à lui témoigner que je serois
ravi d'avoir occasion de l'entretenir. Elle
me répondit que je prisse garde à ce que je
lui disois, & que si j'étois sincere, je n'a-
vois qu'à me reposer sur ses soins, & que
huit jours ne se passeroient pas sans que je
trouvasse le moyen de lui parler. Le François avec qui je logeois étoit ce jour-là
dans cette Eglise ; il s'apperçut que j'avois
eu quelques momens d'entretien avec cette
Dame.

Quand nous fûmes de retour au logis,
il me demanda si je la connoissois, & si
c'étoit la premiere fois que je l'avois vûe.
Je lui demandai à mon tour, pourquoi il
me faisoit cette question. C'est, dit-il, parce
que j'y dois prendre intérêt, puisqu'il y a
déja plus de six mois que je suis en intrigue
avec elle ; &, quand il vous plaira, je vous
ferai voir plus de deux douzaines de ses
lettres. Il me raconta alors, qu'à peine
étoit-il

étoit-il arrivé à Madrid, qu'il l'avoit connue, s'étant trouvé auprès d'elle en fortant
d'une Fête que le Roi avoit donnée ; que
depuis ce temps-là il la voyoit réguliérement, deux ou trois fois la femaine, à un
rendez-vous qu'il me marqua, & où il
s'offrit de me mener.

Le difcours de cet homme me donna du
chagrin de plus d'une efpéce. Je fus fâché
qu'une Dame que j'avois deffein d'aimer,
& qui me fembloit aimable, eût déja le
cœur touché ; mais, ce qui me fâcha le
plus, c'eft de voir qu'elle eût de l'engagement pour un homme qui m'en paroiffoit
tout-à-fait indigne ; car, en effet, celui
dont je parle n'avoit nul mérite.

J'écoutai tout ce qu'il me dit avec une
émotion qui me fit connoître que j'aimois
déja cette femme plus que je ne penfois.
J'eus du dépit & de la jaloufie ; mais je diffimulai tous ces fentimens, pour ne marquer que de la curiofité. Je lui dis qu'il me
feroit plaifir de me montrer de fes lettres,
& il me le promit. Un jour ou deux fe paf-
férent fans qu'il me tînt parole ; & enfin le
faifant toujours fouvenir de fa promeffe, il
me fit voir cinq ou fix lettres fans nom,
mais fort emportées, & il m'affûra qu'elles
étoient de la perfonne qui m'avoit parlé.

Je ne doutai pas, en les voyant, que
cette femme ne fût une coquette achevée.

Tome I.                                      S

Les lettres me parurent même si peu spiri-
tuelles, que je résolus de n'y plus penser,
& de la laisser pour ce qu'elle valoit. Cependant, une affaire m'ayant obligé d'aller
chercher son mari, je retournai chez elle:
j'appris qu'il étoit à la campagne; & la même personne qui me fit cette réponse, me
dit à l'oreille que sa femme avoit à me parler. Je balançai si je la verrois; enfin, la
curiosité l'emporta, & je montai dans son
appartement, bien résolu de ne lui rien cacher de ce que je savois de son intrigue.

Elle m'assûra que rien n'étoit plus faux
que tout ce qu'on m'avoit dit; qu'elle ne
connoissoit aucun François, & qu'elle n'a-
voit jamais écrit de lettres qui pussent être
entre les mains de personne. Voyant l'assûrance avec laquelle elle me parloit, je
commençai à me défier de mon Gascon;
& je crus qu'il pourroit bien avoir com-
posé à sa fantaisie les lettres qu'il m'avoit
montrées, aussi-bien que le reste de l'a-
vanture.

Je dis donc à cette Dame que je lui ferois voir à elle-même les lettres qu'il lui
attribuoit. Elle me témoigna un desir extrême de les voir, & je la quittai avec un
amour qui n'étoit retenu que par ce qu'il
me restoit de soupçon de sa prétendue intrigue.

Je ne dis point au Gascon que j'avois

revû la Dame ; mais, faisant semblant d'a-
voir trouvé les lettres qu'il m'avoit montrées fort à mon gré , je le priai de m'en
faire voir encore quelques-unes ; & aussi-
tôt il m'en tira une de sa poche , qu'il me
dit qu'il venoit de recevoir.

Je la lus & je la gardai : le Gascon ne se
mit pas trop en peine de la ravoir. Je la
portai aussi-tôt à la Dame , que je trouvai
toute prête de m'en envoyer une , qu'elle
m'écrivoit , disoit - elle , pour mieux me
marquer , en me faisant voir son caractére,
qu'elle n'avoit aucune part aux lettres de
mon Gascon.

Ce que j'avois conjecturé se trouva véritable. Ces lettres étoient toutes supposées ; & le Gascon les avoit écrites lui-
même , ou pour m'embarrasser , ou pour
se donner la mauvaise gloire d'une agréable intrigue : il ne connoissoit même pas
la Dame avec laquelle il se disoit si heureux ; & tout ce qu'il m'avoit conté étoit
imaginaire.

J'en fus convaincu ; & rien ne m'empêcha de prendre un parfait engagement avec
cette femme , qu'une bizarrerie inconcevable de son esprit , & dont je ne croyois
pas encore que les femmes pussent être
capables. Elle devoit naturellement avoir
du mépris & de la haine pour un homme
qui avoit été capable de lui donner , & des

lettres, & une avanture abfolument fauffe, & qui ne lui faifoit aucun honneur. Mais de quoi le cœur d'une femme n'eft-il point fufceptible ! Les menteries & les fictions du Gafcon firent fur celle-ci un effet tout contraire à celui qu'elle devoit faire ; elle eut envie de le connoître. D'abord elle me dit que c'étoit pour fe venger de ce qu'il m'avoit voulu faire croire d'elle ; mais je vis bien que cet homme avoit, fans y penfer, trouvé le moyen d'engager la Dame ; & en effet, dès qu'elle le vit, ils furent amis, & on me compta pour rien.

Qui pourroit dire par quels refforts fe remue le cœur des femmes, en voyant que celle-ci fut prife par la chofe même qui auroit dû la mieux défendre ? Pour moi, plus je fais réflexion à cette avanture, plus je me trouve embarraffé à expliquer par où le Gafcon avoit pû venir à bout de lui plaire ; & tout ce qu'il me femble qu'on en peut dire, c'eft qu'elle jugea qu'il avoit cru qu'elle valoit la peine d'être aimée, puifqu'il s'étoit donné le foin d'imaginer cette intrigue. Peut-être même trouva-t'elle dans les Lettres fuppofées, qu'on avoit affez attrapé le caractére de fon cœur, & qu'elle eut envie d'être aimée d'un homme qui avoit deviné fi jufte.

Quoiqu'il en foit, ils furent amis, & le Gafcon auroit pû depuis me montrer autant

de Lettres véritables , qu'il m'en avoit fait
voir de supposées ; mais il devint discret ,
dès qu'il fut sincérement amoureux. Je lui
aurois sans doute disputé davantage une
conquête qu'il avoit si peu méritée , si dans
le temps même que je m'apperçûs que la
Dame l'écoutoit , je n'avois voulu me faire
aimer d'une autre personne , qui me parut
une conquête plus digne de moi.

J'avois trouvé Monsieur de Guise à Madrid , qui , quoiqu'il n'eût pas encore la liberté de retourner en France , jouissoit de
celle de voir ses amis. On voit bien que je
ne manquai pas de lui rendre compte de
mon avanture de Naples , & de lui dire
tout ce que j'avois vû de la maîtresse pour
laquelle il m'avoit donné la fatale commission qui m'avoit coûté la liberté. Je lui dis
tout , excepté l'intrigue que j'avois eûe
avec elle ; mais je ne déguisai rien de ses
infidélités pour tout le reste.

Monsieur de Guise, qui avoit déja appris
par mes lettres une partie de ce que je lui
disois, me dit qu'il vouloit me consoler de
cette malheureuse commission , en me faisant connoître à une Dame Espagnole ,
qui lui avoit paru avoir du penchant pour
moi , & dont le rang & la fortune satisfe-
roient ma vanité , si j'étois homme à être
pris par-là. Je n'étois pas plus vain qu'un
autre ; mais j'avoue que ce que Monsieur

de Guife me dit de la qualité & du rang de la Dame, à laquelle il fuppofoit que j'avois plû, me donna plus d'envie de la connoître, que ce qu'il me difoit de fa beauté, dont il ne manqua pas de me faire un portrait avantageux.

Je lui témoignai donc fans déguifement la difpofition où j'étois de ne pas refufer cette avanture, & nous prîmes jour enfemble pour aller à un rendez-vous, où il me promettoit de me donner l'occafion de lui parler & de la voir. Il me mena deux jours après dans une maifon, où je vis bien qu'il avoit tout pouvoir, par la facilité avec laquelle on nous laiffa entrer. Il étoit environ cinq heures du foir, & le jour étoit encore affez grand, pour me faire voir que les meubles de cette maifon étoient magnifiques. Cette magnificence me confirma l'idée qu'il m'avoit donné de la qualité & des richeffes de la Dame, & redoubla terriblement l'amour que je commençois à avoir pour elle.

Monfieur de Guife me laiffa feul dans un cabinet, jufques bien avant dans la nuit, me difant qu'il alloit préparer la Dame à ma vifite. Je m'imaginois bien que cette Dame devoit être une maîtreffe de ce Prince, & j'avois fujet de croire qu'il ne me l'avoit propofée, que parce qu'il commençoit à s'en dégoûter ; mais telle eft la foi-

bleſſe de la vanité humaine , que les réflexions faiſoient peu d'impreſſion , tant j'a-
vois envie de compter une Dame ſi puiſ-
ſante & ſi riche au nombre de mes conquêtes.

Mais quelle fut ma ſurpriſe , quand je
vis que c'étoit la même Dame Napolitaine,
dont j'avois tant ſujet d'être mécontent!
Monſieur de Guiſe me la préſenta , & me
dit en riant, qu'elle venoit réparer la faute
qu'elle avoit faite, quand elle m'avoit abandonnée à Naples. Je fus étonné , ſi je l'ai
jamais été de ma vie, & ma premiere penſée fut une penſée de colere & de vengeance ; mais enfin , ce n'étoit pas le lieu de la
laiſſer échapper , & voyant Monſieur de
Guiſe & cette Dame rire de tout leur cœur,
je me mis à rire auſſi.

Je reconnus bien-tôt que Monſieur de
Guiſe m'avoit trompé , quand il m'avoit
dit que cette Dame vouloit avoir une intrigue avec moi , puiſqu'il étoit mieux que
jamais avec elle. Tout ce qu'il avoit penſé,
n'avoit été que de me la faire voir , ou pour
ſe réjouir de ma ſurpriſe , ou pour m'en
donner meilleure opinion , en me réconci-
liant avec elle. Je ne pus m'empêcher
d'avoir un ſecret dépit contre la malice du
Duc ; & pour me venger de lui , je pris la
réſolution de me faire encore aimer de
cette Dame.

Jamais réfolution ne fut ni plus impru-
dente , ni plus lâche ; car enfin , c'étoit
une honte à moi d'aimer encore une perfonne fi digne de mépris , & il y avoit de
l'imprudence à vouloir enlever au Duc de
Guife une maîtreffe qui avoit quitté fon
pays pour lui , & qui n'étoit venu en Efpagne que pour le chercher ; mais je paffai
par - deffus cette lâcheté & cette imprudence , & je trouvai le moyen , avant que
de quitter cette Dame, de lui dire à l'oreille,
fans que le Duc s'en apperçût , que je l'aimois plus que jamais , & que je mourrois ,
fi elle ne répondoit à mon amour. Elle me
ferra la main , en entendant ces paroles ;
& ce figne me fit tout attendre d'elle. Dès
le lendemain , elle m'envoya chercher , &
fa vûe me fit faire de bonne foi , ce que
je n'avois entrepris que pour me venger
du Duc.

Elle commença par me demander mille
pardons du traitement qu'elle m'avoit fait à
Naples, alléguant pour excufe la crainte
qu'elle avoit eûe de fe rendre fufpecte , fi
elle eût pris le parti d'un François. Elle
me dit tant de chofes ; & elle les accompagna de tant de larmes , que quoique fes
excufes fuffent très-mauvaifes, je les reçus
comme fi elles euffent été les meilleures
du monde , & je lui promis de ne me plus
fouvenir du paffé. Nous tombâmes enfuite
fur

ſur le Duc de Guiſe , dont elle me fit de grandes plaintes , diſant que quoiqu'elle fût venue exprès à Madrid pour le voir , & qu'elle lui eût fourni des ſommes conſidérables , il n'en étoit pas plus attaché à elle , & qu'il s'amuſoit à être le rival du Roi d'Eſpagne , en faiſant l'amour à une Dame qui étoit aimée de ce Prince.

Il eſt aiſé de penſer que je ne pris pas le parti du Duc ; auſſi fus-je le premier à exhorter celle à qui je parlois de rompre avec lui & de l'oublier. Elle me dit qu'elle vouloit garder des meſures juſqu'au bout ; & que le Duc étant ſur ſon départ pour retourner en France , elle ne vouloit point ſe brouiller avec lui , mais qu'elle le traiteroit de maniére, que je n'aurois pas ſujet d'en être jaloux.

Je me laiſſai éblouir par toutes les choſes qu'elle voulut bien me dire , & je ſortis auſſi amoureux d'elle , que ſi elle eût été une Veſtale. Cependant, elle me trompoit encore , lorſqu'elle faiſoit ſemblant d'être mal ſatisfaite du Duc de Guiſe , & on va voir ſi elle avoit lieu de lui ſavoir mauvais gré d'être le rival du Roi.

J'étois informé que le Roi d'Eſpagne étoit un Prince qui ne gardoit pas trop de meſures du côté de la galanterie , & on ne racontoit rien plus ſouvent à Madrid , que les diverſes intrigues qu'il avoit eûes , &

qu'il avoit encore, On m'avoit aussi appris que tout le monde disoit qu'il étoit alors amoureux d'une étrangére qu'il voyoit chez le Comte..... & que c'étoit même cette étrangére qui avoit agi auprès du Roi pour la liberté du Duc de Guise. Ce Duc m'en avoit quelquefois parlé sans la nommer ; mais comme le Roi avoit plusieurs maîtresses, je ne m'étois pas trop mis en peine de connoître celle-ci.

Le Gascon avec qui j'étois logé, étoit beaucoup plus curieux & plus intriguant que moi. Il avoit accès chez celui où le Roi avoit coutume de voir sa maîtresse, & il me dit que si je voulois, il me feroit voir ce Prince un jour qu'il viendroit la voir. Je me laissai entraîner à cette curiosité, & m'étant rendu avec mon Gascon chez le Comte.... nous nous cachâmes dans un escalier obscur qui donnoit sur un passage, par où l'on faisoit entrer le Roi. Ce Prince n'étoit accompagné que de deux Courtisans, & il venoit toujours en habit déguisé. Je le vis donc, & si je n'avois été prévenu que c'étoit lui, j'aurois eu de la peine à le reconnoître sous son déguisement, tant il étoit différent de son habit ordinaire. C'étoit une espéce de Cape semblable à celles que les Professeurs en Droit portent en Espagne. Il fut ce jour-là peu de temps chez le Comte.... & nous le vîmes ressortir environ une demi-heure après. Dès qu'il fut parti, nous sortîmes aussi de l'endroit obscur où nous étions, & ayant voulu descendre l'escalier, on nous cria de faire place. J'apperçus au haut de l'escalier une Dame qui vouloit descendre, & mon Gascon me dit que c'étoit la maîtresse du Roi. Je me collai contre la muraille pour lui laisser le passage libre. Elle avoit le visage couvert d'un long voile qui m'empêcha de la voir; mais venant à passer auprès de moi, je sentis qu'elle me pinçoit & qu'elle s'approchoit de mon oreille, comme si elle eût voulu me dire quelque chose; & en effet, j'entendis qu'elle me dit ces mots en Italien : Seigneur Comte, ce n'est pas ici le lieu où je veux vous voir. Comme elle descendoit fort vîte, je ne pûs repartir, & je demeurai avec tout l'étonnement qu'on juge bien que cette avanture pouvoit me donner.

Je ne doutai pas que cette femme ne voulût avoir une intrigue avec moi, & je sentis ma vanité bien flattée de voir qu'une Dame aimée d'un Roi, m'avoit fait de pareilles avances. Je ne m'appliquai donc plus qu'à trouver les moyens de la voir, & de savoir qui elle étoit. Je crus que personne ne pourroit mieux m'en instruire que ma Napolitaine, puisqu'elle m'en avoit parlé, quand elle s'étoit plainte que le Duc de Guife étoit le rival du Roi.

J'allai chez elle le plûtôt que je pûs, & l'ayant mife fur les amours du Roi, je lui demandai qui étoit celle de fes maîtreffes que le Duc de Guife aimoit. Elle fourit à cette queftion, & elle me demanda pour quelle raifon je la lui faifois. Je lui répondis que c'étoit par une fimple curiofité. Elle me demanda encore plufieurs fois fi je n'avois point d'autre raifon ; & comme je lui faifois toujours la même réponfe : Vous n'êtes pas fincére, me dit-elle ; je fai plus de vos nouvelles que vous ne penfez. Celle que vous avez tant d'envie de connoître, eft ma meilleure amie. Je fai qu'elle vous aime & qu'elle vous a parlé ; mais fi vous êtes fage, vous la laifferez-là ; & d'ailleurs, je ne crois pas que dans le temps que nous fommes enfemble comme nous fommes, vous vouluffiez me faire l'infidélité d'embarquer une affaire avec une autre.

Je voulus nier d'abord que cette femme m'eût parlé, mais je vis que la Napolitaine étoit inftruite, puifqu'elle me répeta jufqu'aux termes dont elle s'étoit fervie. J'avouai donc la vérité, mais je promis de m'en tenir-là, & de ne faire nulle perquifition pour découvrir qui étoit la Dame, ni pour avoir les moyens de la voir.

Le Duc de Guise m'en parla , & il me fit connoître qu'il n'étoit pas moins inftruit que la Napolitaine ; mais au lieu de me détourner comme elle de m'attacher à cette femme , il m'y exhorta , & il me dit que je ne pouvois mieux faire que de fuivre fon exemple ; qu'il devoit bien-tôt retourner en France , & qu'il me laifferoit le champ libre.

Je n'étois que trop difpofé à faire ce que le Duc vouloit que je fiffe , & je ne pouvois m'ôter de l'efprit la gloire que je me figurois à avoir été ainfi prévenu. Cependant , voulant diffimuler avec lui , je pris en riant tout ce qu'il me dit , & je ne lui témoignai aucune envie de connoître cette femme. Je n'épargnai pourtant rien pour en venir à bout ; mais , foit que je n'ofaffe m'expliquer ouvertement , foit que ceux à qui je m'adreffois ne fuffent pas mieux inf-truits que moi , je fus encore long-temps fans favoir qui elle étoit. Le Duc de Guife auroit pû me l'apprendre , fi j'avois voulu l'interroger ; mais je me défiois de lui , ne doutant point que dès qu'il me verroit amoureux de la maîtreffe du Roi , il n'allât tout dire à la Napolitaine , avec laquelle je voulois garder des mefures.

Je reftai donc dans mon ignorance , me faifant les plus belles idées du monde de cette nouvelle maîtreffe, & me privant, par

T iij

ces idées chimériques, de la douceur réelle que j'aurois pû goûter chez la Napolitaine, que je commençois à trouver insupportable, depuis que j'aimois, sans savoir qui.

Je n'ai jamais mieux connu qu'en cette occasion, combien l'amour est une passion bizarre ; car enfin, quoique je n'eusse jamais vû cette femme, & que je ne m'en représentasse qu'une image en l'air, j'en étois pourtant plus occupé que je ne l'avois été d'aucune maîtresse. Il semble même que ma passion étoit d'autant plus violente, que j'avois une idée moins distincte de l'objet qui la causoit ; au lieu qu'en aimant une femme qu'on a vûe, l'amour se régle sur l'image qu'on en conserve, c'étoit ici tout le contraire. Je réglois l'image de ma maîtresse sur l'amour que j'avois pour elle, & c'est là ce qui me la faisoit croire beaucoup plus charmante, que si je l'eusse vûe.

Je connus alors par mon expérience, qu'il y a plus de vraisemblance qu'on ne croit au caractére de ces Héros romanesques, qu'on nous représente courir le monde pour l'amour d'une Dame invisible, car je n'étois guére différent de ces merveilleux Paladins, & ma Dame invisible m'occupoit uniquement.

L'avanture fut même conduite de maniére à renouveller en ma personne tout le merveilleux du Roman ; car je reçus des

lettres de la Dame, qui étoient très-tendres
& très-passionnées, par lesquelles elle me
promettoit de ne me pas laisser long-temps
dans mon ignorance & dans mon inquiétude, pourvû que je lui fusse fidéle, & que
je ne parlasse jamais des avances qu'elle
me faisoit.

Je n'avois pas peu de peine à lui garder
le secret ; car toutes les fois que j'avois
reçu de ses Lettres, la Napolitaine m'en
parloit, & paroissoit toujours très-instruite
de ce qu'on m'avoit mandé. Je fus mené
de la sorte pendant trois mois, au bout des-
quels je reçus un matin un billet, par lequel on me promettoit que ce même jour
la Dame se feroit connoître à moi, & qu'elle
se rendroit pour cela chez la Napolitaine.

Quelque chagrin que j'eusse qu'on eût
choisi cette maison pour le rendez-vous,
j'avois une si furieuse envie de connoître
ma maîtresse, que passant par-dessus toutes
sortes de difficultés, je ne manquai point
à m'y trouver à l'heure marquée. Là, je
reconnus que la Napolitaine & la maîtresse
du Roi qui m'avoit parlé & qui m'avoit
écrit, étoient la même personne qui avoit
voulu se donner ce divertissement, voyant
la facilité avec laquelle je m'étois laissé surprendre par ses avances.

Je sûs donc que cette Dame ayant quitté
Naples, pour suivre le Duc de Guise en

T iiij

Eſpagne, avoit à peine paru à Madrid, que
le Roi en étoit devenu amoureux ; que le
Duc de Guiſe, qui n'avoit à cet égard aucune délicateſſe, avoit aidé lui-même à la
faire voir au Roi, & qu'à la faveur du ſervice qu'il avoit en cela rendu à Sa Majeſté,
il avoit ménagé l'affaire de ſa délivrance,
& étoit reſté en poſſeſſion d'être le rival du
Roi, ſans que ce Prince, ou le ſoupçon-
nât, ou en eût de la jalouſie.

Lorſque toutes ces choſes m'eurent été
expliquées, je voulus faire ſemblant de
n'en avoir pas été la dupe, & j'aſſûrai fort
qu'il y avoit long-temps que j'étois inſtruit
du tour que l'on me jouoit. Mais, quand
même la Napolitaine auroit été capable de
croire, par mes diſcours, que j'avois deviné ſa malice, elle n'en auroit rien crû,
par la maniére dont elle vit que je m'attachai à elle depuis que j'eus reconnu la vérité, car j'en fus plus paſſionné que jamais ;
au lieu que je l'avois négligée, tant que
j'avois eu dans l'eſprit celle qui m'avoit
parlé ſur le degré.

Il eſt vrai que cette femme me parut
avoir des charmes nouveaux, quand je me
repréſentai que c'étoit celle dont je m'étois
fait une ſi charmante idée. Il ſemble que
j'ajoûtai à ce qu'elle avoit de beauté, tous
les attraits que j'avois attribués à la Dame
inviſible ; & c'eſt ce qui doit marquer que

l'amour a toujours befoin de l'imagination, & qu'il n'eft jamais plus violent, que quand il eft excité par d'agréables images ; mais, en même temps, on doit reconnoître la foibleffe & l'illufion du cœur, qui, dans cette paffion, donne prefque tout à l'idée.

Quoi qu'il en foit, je recommençai à aimer la Napolitaine, comme fi elle eût été une autre perfonne, & l'amour que j'eus pour elle me parut tout nouveau. Comme le Duc de Guife partit prefqu'auffi-tôt, je me trouvai après fon départ, encore plus en liberté de me donner tout entier à cet amour, & j'en fis mon occupation pendant plus de fix mois. Je fus furpris de la maniére dont le Duc fe fépara d'elle ; & je vis bien que lui & fa maîtreffe étoient à-peu-près du même caractére. La joie de retourner en France, le rendit infenfible au dé-plaifir de quitter une femme qui avoit tant fait de chofes pour lui ; & cette femme, de fon côté, fut peu touchée de fon départ, par la gloire d'être maîtreffe du Roi, & par la commodité de trouver en ma per-fonne un amant capable de tenir auprès d'elle la place du Duc. Ce qu'il y eut de plus furprenant dans leur procédé, c'eft qu'ils fe préparérent de concert à la facilité de fe quitter, & que le Duc lui dit de bon-ne foi, qu'étant obligé de fe féparer d'elle, il vouloit lui donner quelqu'un qui la confolât de fon abfence, & qu'il ne pouvoit choifir perfonne qui lui convînt mieux que moi ; c'eft-à-dire, qu'ils traitérent cette féparation avec un fang-froid dont je n'aurois jamais cru que des perfonnes qui s'aimoient fuffent capables. Heureux quand on eft de ce caractére, & combien de fois ai-je eu lieu de fouhaiter d'en être ! Car tout mon malheur a toujours été d'aimer avec trop de conftance & de tendreffe. J'étois né pour un autre fiécle que celui-ci ; & j'aurois été plus heureux & plus fage dans les temps où il y avoit encore de la bonne foi en amour.

La Napolitaine me parut fi bien une maîtreffe nouvelle, que j'oubliai jufqu'à fon caractére, & que je me mis à lui faire l'amour comme fi tout ce qui m'étoit arrivé à Naples eût été un fonge. Quand j'examine la caufe de cet aveuglement, je ne puis l'attribuer qu'à ma vanité ; car j'avoue qu'elle étoit flattée par la maniere dont cette Dame étoit revenue à moi : fi j'en euffe jugé favorablement, je n'aurois dû attribuer ce retour qu'à la même légereté qui l'avoit autrefois fait changer pour moi ; mais il étoit dit que je ferois aveugle, & toujours dupe de cette femme.

Une autre caufe encore de mon aveuglement, fut la grande oifiveté où je me trouvois à Madrid, & la difficulté d'y voir

d'autres femmes. J'avois besoin d'occupation, & je craignois de me faire des affaires. Tout cela me livra à la personne dont
je parle, & je ne pouvois en choisir une
moins propre à me procurer le repos que
j'envisageois. Il est vrai qu'elle sut occuper mon oisiveté, mais ce ne fut que par
le grand nombre d'affaires qu'elle me fit.

A peine le Duc de Guise fut parti, qu'elle
s'avisa de le regretter, & de dire qu'elle
vouloit le suivre en France. Tant que cette
fantaisie lui dura, je n'en reçus que des
chagrins, & elle disoit que j'étois cause de
ce que ce Prince avoit pû se résoudre à la
quitter, & de ce qu'elle-même avoit consenti à son départ.

Quand je vis qu'elle s'avisoit de me faire
ces incartades, je m'avisai aussi de lui en
faire de mon côté. Je lui reprochai l'intrigue qu'elle avoit avec le Roi, & je lui dis
que ma délicatesse ne pouvoit s'accommoder de ce partage; c'est-à-dire, que nous
ne fismes plus que nous quereller; & cela
dura plus de trois semaines. Enfin elle re-
devint de meilleure humeur, & ne me parla
plus du Duc de Guise : je lui fis aussi quartier sur le Roi d'Espagne, & nous fûmes
bons amis.

Mais cette paix ne dura guére. Je la
trouvai un soir comme une furie ; & , lui
ayant demandé la cause de sa colere, elle

me témoigna une jaloufie extrême contre
une de fes rivales ; car, comme je l'ai dit,
le Roi d'Efpagne avoit encore d'autres
maîtreffes qu'elle.

Je fus d'autant plus furpris de la voir
dans cet emportement, que je l'avois jufques-là toujours trouvée très-patiente fur
les autres femmes que le Roi aimoit. Je lui
demandai quelle mouche l'avoit piquée,
& elle me dit qu'elle n'avoit aucun nouveau fujet de haïr cette rivale ; mais qu'elle
avoit fait des réflexions qui l'avoient perfuadée qu'il lui étoit honteux de n'être pas
aimée feule.

Quoique cette délicateffe me parût venir bien tard, je voulus pourtant m'en fervir, pour lui perfuader de ne plus avoir
d'intrigue avec le Roi. Je lui repréfentai
qu'elle avoit affez de bien pour n'avoir pas
cette complaifance pour un Prince qu'elle
n'aimoit pas, & qui ne devoit lui plaire
que par la penfion qu'il lui faifoit.

Elle ne s'accommoda point du tout de
ce confeil, & elle me dit au contraire,
qu'elle vouloit fe fervir plus que jamais du
pouvoir qu'elle avoit auprès du Roi, pour
le dégoûter de toutes fes autres maîtreffes,
& demeurer feule en poffeffion de fon
cœur.

Je lui repréfentai encore, que rien ne
lui étoit plus impoffible que de fixer ce

Prince, qui tous les jours ajoutoit une maîtresse nouvelle à celles qu'il avoit déja. Elle persista à me soutenir qu'elle en viendroit à bout, & qu'il falloit même que je l'aidasse, parce que personne ne le pouvoit mieux que moi.

Je voulus savoir comment je pouvois la servir à débusquer ses rivales. C'est, dit-elle, qu'il faut que vous fassiez semblant d'être amoureux de celle dont j'ai plus lieu de me plaindre : le Roi ne manquera pas d'être jaloux quand il saura que vous l'aimez ; j'aurai soin de l'en instruire, & je tournerai si bien les choses, que tout le chagrin du Roi ne tombera que sur ma rivale.

Je lui dis qu'elle étoit folle, de vouloir m'engager à une chose qui sûrement me feroit bien plus funeste qu'à celle qu'elle vouloit détruire. Elle me répondit en colere, que si je ne le faisois, elle avertiroit le Roi du commerce que nous avions ensemble, & que dès qu'elle lui en diroit un mot, je serois perdu.

Je trouvois toutes les propositions de cette femme si extravagantes & si folles, que j'eus peine à croire qu'elle parlât sérieusement ; mais elle soutint toujours ce qu'elle avoit avancé, & je vis bien que cela n'étoit que trop sérieux. Dans les extrémités dont j'étois menacé, j'aimai mieux prendre le parti de faire semblant d'aimer fa rivale, parce que cela me paroiſſoit plus long, & que j'eſpérai que ſa fantaiſie changeroit, au lieu qu'en la refuſant, j'avois lieu de craindre qu'elle ne me jouât inceſſamment quelque tour auprès du Roi.

Je lui dis donc que je la priois de me faire connoître par où elle croyoit que je devois m'y prendre pour faire l'amoureux de cette fille : elle me dit que cela ne me feroit pas mal-aiſé, puiſqu'elle me la feroit voir ; que, quoiqu'elle fût ſa rivale, & qu'elle eût envie de la perdre, elle ne laiſſoit pas de faire ſemblant d'être de ſes amies, & qu'elle la voyoit ſouvent.

Nous convînmes donc qu'elle la prieroit un jour de venir chez elle, & que je m'y trouverois. La choſe s'exécuta comme nous l'avions projettée, excepté que je ne fis point ſemblant d'être amoureux, parce que j'aimai bien-tôt de tout mon cœur.

Cette perſonne étoit une Catalane de dix-huit à vingt ans, que je nommerai Eleonor : elle avoit l'humeur du monde la plus douce & la moins artificieuſe ; elle n'étoit pas de qualité, & elle avoit été amenée à Madrid dans le temps de la révolte des Catalans contre l'Eſpagne, par la femme du Gouverneur qui fut égorgé dans cette fameuſe révolution. Cette Dame l'avoit fait connoître à la Cour, & le Roi l'aimoit paſſionnément, ſans en pouvoir rien obtenir. Il n'y avoit que ce Prince qui connût fa fageffe, parce que tout le monde étoit perfuadé qu'il n'y avoit point de fille qui pût rien refufer à un Roi.

Comme elle étoit la plus belle des maîtreffes de ce Prince, c'étoit celle qui donnoit plus de jaloufie à la Napolitaine ; & cette femme reprochant un jour au Roi l'attachement qu'il avoit pour elle, il lui avoua qu'elle lui avoit toujours réfifté, & qu'il n'efpéroit plus en rien obtenir, parce qu'il commençoit à fe laffer de fes refus.

Cet aveu du Roi, fut ce qui mit la Napolitaine de mauvaife humeur contre cette rivale. Elle fut au défefpoir qu'une fille fi fage fût fi aimée ; &, craignant que fa fageffe ne lui donnât la préférence dans l'eftime de ce Prince, elle réfolut de la détruire, en faifant croire au Roi qu'elle n'étoit fage que pour lui ; car c'eft le génie ordinaire des femmes qui ont quelque chofe à fe reprocher dans leur conduite, de haïr & de décrier celles dont l'exemple les condamne. Je ne favois point que ce fût par ce motif que la Napolitaine vouloit que j'en paruffe amoureux, & je ne l'appris que long-temps après.

Je fus touché de fa beauté dès que je la vis, & j'étois fi rebuté de tous les travers de la Napolitaine, que mon cœur qui n'étoit point content avec elle, faifit avec ardeur la premiere occafion d'en aimer une autre. Celle-ci me parut digne de mon amour ; & , comme nous étions convenus que je me déclarerois fon amant, je ne tardai pas à lui faire cette déclaration. Elle me répondit en termes généraux, & enfin elle m'affura que fi la paffion que je lui marquois étoit fincere, elle ne me donneroit pas lieu de m'en repentir.

Nous prîmes jour au lendemain pour nous revoir ; & la Napolitaine qui croyoit que tout ce que je faifois étoit une feinte, & qui étoit bien-aife que fa rivale s'engageât de plus en plus avec moi, nous laiffa feuls dès qu'elle fut arrivée.

Cette fille voyant qu'elle pouvoit me parler fans témoins, m'ouvrit fon cœur ; & , après m'avoir affûré qu'elle n'avoit jamais rien accordé au Roi , elle me dit qu'elle auroit la même conduite pour quelque homme que ce fût , & qu'elle ne s'attacheroit jamais qu'à celui qui l'eftimeroit affez pour l'époufer.

Ces fentimens ne firent qu'augmenter l'amour que j'avois eu pour elle, dès la premiere fois que je l'avois vûe. Je lui dis que j'aurois fouhaité être un parti digne d'elle, mais que j'étois obligé de lui avouer que j'avois peu de bien en France ; que celui que j'avois en Pologne appartenoit à mes enfans , & qu'en un mot ce feroit la

tromper ,

tromper, que de lui promettre que je l'é-
pouserois.

Elle me répondit qu'elle ne cherchoit
point de grandes richesses, & que pourvû
qu'elle trouvât un mari qui pût lui donner
son nécessaire sans s'incommoder, elle seroit contente. Je lui répliquai qu'elle devoit avoir de plus hautes prétentions, &
que tout ce que je pouvois faire pour son
service, c'étoit de lui donner mes conseils
pour embarquer quelque affaire qui lui fût
avantageuse. Elle me dit que ce n'avoit été
qu'en cette vûe qu'elle avoit souffert l'a-
mour du Roi ; qu'elle savoit bien que sa
réputation en souffroit, mais qu'enfin ayant
besoin de support, elle croyoit que Dieu
ne l'abandonneroit pas tant qu'elle n'auroit rien à se reprocher.

Ces sentimens me rappellérent le sou-
venir de ma pauvre Carmélite ; & je trouvai celle qui me parloit, si semblable à
elle, qu'en ce moment je repassai sur les
aventures de ma vie ausquelles elle avoit
eu part ; & cette pensée me fit venir les larmes aux yeux.

Eléonor fut fort surprise de me voir
pleurer ; je lui dis que c'étoit l'effet de l'estime que j'avois pour elle, & du désespoir
où je me trouvois de ne pouvoir répondre
comme j'aurois voulu, à des sentimens
aussi nobles & aussi vertueux que les siens.

Ce difcours lui fit plaifir, & je vis bien qu'elle en avoit pour moi plus d'eftime & plus de confiance. Elle me dit que puifque je voulois bien lui donner mes confeils, elle ne les acceptoit qu'en cas qu'ils lui ferviffent à obliger le Roi d'Efpagne à lui faire affez de bien pour m'époufer fans m'être à charge ; car, ajouta-t-elle, je vous avouerai franchement que j'aurois beaucoup plus de goût pour vous que pour tout autre. J'aime la France ; & je croirois mon bonheur extrême, fi je pouvois y paffer ma vie avec vous.

Quelque charmé que je fuffe de ces paroles, je ne laiffai pas de lui dire toujours que je ne voyois guére d'apparence à notre mariage, & je lui répetai fi fouvent qu'il n'y falloit pas penfer, qu'elle s'en fâcha un peu contre moi. Ne croyez pas, me dit-elle, que fi j'infifte à vouloir vous époufer, ce foit manque de trouver d'autres partis ; car je vous dirai qu'il y en a un qui fe préfente, dont tout autre que moi feroit éblouie. Elle me conta alors que le fils du Duc d'..... étoit fort amoureux d'elle, & que fi elle eût voulu y donner les mains, il l'auroit déja enlevée ; mais qu'elle s'étoit toujours oppofée à fes deffeins, de peur de lui faire des affaires avec le Roi.

Je me trouvai alors fort embarraffé, & je connus bien que je l'aimois véritable-

ment, par le chagrin que me donna l'amour
dont elle me parloit ; mais enfin , voyant
que je ne la pouvois épouser , j'eus affez
de force pour lui dire qu'elle ne devoit pas
négliger ce parti , qu'il falloit qu'elle mé-
nageât le fils du Duc..... & que je l'aide-
rois à lui faciliter les moyens de devenir
fa femme.

Ce fut-là à peu près que fe termina la
converfation de cette premiere vifite. La
Napolitaine me demanda fort où j'en étois,
& je lui répondis qu'il n'y avoit rien à faire,
& que cette fille étoit incapable d'aucun
attachement. Cela ne fit qu'augmenter le
defir qu'elle avoit de la perdre ; & dès la
premiere fois qu'elle vit le Roi , elle lui
dit que cette fille fi fiére pour lui , avoit
une intrigue avec moi , & que je m'étois
vanté de fes bonnes graces.

Le Roi qui l'eftimoit , lui dit tout ce
que la Napolitaine lui avoit appris , & cette pauvre fille croyant qu'il étoit vrai que
je m'étois vanté , comme on difoit , d'être
bien avec elle , jura au Roi que cela étoit
faux , & elle lui demanda vengeance de
cette calomnie.

Elle ne fe contenta pas de ce que le Roi
lui promit ; elle fufcita auffi contre moi le
fils du Duc d..... qui lui donna fa parole
qu'il me feroit dédire , ou qu'il m'ôteroit
la vie. Je n'avois garde de me défier du

tour qu'on me jouoit, & je n'étois rempli que d'estime & d'admiration pour cette fille, pendant qu'elle juroit ma perte.

J'étois donc fort en repos, quand un soir me retirant chez moi, je fus attaqué par six hommes robustes, qui me prenant par les jambes, me firent tomber, & m'ayant ôté par-là le moyen de mettre l'épée à la main & de me défendre, me liérent & me conduisirent dans une maison, où la premiere personne que je vis fut Eleonor.

Elle vint à moi avec un visage furieux, & elle me dit qu'il falloit que je lui rendisse l'honneur que je lui avois ôté, ou que je m'attendisse à être hâché en mille piéces. Le fils du Duc d . . . . . étoit avec elle, qui me mettant le poignard sous la gorge, sembloit ne vouloir pas même attendre que je parlasse, & crioit qu'il falloit me tuer.

Tout ce que je pus faire dans le péril où je me voyois, fut de regarder Eleonor avec des yeux qui imploroient son secours, car je n'eus pas la force de prononcer un mot. Je ne sai si mes regards lui firent compassion ; mais retenant le bras de celui qui faisoit mine de me vouloir couper la gorge : Parle donc, malheureux, me dit-elle, par où ai-je mérité les calomnies que tu as répandues contre moi ?

La parole me revint à ce discours, & jugeant bien qu'il falloit qu'on lui eût fait entendre ce qui n'étoit pas, je commençai à craindre un peu moins; & continuant à la regarder tendrement : Moi, Madame, lui dis-je, j'aurois dit de vous des choses injurieuses? Vous ne pouvez pas le croire; & je ne suis coupable, que parce que je vous estime peut-être trop, & que j'ai pris trop de plaisir à publier les louanges que vous méritez.

Je prononçai ces paroles d'un air si plein de bonne foi, que je vis bien qu'Eleonor commençoit à revenir des préventions qu'on lui avoit données. J'oubliai que j'étois en présence d'un homme qui la vouloit épouser, & je continuai à lui parler avec tant de passion, qu'en me justifiant dans l'esprit de la fille, je commençai à me rendre coupable en celui de son amant. Il jugea bien qu'il falloit que je l'aimasse, pour lui parler comme je faisois, & c'est pour cela que m'interrompant, il continuoit toujours à dire qu'il falloit m'ôter la vie.

Eleonor lui répondit qu'il étoit bon de m'entendre, & aussi-tôt elle m'apprit ce que la Napolitaine avoit dit au Roi. Je protestai que c'étoit une invention de sa malignité & de sa jalousie; & Eleonor paroissant tout-à-fait désabusée, me demanda si je ne voudrois pas bien soutenir devant le Roi ce que je disois. Je m'offris à le soutenir, non-seulement en présence du Roi, mais aussi devant tout l'univers, & je ne pûs m'empêcher d'accompagner mes protestations de termes tendres & passionnés, lui répetant que je l'adorois, que je n'aimois qu'elle, & que je la priois de prendre ma vie, si ma mort lui étoit agréable.

Tout cela me rendoit suspect au fils du Duc d. . . . . . qui regardant Eleonor avec dépit : Hé quoi donc, Madame, lui dit-il, souffrez-vous qu'on vous parle de la sorte, & n'avez-vous fait conduire ici cet homme que pour me donner le chagrin d'apprendre qu'il est mon rival ? Hé ! Ne voyez-vous pas bien, reprit-elle, qu'il ne sait ce qu'il dit, que la crainte de la mort lui a troublé la cervelle, & qu'il ne me parle avec tant de passion, que pour obtenir la vie, qu'il craint qu'on ne lui ôte ?

Bien loin de voir à ce discours que j'avois fait une faute très-imprudente en témoignant mon amour en présence d'un rival qui pouvoit m'ôter la vie, & qui me tenoit toujours le poignard sous la gorge, je ne fis attention qu'à l'injure qu'on me faisoit, en m'accusant de craindre la mort. J'oubliai donc entiérement le danger où j'étois, pour ne témoigner que ma passion. Non, repris-je, ce n'est point la mort que je crains ; je sai ce que je dis ; & si vous

voulez, dis-je, en parlant à mon rival,
me faire délier, nous verrons qui de vous
ou de moi a le plus à craindre.

A ces paroles, cet homme qui n'étoit
pas brave, se rapprocha de moi pour m'en-
foncer son poignard dans la gorge; & je
n'en évitai le coup, que parce qu'Eleonor
lui retint le bras, & se mit entre lui & moi.
L'Espagnol voyant que sa maîtresse prenoit ma défense, sortit en la menaçant, &
emmena ceux qui m'avoient arrêté. Elle
fit ce qu'elle put pour me retenir, mais
inutilement, & elle resta seule avec moi,
me déliant elle-même, & me blâmant fort
d'avoir si mal-à-propos témoigné que je
l'aimois.

Je la consolai comme je pûs, & je lui
dis qu'il ne m'arriveroit jamais de parler de
la sorte, mais qu'elle ne devoit attribuer
mon imprudence qu'au chagrin dont j'avois
été saisi, en voyant qu'elle m'avoit accusé
de mal parler d'elle. Je lui promis de désa-
buser le Roi quand elle voudroit, & de la
venger de la Napolitaine. Elle me dit que
ce n'étoit plus de quoi il s'agissoit, & que je
ne devois penser qu'à lui donner les moyens
de persuader à mon rival que tout ce que
j'avois dit, ne venoit que de ce que j'avois
été peu maître de moi, dans le danger dont
je m'étois vû menacé.

Je l'assurai que je ferois tout ce qu'elle

voudroit pour cela, & elle me dit qu'il falloit que je commençasse par ne la plus voir.
Quelque rigoureux que fût cet ordre, je
m'y soumis, l'assurant que je tiendrois ma
parole, à quelque prix que ce fût, & au
péril même de ma vie. Cependant, le fils
du Duc d.... sortit de si mauvaise humeur, & si irrité de ce qu'elle l'avoit empêché de me tuer, qu'il alla publier par
tout qu'elle m'aimoit, & qu'il avoit été
convaincu de tout ce qu'on disoit que je
m'étois vanté d'avoir obtenu d'elle.

Le Roi en entendit parler, & il ne douta plus, après ce témoignage, de tout ce
que la Napolitaine avoit voulu lui persuader de la mauvaise conduite de cette fille.
Ainsi, elle se vit décriée par tout, & je
me trouvai la cause innocente du tort que
cette médisance lui faisoit. J'en eus un chagrin mortel ; & malgré ma promesse que
je lui avois faite de ne la plus voir, je cherchai à lui parler, pour m'offrir à tout ce
qu'elle voudroit m'ordonner, ou pour la
venger de ses ennemis, ou pour lui faire
recouvrer sa réputation ; mais d'autres que
moi prirent soin de l'un & de l'autre.

Le Roi croyant avoir lieu d'être persuadé que cette fille avoit de l'inclination pour
moi, espéra que puisqu'elle n'avoit pû me
résister, car c'est ce qu'il pensoit, elle pourroit enfin se résoudre à avoir la même complaisance

plaisance pour lui. C'est ainsi qu'à l'égard
des cœurs qui ont peu de délicatesse, l'a-
mour se nourrit par ce qui devroit le détruire. Il redoubla donc ses soins & ses empressemens pour elle avec tant d'éclat &
d'assiduité, qu'on crut qu'il avoit oublié ses
autres maîtresses.

Je ne sai si elle se laissa gagner ; mais le
Roi la maria quinze jours ou trois semaines après à un Seigneur Espagnol, auquel
il donna, dès qu'ils furent mariés, le Gou--
vernement de M......retenant sa femme
à Madrid.

J'étois alors brouillé avec la Napolitaine, & j'avois juré de ne la voir de ma vie,
après le danger où elle m'avoit exposé :
mais elle fit tant de choses pour me faire
revenir, que je succombai encore par les
mêmes raisons qui m'avoient déja rappellé
une fois auprès d'elle, je veux dire, par
l'oisiveté où je me trouvois, & la difficulté
de voir d'autres femmes.

Comme le Roi l'avoit fort négligée,
je la trouvai résolue de ne voir jamais ce
Prince, de refuser sa pension, & de retourner à Naples. Je m'opposai à ce dernier
dessein, parce que je ne pouvois quitter
Madrid, & que je craignois, quand elle
seroit partie, de manquer d'amusement ;
car j'étois alors persuadé qu'il m'étoit impossible de vivre sans quelque intrigue, tant

c'eſt un malheur déplorable à un honnête homme d'avoir contracté ces maudites habitudes, juſqu'au point de ne pouvoir plus s'en paſſer. Ce fut-là l'unique ſource de tous mes maux, que j'ai déplorée mille fois, & que je conſeillerai toujours d'éviter à quiconque voudra vivre heureuſement.

Elle conſentit de ne point retourner à Naples, mais je ne fus pas long-temps à me repentir de m'être oppoſé à ſon départ. Elle reprit ſes jalouſies pour la Catalane, & elle ne balança point à me dire qu'elle vouloit que je l'aidaſſe à perdre cette femme. J'eus beau lui repréſenter l'injuſtice & les dangers d'un tel deſſein. Plus je voulus l'en détourner, plus elle s'y opiniâtra. Je rompis encore avec elle, ne pouvant avoir la complaiſance qu'elle exigeoit, & elle, ne voulant point de moi ſans cette complaiſance.

Quand j'eus ceſſé de la voir, elle trouva le moyen d'engager le fils du Duc d.... qui étoit ce rival qui m'avoit voulu tuer, & qui avoit aimé Eleonor. L'amour de cet homme s'étoit changé en haine, dès le moment que ſa maîtreſſe l'avoit empêché de me tuer dans l'aventure dont j'ai parlé. Cette haine s'étoit fortifiée par le mariage de cette fille & par l'attachement que le Roi continuoit à avoir pour elle. Il ſe trouva donc très-diſpoſé à ſeconder la ven-

geance de la Napolitaine, lorſqu'il fut aſſez
bien avec elle pour s'en croire aimé.

Comme ils avoient l'un & l'autre l'ame
baſſe & cruelle, ils ne réſolurent pas moins
que de la faire poignarder. Je fus averti de
leur deſſein par un domeſtique de la Napolitaine, qui avoit autrefois été le confident
de l'intrigue que j'avois eûe avec elle, &
qui avoit toujours continué à être dans mes
intérêts, & à m'avertir de ce que faiſoit ſa
maîtreſſe.

Etant inſtruit par cet homme des meſures qu'ils prenoient pour exécuter leur dé-
teſtable deſſein, je crûs que je devois m'y
oppoſer, non-ſeulement parce que j'étois
moi-même redevable de la vie à celle qu'ils
vouloient faire périr, mais auſſi parce que
j'avois conſervé une véritable paſſion pour
cette généreuſe perſonne ; & que d'ailleurs,
je me trouvois aſſez généreux moi-même
pour prendre le parti des gens malheureux
& opprimés, ſans autre intérêt que d'avoir
la gloire d'empêcher la violence.

La premiere démarche que je fis, fut
d'avertir Eleonor des deſſeins qu'on tramoit
contr'elle, & de lui dire qu'elle ne devoit
point différer d'en inſtruire le Roi. Elle le
fit ; mais ayant dit à ce Prince que c'étoit
par moi qu'elle avoit ſû qu'on en vouloit à
ſa vie, il alla ſe mettre dans l'eſprit que
j'avois continué à la voir & à être bien avec

X ij

elle. Cela lui donna de la jaloufie, & fa jaloufie lui fit croire que je n'avois donné cet avis que pour me rendre néceffaire, & c'eft ce qui fut caufe qu'il le négligea. Cependant, il en dit un mot au pere de celui qui avoit confpiré avec la Napolitaine ; & ce pere dit à fon fils, que j'avois fait avertir le Roi du deffein qu'il méditoit. Le fils affura fon pere que cet avis étoit fans nul fondement & un pur effet de mon imagination ; & il perfuada d'autant plus aifément ce qu'il difoit, qu'on ne voyoit guére d'apparence qu'un homme comme lui eût la lâcheté de faire affaffiner une femme.

Ainfi, mon zéle n'eut point alors d'autre effet que de me rendre fufpect, & à ceux à qui j'avois donné cet avis, & à ceux qui avoient tramé l'horrible complot que je voulois renverfer. Les premiers me regarderent comme un calomniateur, & les autres conçurent le deffein de me faire périr, pour mieux fe défaire enfuite de la pauvre Catalane. Ce fut elle qui m'avertit que le Roi devoit me faire arrêter, & je me cachai fi bien, que j'évitai, & ceux qui avoient ordre de me prendre, & ceux qui me cherchoient pour m'ôter la vie.

Je devois alors ne penfer qu'à me fauver, & c'eft le parti que j'aurois pris, fi je n'avois été perfuadé que j'étois feul capable d'empêcher qu'on n'exécutât le deffein

dont j'avois donné l'avis , & des circonſtan-
ces duquel j'étois trop inſtruit , pour n'en
pas craindre les ſuites. Ainſi , le deſir de
ſauver la vie à une perſonne que j'aimois ,
quoique je ne la vîſſe plus, eut plus de pouvoir ſur moi , que le ſoin de ma propre
vie. Je reſtai donc à Madrid , mais je fis
courir le bruit que je m'étois ſauvé , & alors
la Napolitaine & ſon amant me croyant
bien loin , ne penſerent plus qu'à exécuter ce qu'ils avoient projetté , pour perdre
leur ennemie.

Il eſt étrange qu'ils s'opiniâtraſſent à une
entrepriſe qui avoit été éventée par l'avis
que j'avois donné , & dont , après cet avis ,
ils ne pouvoient éviter d'être ſoupçonnés ,
ſi elle s'exécutoit , mais ils n'en voulurent
point démordre ; & fermant les yeux à leur
propre péril , ils n'eurent d'attention qu'à
leur vengeance.

Cependant , j'étois fort embarraſſé pour
trouver les moyens de détourner le coup
qu'ils méditoient. N'ayant plus la liberté
de paroître , ni d'agir , & ne pouvant plus
avoir de nouvelles du domeſtique qui m'a-
voit donné les premiers avis , je m'aviſai
de me déguiſer en Eſclave Algérien. Je
me barbouillai le viſage , & je m'appliquai
une groſſe barbe poſtiche , qui me rendit
tout-à-fait méconnoiſſable ; & en cet état ,
j'allai chez la Catalane , à qui je me décou-

vris , lui difant que je n'avois pû l'abandonner dans le péril dont elle étoit mena-
cée ; que je la conjurois de ne point fortir
fans efcorte , & de fouffrir que je me tinffe
caché chez elle , parce que j'étois perfuadé
qu'on en vouloit à fa vie , & qu'au moins
je voulois , ou la fauver de fes affaffins ,
ou périr avec elle.

Elle ne douta point , en me voyant faire
une pareille démarche , que le péril ne fût
effectif , & elle commença à le craindre fi
bien , que pour avoir un prétexte à ne plus
fortir , elle fit femblant d'être malade. Elle
fouffrit que je reftaffe chez elle , & elle dit
à tous fes domeftiques que j'étois un Efclave qui lui avois apporté des nouvelles de
fon mari. Je fus près de huit jours caché
chez elle ; & enfin , le moment que nous
appréhendions arriva.

Des gens armés vinrent fur le foir faire
infulte à quelques-uns de fes domeftiques ,
qu'ils pourfuivirent jufques dans fa maifon ,
& en ayant tué quelques-uns , ils fe rendirent maîtres de la porte , & le furent bien-
tôt de tout le logis. La premiere chofe
qu'ils firent , fut de vouloir entrer dans la
chambre où la Dame étoit couchée , & ils
ne trouverent que moi qui leur en difputât
l'entrée. Je fis affez de réfiftance , pour donner à ceux de fes domeftiques qui avoient
évité leur violence , le courage de fe join-

dre à moi ; & là, nous fîmes une espéce
de combat fort sanglant, où ayant d'abord
tué deux de ces malheureux, les autres
prirent la fuite. Nous les poursuivîmes jusques dans la rue, où je trouvai le fils du
Duc d...... qui les attendoit, & qui étoit
le chef de cette belle expédition. J'avoue
qu'à cette vûe, je ne fus pas maître de moi,
& que voyant ce malheureux, je me jettai
sur lui, & lui donnai un coup de sabre qui
l'étendit mort sur le carreau.

Le Guet qui étoit accouru au bruit,
arriva en ce moment, & je me vis arrêté
& conduit en prison avec un des domestiques de la Catalane. Nous fûmes interro-
gés presque sur le champ ; j'eus le bonheur
de n'être point reconnu. Toutes les dépositions allerent à ma justification, & quelque bruit que fît le Duc, pere de celui que
j'avois tué, il fut obligé de consentir à
mon élargissement, & on lui conseilla même de ne pas poursuivre une affaire qui ne
faisoit point d'honneur à la mémoire de
son fils, parce qu'on se souvint alors des
avis que j'avois donnés, & j'eus la consolation d'entendre dire à tout le monde,
qu'on avoit eu tort de les négliger, & qu'on
regrettoit fort la violence qui m'avoit, à
ce qu'on croyoit, obligé de prendre la
fuite.

La Napolitaine, qui étoit impliquée dans

cette affaire, disparut dès qu'elle eut appris la mort de son amant, & je ne doutai pas qu'elle n'eût pris le chemin de Naples.

On ne parla plus que du courage de l'Esclave Algérien, & il ne fut non plus fait mention de moi, que si j'avois été en France, où tout le monde me croyoit, tant j'étois bien déguisé. Eleonor seule savoit qui j'étois, & on ne peut dire quelle reconnoissance elle eut du service que je lui avois rendu. Elle m'obligea de prendre une cassette où elle avoit mis tout ce qu'elle avoit d'or & de pierreries ; & ne se contentant pas de ce présent, elle me dit qu'elle vouloit apprendre au Roi que c'étoit moi qui lui avoit sauvé la vie, & engager ce Prince à la reconnoissance qui m'étoit dûe. Je lui dis qu'elle se gardât bien de le faire, que ce seroit me perdre en voulant me rendre service, & que ce Prince ne manqueroit pas d'avoir une extrême jalousie, quand il apprendroit ce que j'avois fait pour elle. Elle me crut ; mais voyant que je parlois de retourner en France, elle me conjura fort de n'en rien faire. Elle me représenta que le danger étoit passé, & que je pouvois, sans aucun péril, quitter le déguisement sous lequel je m'étois caché. Je lui répondis que je ne partirois point ; mais que la grace que je lui demandois, c'étoit de me permettre, en reparoissant aux yeux de tout le monde , fous mon nom & fous mon habit ordinaire , de reprendre quelquefois celui d'Efclave Algérien , pour aller la voir. Je vis bien qu'en lui faifant cette pro-pofition , je n'avois fait que la prévenir , & que la reconnoiffance lui avoit donné pour moi affez d'attachement , pour fou-haiter que ce déguifement nous fervît à nous voir avec plus de commodité.

Je reftai donc à Madrid , y faifant le perfonnage de deux hommes différens , & c'eft ce qui m'expofa à de nouvelles ayantures.

*Fin du troifiéme Livre.*

## *LIVRE QUATRIÉME.*

ON a déja pû connoître plus d'une fois, en lifant le récit fincére que je fais ici des aventures de ma vie, qu'il arrive tous les jours aux hommes des chofes auffi finguliéres que celles que les faifeurs de Romans ont inventées ; mais on ne trouvera cette vérité nulle part plus fenfible qu'en ce qui m'arriva à Madrid, pendant que j'y fis les deux perfonnages dont j'ai parlé, & j'ai lieu de craindre que tout ce que je vais rapporter, ne paffe pour une agréable invention ; mais dans le parti que j'ai pris de ne rien dire que de vrai, je dois rendre compte avec une égale fincérité, & des chofes qui paroiffent incroyables, & de celles que l'on peut croire aifément ; & je demande à ceux qui liront ces Mémoires, de n'ajoûter pas moins de foi aux unes qu'aux autres. Les aventures de ma vie ont été différentes, felon l'âge & le temps où elles me font arrivées, & on s'appercevra, je croi, de cette différence, à mefure qu'on lira ces Mémoires.

Etant réfolu, ou plûtôt obligé de refter à Madrid, parce que les intérêts de Monfieur le Prince m'y retenoient encore, je parus dès que l'affaire de l'affassinat du fils du Duc d..... eut été terminée, & que la persuasion où l'on étoit qu'un Esclave Algérien l'avoit tué, m'eut entiérement assuré qu'aucun soupçon ne tomboit sur moi.

Je revis Dom Louis de Haro, & j'eus aussi audience du Roi, à qui je fis entendre que j'avois été obligé de m'éloigner, pour éviter le danger dont on m'avoit dit que j'étois menacé, à l'occasion des avis que j'avois donnés. Le Roi me traita fort bien ; & faisant semblant de s'intéresser à ma conduite, il me dit qu'il me conseilloit de ne plus voir Eleonor, puisque c'étoit elle qui avoit été l'occasion du malheur qui avoit pensé m'arriver. Aussi bien, ajoûta ce Prince, n'y a-t'il rien à gagner dans le commerce d'une femme, dont le mari, quoiqu'éloigné, est fort jaloux.

Je savois mieux que personne le motif qui obligeoit ce Prince de me donner ces salutaires avis, & comme j'étois assuré de voir sous l'habit de l'Esclave Algérien, la personne dont il vouloit que j'évitasse le commerce, je lui promis que je ne la reverrois jamais. Je paroissois tout le jour sous l'habit à la Françoise, & je reprenois quelquefois sur le soir celui de l'Esclave, quand je voulois voir Eleonor. Cela dura quelque temps : mais enfin, le Roi eut de la jalousie de cet Esclave, & il dit à Eleo-

nor qu'il étoit étonné qu'il restât si long-
temps à Madrid, après avoir eu la liberté;
car ce fut la premiere récompense qu'on
me donna, quand, sous ce déguisement,
j'eus fait l'action dont j'ai parlé.

Eleonor dit au Roi que l'Esclave restoit
à Madrid, pour faire quelque petit commerce, employant à cet usage le peu d'argent que la reconnoissance l'avoit engagée à lui donner.

Le Roi, qui vouloit se défaire d'un homme qui lui devenoit suspect, dit qu'il lui
falloit encore donner deux mille ducats,
& qu'il les lui envoyeroit, afin qu'on les
donnât à cet Esclave, & qu'on l'obligeât
de partir. Eleonor me rendit compte de
cette conversation, & elle me donna deux
mille ducats, me priant, & de ne la plus
voir & de ne plus reprendre l'habit d'Esclave. Je lui promis ce qu'elle voulut, &
elle fit entendre au Roi que l'Esclave étoit
parti.

J'avoue que je me vis privé avec une
douleur bien sensible de la liberté de voir
cette femme. Elle en fut aussi affligée que
moi; mais comme, après tout, je restois
à Madrid, nous nous consolâmes un peu
par l'espérance de retrouver, peut-être,
l'occasion de nous voir; car elle me fit
promettre que tant que le Roi le lui défen-
droit, je la ménagerois assez, pour ne lui

pas donner de chagrin, en cherchant à lui parler & à retourner chez elle.

Cela me remit dans l'oisiveté, qui avoit déja été la cause des engagemens que j'avois eu en Espagne, & qui fut encore la source de ceux où je m'embarquai. J'avois fait connoissance avec un Espagnol, que j'appellerai Dom Antonio Manrique, & dont je cacherai la qualité, pour ne faire injure à personne, dans des Mémoires où je ne me propose que l'utilité publique par les instructions qu'ils renferment.

Cet homme avoit une femme que j'appellerai aussi Dona Isabella, pour la mieux déguiser. Comme Manrique trouvoit bon que je visse sa femme, j'avois souvent des conversations avec elle, mais il étoit rare que je les eusse tête à tête, & nous avions toujours pour témoins, ou le mari, ou les domestiques. Entre plusieurs choses générales que cette femme me dit, elle me parla souvent de l'Esclave Algérien, qu'elle me dit qu'elle avoit vû une fois, & à qui elle avoit trouvé, à ce qu'elle disoit, une mine & un air qui marquoient, aussi bien que la belle action qu'il avoit faite, qu'il étoit autre chose que ce qu'il paroissoit.

Je jugeai à ce discours que cette femme savoit que cet Esclave & moi étions la mê-me personne; & pour mieux m'en éclair-cir, je répondis que je l'avois fort connu pendant le séjour qu'il avoit fait à Madrid. Quoi ! dit cette femme, il est parti ? Elle prononça ces paroles avec chagrin ; & dans la pensée où j'étois qu'elle savoit que cet Esclave n'étoit autre chose que moi, je crus que son chagrin étoit dissimulé. Je lui répondis qu'il étoit vrai que l'Esclave étoit parti, & qu'il ne paroîtroit plus jamais en Espagne. Elle témoigna qu'elle en étoit très-affligée, & qu'elle auroit eu une vraie curiosité d'entretenir un homme si extraordinaire.

Je ne savois que penser du chagrin qu'elle témoignoit, mais toujours persuadé qu'elle ne paroissoit affligée du départ de l'Esclave, que pour me marquer que je devois prendre pour moi le desir qu'elle avoit eu de le voir, je crûs qu'elle vouloit que nous eussions une intrigue ensemble, & cette opinion me rendit fort amoureux d'elle.

Cependant, je me trompois ; elle n'avoit aucun soupçon que je fusse cet Esclave. C'étoit pour lui seul qu'elle avoit tant d'empressement, & je le reconnus dans la suite. Je lui dis en la quittant, que je lui étois obligé des bontés qu'elle avoit pour cet Esclave, & que si elle vouloit me marquer un lieu où on la pût trouver sans témoins, je lui donnerois le moyen de le voir & de lui parler. Elle me retint à ces paroles, & me demanda s'il étoit vrai que l'Efclave ne fût pas parti. Elle me fit cette demande d'une maniére fi naturelle, que je commençai à croire qu'elle n'en vouloit qu'à l'Efclave, & qu'elle ne foupçonnoit point que ce fût moi qui eût paru fous l'habit & le nom de l'Algérien. Je lui répondis qu'effectivement, il n'étoit pas parti, que je favois où il étoit, & que quand elle voudroit, je l'amenerois en tel lieu qu'il lui plairoit de choifir. Non, dit-elle, il ne faut point que vous preniez ce foin-là : c'eft affez que vous m'appreniez où il fe retire. Ces paroles me confirmant encore de plus en plus dans la penfée qu'elle n'en vouloit qu'à l'Efclave, je lui dis qu'il fe retiroit chez un Marchand, dont je lui enfeignai la demeure. Ce Marchand étoit de ma connoiffance ; & à peine eûs-je quitté cette femme, que j'allai le voir, pour lui dire qu'en cas qu'on vînt chercher chez lui un Efclave d'Alger, il répondît que c'étoit bien chez lui qu'il demeuroit, mais qu'il n'étoit pas au logis ; qu'on revînt le lendemain fur le foir, & qu'on ne manqueroit pas de le trouver.

Je retournai deux jours après chez le Marchand, pour favoir fi l'on n'étoit point venu chercher l'Efclave, & il m'apprit qu'il n'avoit entendu parler de rien. Cela me donna encore la penfée que j'avois eûe d'abord, & me perfuada que la Dame ne m'avoit parlé de l'Esclave que pour me faire connoître qu'elle me vouloit aimer.

Je retournai la voir, & le hasard permit que ce jour-là je lui parlasse sans témoins. Je ne fis pas plus de mention de l'Esclave, que si elle ne m'en eût jamais rien dit, & ne parlant que de moi, je lui témoignai que je l'aimois éperdûment. Cette femme reçut cette déclaration avec une fierté qui me déconcerta. Elle me dit qu'elle avertiroit son mari de l'insolence que j'avois de lui témoigner de l'amour ; qu'elle me défendoit de retourner jamais chez elle ; & ajoûta que si j'y remettois les pieds, on me feroit un mauvais parti. Elle ne me donna pas le temps de lui répondre, & elle me quitta, me poussant elle-même hors de la chambre, & criant comme si j'avois voulu lui faire violence.

Son mari étant arrivé dans le moment, elle lui conta que j'avois voulu la séduire ; & cet homme, sans m'entendre, me dit que sans l'intérêt que Monsieur le Prince prenoit à moi, il me feroit couper la gorge. Je lui répondis que j'étois moins coupable qu'il ne croyoit ; que je n'avois rien dit à sa femme qui eût l'air ni de violence, ni de séduction ; que c'étoit de simples honnêtetés, telles que les François avoient coutume d'en dire à toutes les femmes ; & que pour lui marquer que je n'avois point eu

d'intentions

d'intentions criminelles , je lui promettois de ne revenir jamais chez lui. Manrique parut s'appaiser à ces paroles, & il me laissa sortir.

J'étois outré contre le procédé de cette femme , & je me repentis terriblement de la déclaration que je lui avois faite , bien résolu de m'observer davantage , & de n'en plus hasarder de pareilles en un pays aussi sujet aux incidens que l'Espagne. Cependant , quelque colére que j'eusse contre Dona Isabella , il me sembla que je n'en avois que plus de passion pour elle. Elle m'avoit paru ce jour-là plus belle que les autres jours , & je sentis bien que l'amour s'irrite presque toujours par les difficultés.

Je ne voyois guéres d'apparence à gagner l'esprit d'une femme qui en avoit si mal usé , quand le Marchand , chez qui je l'avois adressée , pour apprendre des nouvelles de l'Esclave, vint me chercher, pour me dire qu'on étoit venu le demander ; & que selon mes ordres, il avoit remis au lendemain la personne qui étoit venue. Je ne pouvois douter que ce ne fût de la part d'Isabella, qu'on étoit venu , & j'allai le lendemain chez le Marchand , où je fûs tout le jour , après avoir repris l'habit & la barbe de l'Esclave , en attendant l'heure où l'on devoit revenir.

Une Duegne revint effectivement sur le

foir , & ayant demandé au Marchand fi l'Efclave étoit au logis , le Marchand vint m'avertir , & cette Duegne me dit que fi je voulois la fuivre , elle me feroit voir une perfonne qui avoit une extrême paf-fion de me parler. Je lui dis que j'étois prêt d'aller où elle voudroit ; & fans me répon-dre , elle me fit figne de la fuivre.

Elle me mena par plufieurs rues écar-tées , & nous nous arrétâmes devant une maifon où il y avoit un balcon affez bas , d'où après que la Duegne eut touffé deux ou trois fois , on jetta une échelle de cor-de. La Duegne me dit que je n'avois qu'à monter , & j'obéis avec précipitation , tant j'avois d'impatience de favoir fi je trouve-rois Ifabella. C'étoit elle-même , qui après m'avoir aidé à monter fur le balcon , me fit entrer dans une chambre où l'on avoit placé un flambeau affez éloigné , pour ne l'éclairer qu'à demi , mais qui donnoit affez de lumiére pour me faire reconnoître que c'étoit Dona Ifabella , avec qui je me trou-vois.

Elle me dit que , quoiqu'elle ne m'eût vû qu'une fois en paffant , elle avoit été touchée de ma bonne mine , & que la belle action que j'avois faite , l'avoit déterminée à fe confier à moi. Je ne pouvois m'ôter de l'efprit que cette femme me reconnoif-foit. Cependant , pour en être éclairci da-

vantage, je déguifai ma voix, comme j'a-
vois toujours fait, quand j'avois paru fous
l'habit de l'Efclave, & je lui répondis que,
quelque obligation que je lui eûffe de la
démarche qu'elle faifoit, je ne pouvois lui
diffimuler que j'avois appris le procédé
qu'elle avoit eu pour un de mes amis, nom-
mant mon nom, à qui elle avoit fait faire
une avanie bien cruelle, quoiqu'il ne fût
coupable que de l'avoir voulu aimer.

Quoi ! reprit-elle, cet homme eft-il
donc tant de vos amis, & vous a-t-il raconté cela ? Oui, lui dis-je, Madame ; &
j'avoue que cela m'a un peu fait perdre la
bonne opinion que j'aurois eue de vous.
Hé quoi, dit-elle encore, me connoiffez-
vous, & m'avez-vous vûe ? Oui, lui dis-
je, mon ami vous a montrée à moi un jour
que je vous vis fortir de l'Eglife de......
Hé, où étiez-vous, dit-elle ? Je ne vous
vis point. Vous paffâtes, lui dis-je, avec
tant de précipitation, que vous ne regardâ-
tes point ceux qui vous examinoient. Mais,
reprit-elle, on m'avoit dit que vous ne pa-
roiffiez plus, & que vous étiez parti. Il eft
vrai, repris je, que je me cache, & que
tout le monde me croit parti ; mais ce
jour-là je ne pûs réfifter à l'envie que j'a-
vois de connoître une femme que mon
ami me faifoit d'un fi étrange caractére.
Hé bien, répondit-elle, m'avez-vous trou-

vée si digne de mépris ? Je vous ai trouvé, lui dis-je, aussi belle que vous étes , & j'ai été fâché qu'une si aimable personne fût si méchante. Mon Dieu, dit-elle , ne croyez point que je sois méchante : vous voyez comme je me fie à vous ; & je serois perdue , si vous alliez dire à votre ami ce que je fais en votre faveur. Ne craignez point, lui dis-je , Madame, que je lui en apprenne jamais rien , mais au moins daignez m'expliquer pourquoi vous en avez si mal usé avec lui. C'est vous , reprit-elle , qui en êtes cause ; car , depuis que je vous ai vû, tout autre homme m'a été insupportable ; & j'ai maltraité votre ami , parce que je ne me suis point senti d'inclination pour lui , & que j'ai été bien-aise de donner à mon mari bonne opinion de ma vertu & de ma conduite. Quoi ! Madame , repartis-je , mon ami vous paroît donc bien haïssable ? Oui , me dit-elle ; il a un caractére qui ne me revient point : enfin , il ne faut point raisonner sur l'inclination , je le hais autant que je vous aime.

J'avoue que je fus interdit à ces paroles, & que rien ne me parut plus bizarre que de voir que la même personne qui me trouvoit haïssable sous ma figure ordinaire , eût de la passion pour moi sous l'habit & la barbe d'un vilain esclave : mais tel est le caprice des femmes & celui de l'amour , &

il ne faut point disputer des goûts. Je me trouvai si humilié de tout ce qu'on me disoit de moi, que je fus tenté de me découvrir. Je résistai à cette tentation, mais je ne pûs m'empécher de combattre un peu l'aversion que la Dame avoit pour moi quand je paroissois sous ma figure ordinaire, & je fus aussi jaloux du bonheur de l'Esclave, que si ce n'avoit pas été moi-même.

Cette vanité fut cause que je ne répondis pas, comme j'aurois dû le faire, aux empressemens d'Isabella; & elle s'apperçut bien que toute l'application de l'Esclave qui lui parloit, étoit de lui donner bonne opinion de son ami. Elle en fut irritée; & elle me dit que je ne méritois pas l'honneur qu'elle me faisoit, puisque je paroissois plus touché de mon ami que d'elle. Je vis bien alors que j'avois fait une sottise, & je tâchai de raccommoder ce que j'avois gâté; mais elle me répondit qu'elle ne pouvoit plus se fier à moi, & que si je voulois qu'elle continuât à m'aimer & à me voir, il falloit que je lui promisse non-seulement de ne rien découvrir jamais à mon ami de la démarche qu'elle avoit faite pour moi, mais aussi de ne lui jamais parler à elle-même d'un homme qu'elle ne pouvoit aimer. Je lui fis l'une & l'autre promesse; mais elle me dit que pour s'asfûrer que je lui tiendrois parole, il falloit remettre notre entrevûe à une autre fois, & que dans un jour j'aurois de ses nouvelles, & qu'elle verroit bien par la maniere dont j'en uferois, si en effet je l'aimois plus que mon ami. Quelque chofe que je lui pûffe dire, il en fallut paffer par-là. Elle m'obligea de me retirer; &, étant defcendu par la même échelle, je retournai chez mon marchand.

Jamais on n'a été agité de penfées plus diverfes que je le fûs après cette aventure; & on auroit de la peine à comprendre le parti que je pris, si l'on ne favoit pas que l'amour propre & la vanité eft la plus forte de nos paffions.

Quelque réfléxion que je fiffe, il me fut impoffible de me réfoudre de profiter de la foibleffe de cette femme fous un autre nom, & fous un autre habit que le mien. Il me fembloit qu'il y avoit de la honte à n'en être redevable qu'à mon déguifement; & je réfolus, si on venoit encore me prendre pour me mener au même rendez-vous, d'y aller, non plus fous l'habit de l'Efclave, mais fous le mien.

Je paffai toute la journée chez le marchand, & la même Duegne revint fur le foir redemander encore l'Efclave. Je m'étois habillé à la Françoife, & le plus magnifiquement que j'avois pû; mais, dès

qu'on me dit que la Duegne me demandoit, je mis ma barbe poſtiche, & une
veſte qui cachoit mes habits, & je ſuivis
en cet état la Duegne qui me mena au même balcon, où je trouvai encore la même
échelle par où je montai ; mais, avant que
de monter, je jettai la barbe & la veſte, &
j'arrivai ſur le balcon habillé à la Françoi-
ſe, & tel que j'étois quand Iſabella m'avoit
fait l'avanie dont j'ai parlé.

Elle vint me recevoir ; mais à peine fus-
je entré dans la chambre, que, me recon-
noiſſant, elle jetta un grand cri, diſant
qu'elle étoit perdue, & qu'on l'avoit tra-
hie. Je me jettai à ſes genoux, la conjurant de ne point faire de bruit. Elle parut
ſe raſſûrer, mais ce ne fut que pour me dire
ces paroles : Je voi bien que le coquin
vous a plus aimé que moi, puiſqu'il vous
a dit mon ſecret ; mais, ſi vous m'aimez,
vous m'aiderez à me venger de ce perfide
Eſclave ; & ce n'eſt qu'à ce prix-là que je
vous promets de vous écouter.

Je vous vengerai, lui dis-je, comme il
vous plaira, & je vous répons que je vous
aime mille fois plus que lui, & que je lui
arracherai la vie ſi vous voulez ; mais, au
moins, apprenez-moi par où un ſi vilain
homme a mérité un cœur que vous m'avez
refuſé ? Allez me venger, me dit-elle, &
quand vous m'aurez apporté ſa téte, vous
ſerez contente de moi.

Je ne pus m'empêcher de rire en faisant réfléxion à cette bizarre aventure, & je crus qu'il étoit temps de me déclarer. Je ne puis, lui dis-je, Madame, vous apporter sa tête autrement que vous la voyez, puisque cet Esclave est un personnage chimérique, qu'il est le même que moi qui me suis déguisé sous cet habit, qui suis venu encore hier ici, & qui mérite seul vos bontés.

Isabella étoit si interdite qu'elle écoutoit à peine ce que je lui disois ; mais, quand je lui eus répété plusieurs fois la même chose, elle m'écouta enfin, mais elle n'en fut pas pour cela plus persuadée que j'étois en effet le même Esclave qu'elle avoit aimé. Non, disoit-elle, cela est impossible, & il faut, pour vous croire, que je vous voye sous l'habit que vous aviez hier. Il est aisé, lui dis-je, Madame, de vous contenter, puisque j'ai laissé au pié de votre balcon la barbe & la veste qui me déguisoient ; &, si vous voulez me le permettre, j'irai reprendre l'une & l'autre, & vous verrez que je suis en effet ce que je dis. Elle parut y consentir ; & aussi-tôt, descendant par la même échelle, j'allai reprendre l'équipage Algérien : mais, dès que j'eus le pié hors de l'échelle, Isabella la retira, & il me fut impossible de remonter. J'eus beau tousser & faire du bruit,

l'échelle

l'échelle ne parut plus., & je vis bien que la Dame s'étoit retirée.

Cette étrange bizarrerie m'étonna au-delà de ce qu'on peut dire , & je commençai à croire qu'Isabella n'avoit pas été détrompée , & qu'elle n'avoit retiré l'échelle que parce qu'elle avoit cru que je n'étois pas l'Esclave , & que j'avois seulement pris sa place pour profiter de la passion qu'elle avoit pour lui.

Comme la nuit étoit fort obscure, & que je ne pouvois reconnoître la maison où je lui avois parlé , je pris le parti d'attendre jusqu'au jour pour la reconnoître. J'allai m'asseoir sur une borne qui étoit vis-à-vis du balcon où j'avois monté. Il y avoit une demi-heure que j'y étois , & je commençois à y sommeiller , quand je fus réveillé par le bruit de plusieurs hommes que j'apperçus venir à moi l'épée à la main. Je démêlai la voix de Manrique ; & c'étoit lui en effet qui venoit pour m'assassiner.

J'appris depuis que c'étoit sa femme qui l'avoit envoyé , soit qu'elle crût toujours que je n'étois pas l'Esclave , soit qu'elle fût fâchée de s'être trompée. Comme la maison où je lui avois parlé étoit la sienne, à peine fûs-je descendu du balcon, qu'elle alla conter à son mari que j'avois voulu entrer dans sa chambre , & que j'étois encore dans la rue , en attendant l'occasion.

d'escalader les fenêtres & de lui faire violence.

Manrique ne perdit pas de temps à cette
nouvelle ; &, prenant avec lui trois de ses
domestiques, il vint m'attaquer comme j'ai
dit. Si-tôt que je vis qu'on venoit à moi,
je jettai la veste & la barbe qui m'embar-
rassoient, & mettant l'épée à la main, je
perçai celui qui s'avança le premier, &,
avant que les autres pussent m'entourer,
je me sauvai courant de toute ma force.

C'étoit Manrique que j'avois blessé, &
l'attention que ses domestiques donnérent
à secourir leur maître qui tomba sur eux,
fut cause qu'ils me laissérent échaper. Je
courus sans savoir où j'allois, n'ayant pû
retrouver le chemin de ma maison qu'à la
pointe du jour, & ayant été assez heureux
pour ne faire aucune mauvaise rencontre.

Les domestiques ramassérent la veste &
la barbe que j'avois quittées : ils les porté-
rent à Isabella, qui reconnut que c'étoit le
même équipage sous lequel elle avoit toujours vû son cher Esclave ; & elle commença à croire, en les reconnoissant, que les
choses pouvoient être telles que je les lui
avois dites.

Soit que Manrique ne crût pas avoir des
preuves capables de lui donner droit de me
poursuivre, soit qu'il s'imaginât qu'il étoit
de son honneur de dissimuler, on ne fit

encore dans cette affaire aucune mention
de moi ; & le bruit courut que le même
Esclave qui avoit tué chez Eléonor le fils
du Duc de . . . . . étoit celui qui avoit bleffé
Manrique. Mais on n'eut pas plus de preuves contre cet Esclave que contre moi ; &,
comme on le croyoit parti depuis long-
temps, on regarda ce qu'on en difoit comme une imagination de Manrique, qui se
garda bien de produire en Juftice la barbe
& la vefte qu'il avoit trouvées, & qui se
contenta d'ètre perfuadé dans fon cœur,
que c'étoit moi qui l'avoit bleffé lorfqu'il
m'avoit attaqué pour fe venger.

Je m'apperçus bien que cet homme,
dont la bleffure fe trouva légere, & qui fut
bientôt en état de fortir, me regardoit de
travers toutes les fois qu'il me rencontroit;
&, ne pouvant douter que fa femme ne
l'eût fufcité contre moi dans cette derniere
affaire, je me tins fur mes gardes, m'attendant à en recevoir bien-tôt quelque infulte ; mais j'en fus garanti par l'endroit
d'où je l'efpérois le moins : & c'eft ce qui
doit encore nous faire connoître le génie
& le caprice des femmes.

Dona Ifabella faifant réfléxion à tout
ce qui s'étoit paffé, commença enfin à fortir d'erreur, & à être perfuadée que l'Efclave & moi nous étions la même perfonne. L'amour qu'elle avoit eu pour cet Ef-

clave se réveilla en ma faveur, & elle se
repentit de m'avoir rendu suspect à son mari. Voici l'étrange parti qu'elle prit pour
lui ôter les soupçons qu'elle lui avoit donnés contre moi.

Comme elle commença à m'aimer dès
qu'elle fut bien persuadée de la chimere de
son Esclave, & à sentir pour moi le penchant qu'elle avoit eu pour le personnage
supposé, elle chercha les moyens de m'entretenir, pour m'apprendre les sentimens
que je lui avois enfin inspirés.

Elle n'eut pas de peine à y réussir si-tôt
qu'elle le voulut. Je la vis chez le même
marchand où elle avoit envoyé sa Duegne,
& elle vint un jour sous l'habit de cette
Duegne, comme si elle eût eu à me parler de quelque affaire. Moins j'étois préparé à cette visite, plus je fus surpris de la recevoir; &, quoique je me défiasse de la
Dame, je crus devoir l'écouter. Elle me
protesta qu'elle n'avoit point eu de part au
dessein que Manrique avoit eu de m'assassiner. Comme je savois la vérité de cet ar-
ticle, je ne voulus pas la laisser parler
qu'elle n'en fût convenue; & enfin elle
avoua tout, & continua ainsi:

Il est vrai que je m'étois entêtée de cet
Esclave sans savoir que ce fût vous: vous
devez me pardonner cet entêtement, puisqu'après tout c'étoit vous qui me le caus-

fiez ; & vous verrez bien dans la fuite, que je ne veux avoir d'attachement que pour vous. Je vous ai rendu fufpect à mon mari, mais j'ai un moyen infaillible de vous gagner fa confiance ; & voici ce qu'il faut que vous faffiez. Trouvez le moyen de lui parler, & pour cela tâchez de le voir chez quelqu'un de vos amis communs ; vous lui direz que vous n'avez jamais été capable d'avoir pour moi les deffeins qui vous ont brouillé avec lui ; que c'eft une fauffe accufation que je vous ai fufcitée, parce que j'étois entêtée de l'Efclave d'Alger, & que je m'étois apperçûe que vous en aviez connoiffance : vous pourrez lui en donner des preuves en le priant d'interroger la Duegne, qui s'appelle Beatrix, & en lui difant que c'eft de cette femme que je me fervois pour voir cet Efclave. Je prepare-rai Beatrix à la réponfe qu'elle aura à lui faire, & tout ce qu'elle lui dira fera à vo-tre juftification.

Dona Ifabella m'ayant parlé de la for-te, je lui fis mes difficultés fur un projet auffi délicat que celui-là ; & , lui ayant demandé encore plufieurs fois fi elle ne voyoit point d'inconvénient à tout ce qu'el-le m'ordonnoit, elle me dit que je fiffe ce qu'elle m'avoit dit, & que je ne me miffe en peine de rien. Je la quittai en lui promettant d'y penſer, & fort incertain du parti que je prendrois.

Le Lecteur ne peut faire ici aucune réfléxion que je n'aye faite alors. Je ne pouvois comprendre que cette femme voulût paſſer dans l'eſprit de ſon mari pour avoir eu l'attachement dont elle vouloit que je l'accuſaſſe ; & d'ailleurs, j'avois lieu de craindre que ſi je parvenois à en perſuader Manrique, cela ne redoublât ſa jalouſie, & ne lui fît encore obſerver davantage ſa femme, & ne me privât ainſi du fruit de cet artifice ; mais il y a apparence que cette femme connoiſſoit ſon mari : c'eſt ce qui me fit paſſer par-deſſus ces difficultés, & ce qui me détermina à faire ce qu'elle me conſeilloit.

Mais, après tout, il faut avouer que l'amour que j'avois pour cette femme, quelqu'indigne qu'elle en fût, eut plus de part que tout le reſte au parti que je pris de lui obéir. Je me ſentois flatté de la paſſion que je lui avois inſpirée ſous l'habit d'Eſclave, & je mourois d'envie de profiter, ſous mon vrai nom, de tout ce qu'elle m'avoit fait voir d'empreſſement & d'ardeur pour l'Algérien.

Je cherchai donc l'occaſion d'entretenir Manrique ; &, l'ayant trouvé, je lui témoignai que j'avois à lui découvrir un ſe

cret important. Alors, voyant qu'il m'é-
coutoit volontiers, je lui dis tout ce que
Dona Isabella m'avoit conseillé de lui dire, lui faisant entendre que jamais je n'a-
vois eu aucune liaison avec sa femme, &
que tout son attachement avoit été pour
l'Esclave d'Alger ; qu'étant le seul qui eût
connoissance de cette intrigue, parce que
cet Esclave me l'avoit avouée, Isabella m'a-
voit rendu suspect pour ôter toute créance
aux avis qu'elle craignoit que je n'en don-
nasse à son mari.

Manrique m'entendant parler de la sorte, m'embrassa du meilleur cœur du monde, & me dit qu'il n'étoit plus en peine de
savoir pourquoi celui par qui il avoit été
blessé avoit laissé tomber une veste ; mais
qu'outre la veste, ayant encore laissé une
barbe postiche, il avoit peur que ce ne fût
quelqu'un qui étant instruit du commerce
de sa femme, eût voulu la venir voir sous
ce déguisement. Là-dessus, il me demanda
s'il y avoit long-temps que cet Esclave
étoit parti, & je lui dis qu'il étoit sorti de
Madrid dès le lendemain de sa blessure, &
qu'au reste il ne falloit pas s'étonner qu'a-
vec sa veste on eût trouvé une barbe ; que
je savois que cet Esclave, outre sa barbe
naturelle, en portoit souvent d'artificielles
pour se mieux déguiser.

Manrique parut content de cette réponse ; mais il me dit que si je voulois lui rendre le service entier , il falloit que je trouvasse moyen de faire que cet Esclave revînt à Madrid , afin qu'il pût se venger de lui. Je promis à Manrique de faire tout ce que je pourrois pour cela , & il me pria de lui rendre mon amitié & de revenir chez lui , ajoûtant qu'il seroit bien-aise que je visse sa femme , à laquelle il m'assûra qu'il ne témoigneroit rien de ce que je lui avois appris , jusqu'à ce que l'Esclave fût revenu , & qu'il pût convaincre sa femme en se saisissant de cet homme.

La facilité avec laquelle Manrique parut donner dans le panneau , me parut si extraordinaire , que je craignis qu'elle ne fût pas naturelle , & je fus long-temps sans oser me fier ni à lui ni à sa femme ; mais enfin l'amour que j'avois pour elle surmonta mes défiances.

J'allai chez lui ; je vis sa femme commodément, parce qu'il m'en procuroit lui-même la commodité , & nous profitâmes ainsi assez long-temps du fruit de notre artifice ; mais enfin Manrique se lassa de ce que l'Esclave ne revenoit point. Je lui dis plusieurs fois que cela ne dépendoit pas de moi ; que j'avois beau écrire à Alger, que je n'en avois aucunes nouvelles , & qu'il falloit qu'il fût mort ; mais tout cela ne le contenta point , & il me dit que puisque

l'Esclave ne paroissoit plus , il falloit que
je l'aidasse à se défaire de sa femme ; qu'il
lui diroit tout ce que je lui avois appris de
son commerce ; qu'il me prioit de lui soutenir la même chose , & que quand elle en
auroit été convaincue , il n'auroit pas de
peine à la faire punir.

Je conjurai Manrique de n'en point venir à cette extrémité , mais je ne pus rien
gagner sur son esprit. Tout ce que je pus
faire , fut d'avertir la femme du dessein de
son mari ; & ce fut alors que le génie de
cette femme se développa tout entier : elle
ne me parut point étonnée de ce que je lui
apprenois , parce qu'elle avoit résolu de
tout faire retomber sur moi , soit qu'elle ne
m'eût jamais aimé , soit que son amour eût
fini , soit que l'intérêt de se remettre bien
avec son mari , lui parût préférable à tout
le reste. Sa réponse fut qu'elle ne craignoit
ni son mari ni moi , & qu'elle savoit bien
le moyen de se défendre des desseins que
nous avions formés l'un & l'autre pour la
perdre.

Cette réponse me surprit étrangement ;
& , craignant qu'elle n'eût mal entendu , je
lui répétai tout ce que je venois de lui dire ,
ajoutant que je mourrois plûtôt que de servir son mari dans les desseins qu'il tramoit
contre elle. Elle parut contente de cette
assûrance , & elle me dit que pourvû que

je ne témoignasse rien à son préjudice, elle ne le craignoit point. Je la quittai en lui répétant encore que je ne comprenois pas comment elle avoit pu croire que je voulusse lui faire tort ; mais la méchanceté de cette femme passoit tout ce que j'en aurois pu jamais imaginer.

A peine l'eûs-je quittée, qu'elle alla trouver son mari, à qui elle dit en pleurant, que sa conscience & son devoir l'obligeoient de ne plus lui laisser ignorer qu'il recevoit chez lui, en ma personne, un homme qui ne cherchoit qu'à le déshonorer. Je sai, lui dit-elle, ce qu'il a voulu vous faire croire pour mériter votre confiance : il me l'a avoué lui-même, parce qu'il a cru que j'étois assez folle pour l'aimer ; mais tout ce qu'il vous a dit est une fable. Il n'y a jamais eu d'autre Esclave Algérien qui soit venu chez moi que lui-même : il étoit sous cet habit quand je vous avertis qu'il avoit voulu escalader mes fenêtres : c'est lui qui vous a blessé, & je ne l'ai souffert chez moi depuis ce temps-là, qu'à cause que je n'ai pu faire autrement, par la maniere dont j'ai vû que vous en étiez infatué ; mais enfin son insolence est montée au point que je ne dois plus le souffrir, ni vous laisser ignorer les raisons que vous avez de vous venger de ses artifices.

Tout ce que cette méchante femme disoit à son mari, lui parut si vraisemblable,
qu'il s'étonna qu'il eût pu soupçonner sa
vertu ; car elle l'avoit toujours averti que
j'avois dessein de la suborner. Enfin, il fut
persuadé qu'il n'y avoit point d'autre Esclave Algérien mêlé dans cette affaire que
moi-même. Il embrassa sa femme, lui demandant mille fois pardon de ses soupçons,
& lui promettant que je ne serois pas long-
temps sans recevoir la peine que méritoient
mes mensonges & mes perfidies.

Je n'avois garde de m'imaginer que
j'eusse à me défier de sa femme & de lui;
&, si je fus quelque temps sans retourner
chez eux, c'est parce que je voulois éviter
l'éclaircissement qu'il m'avoit dit qu'il vouloit avoir avec sa femme. Il y avoit près de
huit jours que je ne les avois vûs, quand
je reçûs un billet d'Eléonor, qui m'avertissoit de sortir d'Espagne en diligence,
parce qu'on avoit résolu de me faire assassiner.

Quelque pressant que fût l'avis qu'on
me donnoit, je ne pûs me résoudre de
m'en tenir au billet par lequel il m'étoit
donné, & je voulus voir celle qui me l'a-
voit écrit : je ne l'avois point vûe depuis
la priere qu'elle m'avoit faite de ne plus
aller chez elle, & je n'osois y paroître ni
dans mon habit, ni dans celui de l'Esclave,

cependant, ayant reçu d'elle le billet dont je viens de parler, je crus que je devois la voir, & pour cela je me déguisai encore & repris l'habit sous le quel j'avois eu accès chez elle, faisant semblant d'être revenu pour lui apporter encore des nouvelles de son mari.

On l'avertit que c'étoit l'Esclave d'Alger, & au lieu de me faire monter, elle m'apprit en peu de mots que Manrique avoit publié par tout que c'étoit moi qui étois l'Esclave, & qui sous cet habit avois tué le fils du Duc d..... que le Roi le savoit, qu'il en avoit une jalousie extrême; que ce Prince l'avoit querellée, comme si elle eût favorisé ce déguisement pour me recevoir avec moins de peine; que depuis cette querelle il n'étoit point revenu la voir; qu'elle se croyoit disgraciée, mais que ce qui étoit bien assûré, c'est que le Roi, le Duc de..... & Manrique, me feroient périr, si je ne cherchois à me mettre en sûreté.

La maniére dont elle me parla, en m'apprenant toutes ces choses, me fit bien juger que je n'avois pas de temps à perdre, & que le seul parti que je devois prendre, étoit de suivre son conseil, & de partir; mais j'avoue que je balançai par le regret de m'éloigner d'elle, & d'avoir été la cause innocente de tous les chagrins qu'elle avoit eûs. Quand elle vit mon incertitude, elle me querella tout de bon, & me quittant en colére, elle me dit, que si je ne voulois pas suivre son conseil, c'étoit une marque je comptois sa perte pour rien, puisqu'elle seroit effectivement perdue, si l'on venoit à savoir qu'elle m'eût encore parlé. Après ces paroles, elle ne voulut plus m'entendre, & elle donna ordre qu'on me fist sortir.

J'étois au désespoir de me séparer de la sorte d'une personne que j'aimois toujours, & dont j'avois eu lieu jusques-là de me croire aimé, & je fus mille fois plus touché de l'envie de la revoir encore, & de lui dire adieu avec plus de tranquillité, que de la crainte de Manrique, & du péril dont on me donnoit avis. Il ne me fut pas possible de partir; & l'amour me fermant les yeux à toute autre considération, qu'à ce qui pouvoit le satisfaire, je ne pensai qu'à me donner à moi-même des raisons plausibles pour demeurer.

Les affaires de Monsieur le Prince me servoient toujours de prétexte; & quelque inutile que je lui fusse à Madrid, je me figurois qu'il ne pouvoit se passer de moi, dès que mon entêtement & ma folie me faisoient trouver de la peine à m'éloigner.

Je fus donc convaincu que je devois rester, & j'éprouvai encore en cette occasion que l'amour prend toujours l'ascendant sur toutes les autres passions ; & que quand on n'a des yeux que pour lui , on doit s'attendre à être aveugle pour tout le reste. Mais en prenant le parti de demeurer à Madrid , pour avoir lieu de revoir Eleonor , & pour lui dire adieu autrement que je n'avois fait , je ne laissai pas de penser encore à me venger de Doña Isabella , & c'est-là , après tout , ce qui m'occupa le plus , tant j'étois peu sûr de ce que je souhaitois. J'avois mille raisons de me plaindre du procédé de cette femme , mais rien ne me donnoit plus de ressentiment & de colére contre elle , que ce mauvais goût , qui me rendoit plus aimable à ses yeux sous un autre visage que sous le mien.

Je résolus de lui donner encore le change ; & comme il m'avoit semblé qu'elle n'étoit pas trop persuadée que l'Esclave d'Alger fût le même que moi , je voulus voir si je ne pourrois point lui faire croire que nous étions deux personnes différentes. Voici à peu près ce que je lui écrivis , pour éprouver si je ne pourrois point la remettre en goût pour cet Esclave.

*Vous serez surprise , Madame , de recevoir une Lettre d'un caractére qui vous est inconnu. Je suis Acma-hamet , cet heureux Esclave d'Alger , qui n'a disparu que par la*

*perfidie d'un ami , qui a essayé sous mon ha-*
*bit & sous mon nom de profiter d'un bonheur*
*qui m'étoit destiné ; mais enfin , je n'ai plus*
*à me défier de lui, ni à le craindre, puisqu'il*
*ignore que je suis revenu à Madrid. Je ne*
*veux y être connu que de la seule personne*
*qui m'y a fait revenir. Je loge chez Alonzo*
*Riberos ; & si vous n'étes point changée ,*
*vous ne tarderez point à me donner de vos*
*nouvelles. Celui chez qui je suis logé , croit*
*que je suis de Maroc , & que je m'appelle*
*Muley-Asan. C'est sous ce nom qu'il faudra*
*me demander.*

Ayant écrit cette Lettre , je la fis rendre
sûrement à Isabella , & j'allai m'enfermer
chez cet Alonzo Riberos , à qui je fis entendre que j'étois en effet un Négociant de
Maroc , & que j'étois venu à Madrid pour
quelques affaires. Par ce nouveau déguisement , je me mettois à l'abri des poursuites
de Manrique ; je contentois la fantaisie que
j'avois de ne pas quitter Madrid, & je nour-
rissois l'espérance d'y exécuter les desseins
qui m'obligeoient d'y rester.

Quand depuis j'ai fait réflexion à tout
ce que j'étois capable d'entreprendre en ce
temps-là, j'ai compris que pour s'engager
dans les desseins les plus extraordinaires ,
il ne faut qu'être jeune , & qu'avoir en tête
quelque passion. Avec ces deux choses ,

on peut renouveller tous les jours les aventures les plus incroyables; & dans la difpofition où j'étois alors, plus les deſſeins où
je m'engageois étoient bizarres, plus je
m'en ſentois flatté. Il n'y a que l'âge & la
ſageſſe qui faſſent voir aux hommes le ridicule & les dangers de cette intrépidité ro-
maneſque.

Je ne fus pas long-temps chez Riberos,
ſans avoir des nouvelles de la Lettre que
j'avois fait rendre à Iſabella. Elle la reçut,
& il n'eſt pas ſurprenant qu'ayant été ſi long-
temps aſſez aveugle, pour croire que l'Eſclave d'Alger étoit un autre que moi, elle
eût encore le même aveuglement, quand
elle crut en avoir de nouvelles preuves
dans la Lettre que je lui avois fait rendre.
Elle ſe ſut bon gré, après l'avoir lûe, de
tout ce qu'elle avoit perſuadé à ſon mari,
& lui ayant fait croire qu'il n'y avoit point
eu d'autre Eſclave d'Alger que moi, elle
ſe trouva en poſſeſſion de voir cet Eſclave,
ſans être ſuſpecte.

Elle ne manqua pas d'envoyer chez Riberos la Duegne Beatrix, qui me mena,
comme elle avoit fait les autres fois, au
balcon qui m'introduiſoit chez ſa maîtreſſe.
Iſabella croyant que j'étois en effet l'Eſclave qu'elle avoit vû la premiere fois, me
conta tout ce qui étoit arrivé depuis, &
comment elle avoit voulu me faire aſſaſſi-
ner,

ner, en perſuadant à ſon mari que l'Algérien & moi n'étions qu'un même homme.

M'ayant conté ce détail, elle me fit de grands reproches de l'indiſcrétion que j'avois eûe, me croyant toujours l'homme d'Alger, d'avoir fait confidence au François, mon ami, du commerce que nous avions enſemble, & de lui avoir donné le moyen de venir au rendez-vous qu'elle m'avoit deſtiné.

Rien n'étoit plus plaiſant que de la voir ainſi me parler de moi, ſans croire que ce fût à moi qu'elle parlât ; & comme je n'étois plus jaloux de moi-même, je réſolus de goûter ce plaiſir tout entier, & de voir juſqu'où ſon aveuglement & ſon imprudence pourroient aller. Je lui fis des excuſes de l'indiſcrétion dont elle me faiſoit des reproches ; mais, après tout, lui dis-je, Madame, je ne devois pas trop vous déplaire de vous faire connoître ce François, puiſqu'on m'a dit que vous aviez été fort bien enſemble.

Elle me nia qu'elle eût jamais aimé le François dont je lui parlois, m'aſſurant au contraire qu'elle l'avoit toujours haï ; & que ſi elle avoit paru le ſouffrir, ce n'avoit été que pour avoir occaſion de le perdre, comme elle avoit fait. Quelque peine que j'euſſe à tenir contre un déguiſement, qui m'expoſoit à entendre tant de menſonges

& de perfidies, je réfiftai pourtant, & je me féparai d'elle, fans qu'elle eût le moindre foupçon que je fûffe autre que l'Efclave Algérien.

Quand je l'eus quitté, je réfolus de pouffer la comédie jufqu'au bout, & j'en trouvai le moyen dans la maifon où j'étois caché. Alonzo Riberos avoit beaucoup de commerce dans les pays étrangers, & c'eft ce qui m'avoit fait choifir fa maifon, pour donner plus de vraifemblance au déguifement qui trompoit la Dame. Je voyois venir chez lui des gens de tout pays & de toute efpéce, entr'autres des Africains, & j'en vis un qui étoit d'Alger, & qui me parut très-propre à la vengeance que je méditois contre Ifabella.

J'avois, parmi le peu de domeftiques qui me fervoient, un valet de chambre fort habile, & à qui je me confiois entiérement. Ce garçon étant inftruit de mes intentions, trouva le moyen de s'aboucher avec l'Africain, & après quelques autres difcours, il lui dit qu'il y avoit une Dame Efpagnole qui cherchoit un homme de fa Nation, pour qui elle avoit un goût particulier, à deffein d'avoir avec lui quelque rendez-vous. L'Africain ouvrit moins les oreilles à cette propofition, que les yeux à quelques piéces d'argent que mon valet lui donna, lui en promettant bien davantage, s'il vouloit faire ce qu'on lui proposeroit, si l'on pouvoit se fier là-dessus à sa discrétion.

L'Africain promit ce qu'on voulut, & mon valet l'amena chez Riberos, où il lui dit qu'on le viendroit prendre. Il me rendit compte du succès de sa négociation, & Beatrix étant venue à l'heure accoutumée, je fis paroître l'Africain à ma place, & il fut conduit au rendez-vous par la Duegne, qui pensoit que c'étoit moi. Mon valet l'avoit instruit de tout ce qu'il falloit faire. Ainsi, dès qu'il fut arrivé, il monta par l'échelle de corde sur le balcon, & du balcon, il fut introduit dans la chambre d'Isabella.

Lorsque j'eus appris qu'il y étoit, j'écrivis à Manrique un billet, par où on l'avertissoit que sa femme étoit actuellement enfermée avec l'Esclave d'Alger, qui avoit tant fait de bruit. Manrique étoit couché, quand mon valet porta ce billet ; & ce valet insista si fort sur la conséquence des choses qu'il contenoit, que ceux de Manrique l'éveillerent, & le lui rendirent.

La pensée où il étoit, que l'Esclave d'Alger & moi étions le même homme, le rendit encore plus diligent à profiter de l'avis. Il se leva, persuadé qu'en surprenant l'Esclave avec sa femme, c'étoit moi qu'il alloit surprendre. Il ordonna à une partie de ses domestiques de se tenir dans la rue du côté du balcon, pendant qu'il envoyeroit l'autre par dedans la maison à la chambre, où on lui marquoit qu'étoit le rendez-vous.

Les choses étant ainsi disposées du côté de Manrique, voici ce qui se passa du côté d'Isabella, quand l'Africain fut entré dans sa chambre. Elle ne reconnut pas d'abord la tromperie qu'on lui faisoit, mais ne trouvant dans l'Africain ni la taille, ni le ton de la voix de celui qu'elle avoit vû les autres jours, elle prit un flambeau pour l'examiner, & elle reconnut bien-tôt que c'étoit un autre homme. Elle ne s'étonna point autant qu'elle auroit dû le faire ; mais voulant savoir par quelle aventure cet inconnu se rencontroit dans le lieu du rendez-vous, elle l'obligea de lui en rendre raison. L'Africain lui confessa que c'étoit un homme de Maroc, nommé Muley-Afan, qui l'avoit engagé dans cette aventure, par l'entremise d'un de ses valets. Ainsi, la pauvre Isabella, qui savoit que Muley-Afan étoit le même que son cher Esclave, crut encore une fois qu'il l'avoit sacrifiée.

Elle dissimula son dépit devant le vrai Algérien, & lui ayant dit que ceux qui l'avoient obligé à cette démarche, étoient des fripons qui n'avoient pensé qu'à le perdre, elle lui ordonna de se retirer ; & l'Africain ne se le faisant pas dire deux fois, descendit par l'échelle de corde, qu'Isabella retira fi-tôt qu'il fut defcendu.

Dans le moment que cet homme met-toit le pied dans la rue , & qu'Ifabella re-fermoit le balcon , les valets que Manrique avoit envoyés de ce côté-là , arriverent & fe faifirent de lui. Manrique , de fon côté , entra dans la chambre de fa femme , qu'il trouva feule , mais fort interdite. Il alloit lui demander pourquoi elle n'étoit pas cou-chée , quand les valets , qui avoient faifi l'Affricain , le lui amenerent , difant qu'ils l'avoient trouvé fous les fenêtres d'Ifabella.

On ne peut exprimer l'étonnement de Manrique , quand il vit qu'on lui amenoit un autre que moi. Il crut , en ce moment , que ceux qui lui avoient dit que l'Efclave & moi étions le même homme , l'avoient trompé , & cette penfée lui fit paroître fa femme encore plus criminelle qu'elle n'é-toit. Il la fit enfermer dans fa chambre , & il ordonna qu'on mît l'Africain dans un cul de baffe-foffe.

Dès le lendemain , le bruit fe répandit que le fameux Efclave d'Alger , qui avoit tué le fils du Duc d.... avoit été furpris en rendez-vous chez la femme de Manri-que , & qu'il y étoit prifonnier. Cette nou-velle fit grand bruit. Eleonor qui en enten-dit parler , ne douta point que ce ne fût en-core moi, qui au lieu de profiter de fes avis, m'étois expofé à cet accident. Le Roi mê-

me le fut, & il en conçut de nouveaux
foupçons contre la fidélité d'Eleonor.

Le Duc d...... qui avoit de la peine à
fouffrir que la mort de fon fils ne fût pas
vengée, vint trouver Manrique ; & l'un
& l'autre ayant examiné l'Africain, ils re-
connurent que ce n'étoit pas le même. Ifabella n'ofoit rien dire, de peur que fur les
avis du prifonnier, on n'allât chercher Muley-Afan chez Riberos, & que cet homme
ne déclarât le commerce qu'il avoit avec
elle.

Une partie de ce qu'elle craignoit arriva. L'Africain ayant déclaré que c'étoit un
valet de Muley-Afan qui l'avoit embarqué
dans cette affaire, on alla chez Riberos,
pour fe faifir de moi ; mais comme j'avois
prévû cet événement, je m'y étois préparé.
Je n'étois plus retourné chez Riberos, &
on ne me trouva point.

Je me tins caché tout le jour dans la maifon, où j'avois ordinairement logé jufques-
là ; & ayant appris que l'on commençòit
à dire que j'étois Muley-Afan, qui m'étois
déguifé fous ce nom-là chez Riberos, pour
jouer à Ifabella la piéce que je viens de
rapporter, je crûs qu'il n'y avoit pas pour
moi de fûreté à refter plus long-temps à
Madrid, & j'en partis le lendemain, ayant
envoyé mes gens devant moi, & n'ayant
retenu qu'un valet, avec lequel je pris la

poſte , ſans que perſonne ſe mît en état de m'arrêter.

Je vins à Bayonne , pour me rendre en Guienne , où j'eſpérois trouver Monſieur le Prince , qui avoit une Armée oppoſée à celle que commandoit le Duc de Vendôme. Bourg étoit aſſiégé en ce temps-là. C'étoit en 1653 , vers le mois de Juillet.

Je fus obligé de m'arrêter quelque temps à Bayonne , y étant tombé malade ; j'écrivis à Monſieur le Prince une partie des raiſons que j'avois eûes de quitter Madrid. Ce Prince me fit répondre que je pouvois retourner à Paris , ou me rendre à l'Armée du Duc de Vendôme , & qu'il ne vouloit point être cauſe que je ſuiviſſe un autre parti que celui qu'avoit pris mon frere. La Lettre étoit fort ſéche , & je compris que Monſieur le Prince étoit peu content de ce que j'avois fait pour lui , pendant que j'avois été en Eſpagne.

Il eſt aiſé de juger que le chagrin que j'eûs de me voir un peu brouillé avec lui , me fit faire encore plus de réflexions que je n'en aurois fait ſur les bizarres aventures que j'avois eûes à Madrid ; mais on ſera ſurpris que ces réflexions ne me rendiſſent pas plus ſage , & ne m'empêchaſſent pas de prendre un deſſein auſſi étrange que celui où je m'abandonnai tout entier.

Quand je vis que Monſieur le Prince

étoit mal content que j'eusse quitté Madrid ;
je crûs que je devois y retourner ; & le péril dont j'y étois menacé, eut moins de
pouvoir sur moi, que le desir de réparer,
par une plus grande application & une meilleure conduite, l'idée que j'avois donnée
à ce Prince d'un peu de négligence à son
service ; mais si l'on veut que j'explique de
bonne foi le vrai motif qui me fit penser à
ce dessein, j'avouerai, à ma confusion,
que ce fut l'amour que j'avois pour Eleonor. Le soin qu'elle avoit pris de me faire
sauver, & la colére avec laquelle elle m'a-
voit quitté, servirent moins à réveiller mon
amour, que la crainte qu'elle m'avoit té-
moignée de se voir en disgrace auprès du
Roi. Je m'allai mettre dans l'esprit qu'elle
pouvoit avoir besoin de secours dans les
circonstances où je l'avois laissée. Je craignis que le Roi l'ayant abandonnée, la jalousie de son mari ne l'exposât à des extrémités fâcheuses ; & mon amour s'auto-
risant de tous ces prétextes, me fit croire
qu'il y avoit eu de la lâcheté à m'en séparer comme j'avois fait.

Qu'on est à plaindre ( car je ne puis trop
faire ces réflexions ) quand on se laisse maî-
triser par la plus aveugle des passions ! On
ajoute à un aveuglement grossier, la folle
présomption de n'être pas aveugle ; & si
toute la terre m'eût dit que j'étois fou &
extravagant

extravagant de vouloir encore retourner à
Madrid, j'aurois crû que toute la terre ne
voyoit goute, & que j'étois le seul éclairé,
tant les raisons qui me déterminerent à ce
retour, me parurent alors claires & con-
vaincantes. Je ne laissois pas d'entrevoir
quelquefois la témérité de mon dessein ;
mais, plus il me paroissoit téméraire, plus
je me sentois de goût pour l'exécuter, &
je me disois sans cesse à moi-même, qu'il
étoit beau de m'aller sacrifier pour servir
une maîtresse. Dieu veuille que personne,
en lisant ceci, ne se trouve aussi fou que
moi, & n'approuve, par un vain sentiment
de générosité amoureuse, une conduite qui
m'auroit exposé à des extrémités encore
plus fatales que celles que j'avois évitées,
sans la maladie qui m'empêcha d'être aussi
fou que je voulois l'être. Etant donc rempli de cette générosité folle, j'écrivis à
Monsieur le Prince, que pour lui marquer
que je préferois son service à tout autre intérêt, je retournois en Espagne, où j'espérois qu'il me feroit l'honneur de m'écrire
des Lettres moins dures que la derniére.
Après avoir envoyé cette Lettre, je repris
le chemin de Madrid, quoique ma santé
fût encore assez mauvaise ; mais dès le premier jour, je fus obligé de m'arrêter, &
tout ce que je pûs faire, fut de gagner Fontarabie, où je demeurai près de six semai-

nes au lit, y ayant été aſſez malade, pour avoir fait juger plus d'une fois que je n'en releverois pas.

J'avois dès les premiers jours de ma maladie envoyé un de mes gens à Madrid, avec une Lettre pour Eleonor, par laquelle je lui mandois qu'il m'avoit été impoſſible de m'éloigner d'elle, & que je retournerois la voir dès que ma ſanté me le permettroit, pour lui offrir mon ſecours & mes ſoins, en un temps où je craignois qu'elle n'en eût beſoin. J'avois auſſi ordonné à celui que j'envoyois, de s'informer ce qu'on diſoit de moi, particuliérement à l'occaſion de Manrique & de ſa femme.

Cet homme rendit ma Lettre à Eleonor, qui après l'avoir lûe, lui répondit de bouche que je me gardaſſe bien de revenir à Madrid, & que c'étoit tout ce qu'elle avoit à dire pour réponſe à ma Lettre. Il s'informa de Manrique, & on lui dit qu'il me cherchoit par tout; que ſa femme ayant appris que j'étois le même que Muley-Aſan, avoit perſuadé à ſon mari que le chagrin de n'avoir pû rien obtenir d'elle, m'avoit fait imaginer pour la perdre, l'aventure de l'Africain qu'on avoit pris; que cet Africain avoit été renvoyé, après une vive réprimande; que tout le monde étoit perſuadé de la ſageſſe & de l'innocence d'Iſabella dans cette aventure; qu'elle étoit mieux que jamais dans l'esprit de son mari ; & qu'enfin , je ne devois jamais penser à retourner en Espagne.

On vint me rendre cette réponse , lorsque je commençois à me mieux porter ; & je crois que si ma santé l'eût permis , j'aurois passé par-dessus tous les périls que j'avois à craindre , tant j'étois outré de ce qu'Eleonor ne m'avoit point écrit , & tant j'avois envie de la revoir ; mais heureusement je me portois trop mal , pour entreprendre aucun voyage , & je vis bien qu'il n'y avoit point d'autre parti à prendre que de me guérir , & de me mettre en état d'oublier à jamais Eleonor.

Je m'arrêtai donc à ce dessein ; mais avant que de continuer le récit de mes aventures , je crois devoir raconter ce qui se passa à Madrid depuis mon départ. Je ne fus informé de ce détail que long-temps après ; mais c'est ici le lieu naturel d'en parler , puisque le Lecteur a encore l'idée toute récente des choses qui m'y arriverent , & que tout ce que je vais dire , a des liaisons avec ce que j'en ai déja raconté. On verra encore mieux combien j'avois tort de vouloir retourner dans un pays qui m'avoit été si funeste , & combien j'eus raison de surmonter enfin la passion qui m'y rappelloit.

J'y laissai deux femmes , avec lesquelles

j'avois eu le plus de commerce, je veux
dire, celle que j'ai appellée Dona Isabella,
& celle que j'ai fait connoître sous la qualité de Catalane & sous le nom d'Eleonor.
J'avois aimé ces deux femmes, mais avec
des sentimens bien différens. J'estimois
Eleonor, & je craignois Isabella. L'une,
m'avoit attaché par l'idée qu'elle m'avoit
donnée de sa délicatesse & de sa vertu ; &
l'autre, au contraire, ne m'avoit plû que
par ses avances & par ses emportemens.
On va voir que l'une & l'autre se trouva à
peu près de même caractére, quand elles
se virent dans les mêmes circonstances ; &
on jugera encore mieux de l'opinion qu'on
doit avoir des femmes qui veulent être aimées, & qui ne peuvent se borner à un
mari ou à un amant.

Comme le caractére de Dona Isabella
étoit de ne point contraindre ses inclinations & ses goûts, elle avoit eu dans tous
ses attachemens autant de bizarrerie qu'elle
en marqua, lorsque me prenant pour un
Esclave d'Alger, elle ne put m'aimer sous
une autre qualité & sous une autre figure.
Ainsi, toutes ses intrigues avoient toujours
été avec des gens sans conséquence, &
qu'elle pouvoit sacrifier aisément aux soupçons de son mari.

Avant que je fusse à Madrid, elle avoit
déja eu plusieurs affaires, & entr'autres

celle dont je vais parler. A peine fut elle
mariée, & eut-elle paru à la Cour, où
l'emploi de son mari lui donnoit un rang
fort distingué, qu'elle fut aimée de tout ce
qu'il y avoit de jeunes Seigneurs ; mais celui qui parut avoir pour elle un attachement plus fidéle & plus sincére, fut le Prince de . . . . . C'étoit le Seigneur de toute
l'Espagne le mieux fait, & qui méritoit le
plus la préférence par sa bonne mine. Ce
jeune Seigneur étoit sur le point d'épouser
la fille du Marquis d . . . . . . . qui étoit le
plus riche parti de la Cour, & de laquelle
il étoit tendrement aimé, quand il connut
Isabella.

Ce fut une espéce d'enchantement que
la maniére dont il s'attacha à elle. Il devint
insensible à toute autre passion ; & pour
rompre ou différer le mariage qu'il étoit
sur le point de faire, il fit semblant de vouloir prendre le parti de l'Eglise, & il proposa à son pere de faire le mariage de la
fille du Marquis avec son cadet, s'offrant
même de lui céder le droit d'aînesse ; &
la chose auroit été exécutée, s'il n'eût reconnu combien Isabella étoit indigne d'un
semblable sacrifice.

Cette femme n'eut pour lui que de la
fierté ; & selon le caractére que nous lui
avons vû, elle ne manqua pas de faire confidence à son mari de l'amour du Prince ; &

le mari en ufa à fon égard , comme j'ai dit qu'il en avoit ufé au mien. Le pauvre Prince devenu fufpeċt au mari , & embarraffé pour voir la Dame , penfa mourir de chagrin , & il en tomba malade.

Il avoit un valet de chambre Navarrois, affez bien fait, dont il s'étoit fervi pour écrire quelquefois à Ifabella. Ce Navarrois voyant fon maître malade , & ne pouvant ignorer que le chagrin d'être maltraité d'Ifabella , n'eût la principale part à fa maladie , lui dit qu'il le plaignoit d'autant plus , qu'il favoit qu'Ifabella n'étoit fiére pour lui, que parce qu'il étoit trop grand Seigneur; & que s'il ne craignoit de lui déplaire , il lui apprendroit que cette Dame avoit un commerce réglé avec un des domeftiques de fon mari.

Le Prince penfa tuer fon valet de chambre , pour avoir eu la hardieffe de lui tenir un pareil difcours ; & le Navarrois voyant l'aveuglement de fon maître , jura qu'il le détromperoit. Il trouva le moyen de faire venir chez le Prince ce valet de Manrique, qu'il difoit être en intrigue avec fa femme; & lui ayant promis une fomme confidérable , il l'engagea de faire confidence au Prince même de l'intrigue qu'il avoit avec Ifabella.

Le Prince fût auffi difficile à être perfuadé par le témoignage de ce domeftique ,

qu'il l'avoit été à croire le Navarrois ; & il
ne parut les écouter l'un & l'autre, que
quand on lui eut promis de lui faire voir la
chose de ses yeux. Les deux valets prirent
donc jour pour faire cacher le Prince chez
Manrique ; & toutes les mesures ayant
réussi, le Prince fut témoin oculaire de ce
qu'on avoit voulu lui persuader.

Mais l'amour qu'il avoit pour cette femme, n'ayant pû être éteint par une preuve
si sensible du mépris qu'elle méritoit, il résolut de ne lui pas laisser ignorer ce qu'il
avoit vû, non pas pour la confondre par
ce reproche, mais pour l'engager mieux
à l'aimer, tant ce pauvre Prince avoit de
lâcheté & de foiblesse.

Il lui dit donc sottement qu'il savoit son
intrigue avec le domestique, mais qu'il ne
l'en aimoit pas moins ; qu'il n'attribuoit cet
indigne commerce qu'à un sortilége, &
qu'il ne pouvoit croire qu'une femme de
son mérite eût pû, sans quelque puissance
infernale, s'abaisser à cette indignité ; que
même il s'offroit de tuer le malheureux sor-
cier qui l'avoit abusée, pour la défaire d'un
esprit aussi séducteur que celui-là, & la
mettre en état d'accorder naturellement ses
bonnes graces à ceux qui n'auroient point
d'autre sort que leur amour.

La Dame voyant la sottise du Prince, &
que lui-même cherchoit les moyens de la

juſtifier, ſe ſervit de ce qu'il lui diſoit de ſortilége & de ſorcier, pour lui perſuader que ce domeſtique avoit en effet commerce avec le diable ; mais la puiſſance de l'eſprit infernal n'avoit pas été employée à lui inſpirer un attachement indigne avec ce domeſtique, mais ſeulement à faſciner les yeux du Prince, pour lui faire voir ce qui n'étoit pas.

C'eſt ainſi qu'on racontoit en Eſpagne que la choſe s'étoit paſſée, & on la donnoit pour vraie ; enſorte qu'on diſoit que le Prince, croyant que ſes yeux l'avoient trompé, ſe perſuada que tout ce qu'il avoit vû étoit une illuſion du diable. Quoiqu'il en ſoit, le pauvre domeſtique fut aſſaſſiné, & on crut que c'étoit par ordre du Prince, qui s'étant défait de ce ſorcier, continua à aimer Iſabella, & à en être toujours maltraité.

Comme les Eſpagnols ſont extrêmement ſuperſtitieux, celui-ci s'imagina que la fierté de ſa maîtreſſe étoit une ſuite des ſortiléges qu'on lui avoit donnés, & il ſe mit à faire des neuvaines pour conjurer l'eſprit malin, qu'il croyoit oppoſé à ſon bonheur ; enſorte que par une bizarrerie, qui ſeroit une impiété dans un autre pays que l'Eſpagne, on vit ce Prince aveugle employer ce que la Religion a de plus ſaint, pour obtenir le ſuccès d'une intrigue amoureuſe.

Il faut croire que l'esprit lui revint, car il oublia Isabella, & il fit le mariage qu'il n'avoit rejetté, que parce qu'il n'avoit pû souffrir d'autre femme que celle-là, tant qu'il l'avoit aimée. Je ne savois point cette ridicule histoire, lorsque je m'attachai à elle. Si j'en eusse été instruit alors, j'aurois crû que c'étoit aussi par une suite de sorcellerie qu'elle n'avoit pû me souffrir sous ma figure naturelle, pendant qu'elle étoit folle de moi sous celle d'un Africain.

Quand j'eus quitté Madrid, & que son mari, toujours gagné par ses artifices & ses fausses confidences, eut perdu toute espérance de se venger de moi, il continua à publier par tout que c'étoit moi qui étoit le faux Esclave d'Alger, & que le Roi & toute l'Espagne en avoient été la dupe. Le Roi, à qui j'avois toujours été suspect à l'égard d'Eleonor, ne douta point que ce ne fût pour l'amour de cette femme que je m'étois déguisé de la sorte, & il en conçut des soupçons contre elle. Il voulut voir Manrique ; & cet homme disant que c'étoit par la vertu & la bonne conduite d'Isabella, que l'on avoit découvert que l'Esclave & moi étions le même homme, le Roi voulut aussi la voir, & en apprendre tout ce qu'elle savoit de moi.

Je n'avois jamais parlé à cette femme de l'attachement que j'avois pour Eleonor ;

ainfi, elle ne dit rien au Roi qui pût con-
firmer fa jaloufie & fes foupçons ; au contraire, elle affecta fi fort de marquer que ce
déguifement n'avoit jamais regardé qu'elle-
même, & elle exagera tellement le violent
amour que j'avois eu pour elle, que le Roi
ne put pas croire qu'un homme fi amoureux
d'Ifabella eût encore pû aimer Eleonor.

Ainfi, les foupçons de ce Prince fur fa
maîtreffe, furent entiérement diffipés par
la vanité qu'eut Ifabella de lui faire entendre que je l'avois aimée, & que je l'avois
aimée feule. Mais la pauvre Eleonor n'en
fut pas plus heureufe que fi elle avoit toujours été foupçonnée ; & le Roi qui étoit
un Prince, à qui la derniere maîtreffe faifoit toujours oublier les autres, trouva Ifabella affez à fon gré pour l'aimer, & cet
amour fut le feul effet de la converfation
qu'il eut avec elle.

Le bruit de cette nouvelle paffion s'étant
bien-tôt répandu, Eleonor en fut inftruite
des premieres. Jufques-là, on n'avoit pû
rien remarquer en elle, qui ne fût digne
d'eftime & même d'admiration. Il fembloit
même qu'elle ne fouffrit l'attachement du
Roi que par une pure complaifance, & l'on
publioit que c'étoit la feule qui eût réfifté
aux defirs de ce Prince, & qui méritât
d'être aimée pour fa vertu. Tout cela fem-
bla fe démentir, dès qu'elle vit que le Roi

en aimoit une autre, puiſqu'elle mit tout en
uſage pour le faire revenir, ou ſe venger.

Comme elle connoiſſoit un peu Manrique, le mari de ſa rivale, elle trouva le
moyen de lui parler, & tâcha de lui donner aſſez de jalouſie, pour lui faire emmener ſa femme à une terre qu'il avoit, éloignée de Madrid de deux ou trois journées.
Elle réuſſit auprès de Manrique plus qu'elle
ne penſoit, & elle lui inſpira, non-ſeulement une jalouſie capable de tout entreprendre, mais encore un amour auſſi en-
treprenant que le pouvoit être la jalouſie.

Ainſi, Manrique éclairé ſur le commerce
que le Roi commençoit à avoir avec ſa femme, ne ſe trouva point d'humeur à le ſouffrir, & ayant pris des meſures, il la fit enlever & conduire à une terre encore plus
éloignée que ne l'étoit celle dont Eleonor
lui avoit parlé. S'étant défait de ſa femme,
il crut qu'Eleonor auroit de la complaiſance pour lui : mais le Roi ne voyant plus
Iſabella, & ne voulant point employer ſon
autorité pour la faire revenir, étoit rede-
venu plus amoureux que jamais d'Eleonor,
& Manrique ne trouvoit plus d'autre moyen
de voir tranquillement ſa maîtreſſe, qu'en
faiſant revenir ſa femme.

Il ſe vit alors dans deux extrémités bizarres & fort embarraſſantes pour un mari
jaloux & pour un amant paſſionné ; mais

je crois que les intérêts de l'amant l'auroient emporté fur ceux du mari , s'il n'a-
voit craint , en faifant revenir fa femme ,
de déplaire à fa maîtreffe. Il laiffa donc fa
femme où elle étoit , & il tâcha , pour voir
fa maîtreffe , de profiter des momens où le
Roi ne la voyoit pas ; mais foit qu'Eleonor
n'eût pas cette complaifance pour lui , foit
que le Roi ne le permît pas , Manrique reconnut qu'il n'avoit point tiré d'autre avan-
tage de l'éloignement de fa femme , que
d'en avoir paru jaloux.

Il voulut du moins que la maîtreffe à laquelle il avoit facrifié fa femme , ne jouît
pas de ce facrifice , & il fit ce qu'il put pour
obliger le mari d'Eleonor à la faire venir
dans la Vice-Royauté , où il faifoit fa réfi-
dence ; mais ce mari , qui ne fongeoit qu'à
fa fortune , fut peu touché des raifons qu'on
lui alléguoit , pour l'obliger à ne point vivre éloigné de fa femme. Ainfi , Manrique ne put , ni fe faire véritablement aimer
d'Eleonor , ni fe venger d'elle.

Sa femme n'étoit pas d'une humeur affez
complaifante pour fe tenir tranquillement
dans fon exil ; & apprenant que depuis
fon départ , Eleonor étoit redevenue toute
puiffante fur l'efprit du Roi , elle fentit encore plus la violence qu'on lui avoit faite.
Elle fut inftruite de l'amour de fon mari
pour fa rivale , & elle crut qu'elle ne devoit

pas le laisser ignorer au Roi. Elle l'en fit donc informer par des gens qui approchoient de ce Prince, & tout cela ne servit qu'à faire donner à Manrique un Gouvernement qui l'éloigna de Madrid.

Je n'ai pû être informé du reste des avantures de ces deux rivales ; mais quand j'appris qu'Eleonor, pour qui j'avois une véritable estime, avoit été capable d'avoir de la complaisance pour Manrique, je remerciai le Ciel d'avoir mis un obstacle au dessein que j'avois eu de retourner à Madrid. Je ne me serois jamais consolé, qu'une femme, de qui j'avois conçu des idées si nobles, eût eu la bassesse de tout sacrifier à la vanité d'être aimée d'un Prince, qui n'avoit en amour que sa dignité qui le rendît recommandable, car tel fut le caractére des amours du Roi dont je parle ; Prince d'ailleurs digne de son rang.

J'eus le temps, pendant que je fus malade à Fontarabie, de faire réflexion aux aventures de ma vie passée ; & quoique je n'eusse encore que vingt-sept à vingt-huit ans, j'avois tant vû de caractéres de femmes, & le penchant que j'avois pour elles, m'avoit exposé à tant de diverses épreuves, que je ne pouvois m'empêcher de regretter le temps qu'elles m'avoient fait perdre, & de reconnoître que ç'avoit été la source du peu de progrès que j'avois fait dans les armes ; car enfin , je me trouvois moins avancé que je ne l'étois après mes premieres campagnes , & je voyois bien que tant que je ne réſiſterois pas mieux aux occaſions de la galanterie , je ne devois guére eſpérer une fortune plus heureuſe.

Mais auſſi comment y réſiſter ? Je ne m'en trouvois ni la volonté , ni la force , tant que je reſterois dans le monde. Ces penſées me firent naître un violent deſir de m'en retirer , & ce qui acheva de m'y porter , ce fut le chagrin de la maladie , & celui de me voir mal dans l'eſprit de Monſieur le Prince.

Comme je roulois un jour ces penſées dans mon eſprit , & que je faiſois une promenade que l'on m'avoit ordonnée pour le rétabliſſement de ma ſanté , je trouvai un homme habillé en Hermite , qui ſe promenoit au même lieu où j'étois , & qui me voyant , ſembla vouloir s'éloigner. Je le priai le plus civilement que je pûs de ne me point fuir ; & ſon habit me le faiſant croire ſolitaire , les penſées de ſolitude que j'avois alors dans la tête , me firent ſouhaiter ſa converſation. Ainſi , je lui fis tant d'inſtances , qu'à la fin il s'arrêta. Après l'avoir entretenu quelque temps de choſes générales , je lui demandai s'il étoit Hermite , & comment il ſe trouvoit de ſa ſolitude.

Il me répondit qu'il ne ſavoit s'il devoit s'appeller Hermite, quoiqu'il menât une vie retirée, parce qu'il ſe voyoit obligé d'avouer à ſa confuſion, que, quoiqu'il menât cette vie depuis douze ou treize années, ſon eſprit n'en étoit pas moins vif ſur toutes les choſes du monde, & qu'actuellement il travailloit à retourner à une autre vie; ayant bien compris que pour ſe faire Solitaire, il falloit avoir d'autres motifs que ceux qui lui avoient fait quitter le monde.

Je lui demandai ſi les femmes n'avoient point eu de part au deſſein qu'il avoit pris de ſe retirer, & il me répondit en ſoupirant, que ſon malheur ne venoit que de-là. Je lui dis de mon côté, que j'avois auſſi beaucoup éprouvé d'aventures qui me donnoient du penchant pour la retraite, & qui me faiſoient ſouhaiter de l'embraſſer. Je vous conſeille, me dit cet homme, de vous y mieux prendre que je n'ai fait; car peut-être n'aurez-vous pas plus de conſtance que moi. Je le conjurai de m'apprendre quelle vie il avoit menée auparavant; & après s'en être défendu quelque temps, il me conta ſon hiſtoire à-peu-près en ces termes:

Je ſuis né en Portugal; & quoique vous ne jugiez pas à ma mine & à mon habit, que je ſois homme de qualité, je puis cependant vous aſſûrer que je ſuis parent du Roi Dom Juan, qui depuis treize ans a trouvé le moyen de remonter ſur le trône de ſes ancêtres. J'ai été élevé avec lui lorſqu'il n'étoit encore que Duc de Bragance; & j'aurois eu part à ſa fortune, en qualité de ſon parent, ſi je n'en avois eu de plus proches que lui qui m'embarquérent dans leur deſſein, ou plûtôt ſi l'amour ne m'avoit fait tourner la cervelle.

Jamais perſonne n'a été à la fois ni plus aimable, ni plus perfide que la perſonne que j'aimois : c'étoit une fille à-peu-près de mon âge, mais fort ambitieuſe, & qui ne s'attacha à moi que tant qu'elle ne trouva perſonne qui répondît à ſon ambition : on l'avoit miſe auprès de la Ducheſſe de Mantouë qui pour lors étoit Vice-Reine de Portugal : elle étoit née de parens nobles, mais fort au-deſſous de ma naiſſance; &, quoique je n'euſſe pas beaucoup de bien, j'étois pour elle un parti très-avantageux : je l'aimai, & elle m'aima, ou du moins elle en fit ſemblant. Nous ne parlâmes pas d'abord de nous marier, parce que le Duc de Bragance n'auroit pas conſenti à un mariage qui m'auroit fait épouſer une fille ſans bien; mais je lui jurai que je n'épouſerois jamais qu'elle, & je vivois dans l'eſpérance de me voir bien-tôt en état de le faire, par les apparences que nous voyions

tous

tous les jours au rétablissement du Duc de Bragance.

La conspiration qui l'a remis sur le trône commençoit alors à se former : je fus un de ceux à qui on la découvrit des premiers, & l'amour que j'avois pour ma maîtresse ne me permit pas de la lui cacher. C'étoit la derniere de toutes les imprudences, que de lui confier ce secret, parce que cette fille étant auprès de la Vice-Reine, je devois craindre qu'elle ne lui en découvrît quelque chose, mais j'eus bien d'autres sujets de me reprocher mon indiscrétion.

La Vice - Reine avoit pour Sécretaire Vasconcellos, qui, quoique Portugais, s'étoit fait le tyran de son propre pays, par l'abus qu'il faisoit du pouvoir que la Vice-Reine lui avoit laissé usurper. Cet homme s'avisa de devenir amoureux de ma maîtresse ; & ce qui doit encore plus vous étonner, c'est que cette fille écouta son amour, comme elle auroit pû faire celui d'un Roi, tant son ambition se trouva charmée d'être aimée d'un homme qui avoit toute l'autorité dans le Royaume.

Elle ne douta point que Vasconcellos ne la voulût épouser, mais elle ne fut pas long - temps sans s'appercevoir que cet homme avoit d'autres desseins, & qu'il ne cherchoit qu'à la mettre au nombre des maîtresses que le besoin qu'on avoit de lui, lui faisoit trouver facilement.

Cette fille sembla avoir assez de vertu pour ne se pas plaire à un amour qui ne tendoit qu'à son déshonneur, & elle me dit qu'elle haïssoit Vasconcellos autant qu'elle avoit eu de complaisance pour lui quand elle s'étoit flattée de devenir sa femme. Sa femme, repris-je, avec étonnement! Hé, auriez-vous jamais pu vous y résoudre? Pourquoi non, reprit-elle? N'y a-t-il pas du plaisir à être maîtresse; & personne auroit-il plus de crédit dans le Royaume, que la femme d'un homme qui y est le maître?

Je lui fis des reproches d'un sentiment si bas & si intéressé; & elle dit que je devois le lui pardonner, puisqu'elle n'auroit souhaité du pouvoir que pour me faire du bien. Ce compliment m'appaisa un peu, & je ne doutai pas, comme elle m'en assura, qu'elle n'eût le dernier mépris pour mon indigne rival, après l'insolent amour qu'il lui avoit témoigné: cependant j'apprenois de tous côtés que ce mépris n'étoit qu'apparent; que le Secretaire la voyoit toujours, & lui faisoit des présens. En effet, elle commençoit à faire plus de dépense qu'elle n'en faisoit avant que de le connoî-tre. Je lui demandai la raison de ce chan-

gement, elle me dit que c'étoit des bienfaits de la Vice-Reine, qui étoit la seule
qui lui fit des présens. On avoit beau me
dire que j'étois la dupe de cette fille, &
que le commerce qu'elle avoit avec Vasconcellos n'étoit que trop véritable, je
n'en pouvois rien croire, & je continuois
à l'aimer avec un respect égal à ma tendresse.

Cependant la conspiration éclata de la
maniere dont tout le monde l'a su. Les
Conjurés s'étant emparés de tous les quartiers de Lisbonne, se saisirent de la Vice-
Reine & de l'Archevêque de Brague : on
jetta Vasconcellos par les fenêtres, après
l'avoir poignardé, & en quatre jours le
Duc de Bragance fut reconnu Roi de Portugal. La haine que j'avois pour Vasconcellos me porta à me joindre à ceux qui
étoient chargés de le faire périr. Nous
montâmes à sa chambre, où le passage
m'ayant été disputé par un de ses Commis, je jettai cet homme par terre d'un
coup de sabre, & j'entrai le premier dans
la chambre. Nous ne le trouvâmes point ;
& pendant que mes compagnons le cherchoient, j'apperçûs une petite cassette à
demi ouverte, dans laquelle je crûs voir
des lettres : je m'en saisis, & je trouvai le
moyen, sans que personne me vît, de
prendre les lettres dont elle étoit remplie,

& d'en faire un paquet dont je demeurai le maître. Cependant, après avoir long-temps cherché, on apprit que Vasconcellos étoit caché dans l'épaisseur du mur. Lorsqu'on l'en eut retiré, il m'apperçut, & osa me conjurer au nom de ma maîtresse, de lui sauver la vie, ajoutant qu'elle m'en seroit obligée par l'intérêt qu'elle prenoit à sa conservation. Je crûs que le malheureux avoit perdu l'esprit, de me faire un compliment qu'il devoit bien juger que je prendrois pour une insulte. Je voulus lui répondre pour l'obliger de dire avant que de mourir, qu'il n'avoit jamais eu de commerce avec la personne qu'il me nommoit, mais on ne m'en donna pas le temps, & je le vis précipiter au moment que je voulois lui parler.

Quand le tumulte eut été appaisé, & que nous nous vîmes maîtres de la Ville, mon premier soin fut de lire les lettres que j'avois trouvées : elles étoient la plûpart de ma perfide maîtresse ; & je ne pûs douter, en les lisant, de l'infame commerce dont elle avoit été accusée avec le Secretaire. Je connus par les mêmes lettres que cette fille l'avertissoit de la conspiration dont je lui avois parlé ; & j'admirai mon bonheur d'avoir trouvé une chose qui m'auroit perdu si elle fût tombée en d'autres mains. Je gardai ces lettres à dessein de les faire voir à cette infidelle, & de la confondre, en lui apprenant par-là que je connoissois combien elle étoit digne de mon mépris & de ma haine. Je ne savois ce qu'elle étoit devenue, & je croyois qu'elle avoit suivi le sort de la Vice-Reine, & qu'on l'avoit enfermée avec elle; mais, comme elle étoit Portugaise, on lui avoit permis de se retirer chez un de ses parens : elle étoit chez ce parent quand on lui vint dire la cruelle punition qu'on avoit faite de Vasconcellos. Elle ne fut pas maîtresse d'elle-même à cette nouvelle, soit qu'elle aimât de bonne foi ce malheureux, soit qu'elle regrétât l'argent & les présens dont il avoit acheté ses bonnes graces. Elle garda si peu de mesures, & déclama si furieusement contre ceux qui l'avoient tué, & même contre le nouveau Roi, qu'on crût devoir s'assûrer de sa personne. On l'enferma comme une ennemie contre laquelle il falloit se précautionner.

J'appris sa prison & ses emportemens, & personne ne devoit moins s'intéresser que moi à ce qu'elle deviendroit; mais je mourois d'envie de lui reprocher en face l'indigne attachement dont je pouvois la convaincre. Je croyois ne chercher par-là qu'à me mieux venger d'elle, sans m'appercevoir que je l'aimois encore, & que je ne voulois lui faire des reproches, que parce que je ne pouvois l'oublier.

J'allai la voir dans le lieu où elle étoit enfermée ; & dès qu'elle me vit , elle me demanda fiérement si c'étoit par mon ordre qu'on la maltraitoit : je lui répondis , que quand j'aurois donné cet ordre , je n'aurois fait que ce que j'aurois dû faire , puisqu'elle étoit coupable à mon égard d'un crime plus grand que celui qui l'avoit rendue suspecte. En disant ces paroles , je tirai ses lettres , & je lui demandai si elle en connoissoit l'écriture. Elle ne se déconcerta point à cette vûe , & elle me dit avec une assûrance qui m'étonna , qu'elle pouvoit bien avouer les lettres que je lui montrois , puisqu'elle les avoit écrites à son mari ; que si je ne le savois pas , Vasconcellos l'avoit épousée , & qu'elle ne reconnoîtroit pour amis ou pour amans que ceux qui l'aideroient à venger sa mort. Quelque outré que je fusse de ce discours , je dissimulai pour ne m'arrêter qu'à lui faire voir les lettres par lesquelles elle rendoit compte à Vasconcellos du secret de la conspiration que je lui avois confiée.

Elle me dit que c'étoit pour l'amour de moi-même , & par l'intérêt qu'elle prenoit à ma fortune , qu'elle avoit instruit le Secretaire , à qui elle ne pouvoit pardonner de n'avoir pas mieux profité de ses avis , & de s'être attendu au Comte-Duc d'Olivarés, dont la lenteur à prévenir le mal, l'avoit rendu irrémédiable. Je l'interrompis pour lui demander ce qu'elle vouloit dire en m'apprenant que c'étoit pour mon propre intérêt qu'elle avoit tâché de diffiper la confpiration par les avis qu'elle en avoit donnés ; & elle me répondit qu'il falloit que je fuffe bien aveugle pour ne pas voir que l'Élection du Duc de Bragance ne devoit guére être approuvée des Princes de fon Sang, aufquels ce nouveau Roi ne pourroit, quand il l'auroit voulu, donner des emplois auffi confidérables que ceux qu'ils pouvoient efpérer du Roi d'Efpagne, qui étoit un Prince Souverain de plufieurs Royaumes.

Tout ce que cette fille me difoit auroit dû augmenter mon indignation contre elle ; mais, fur-tout, je devois être horriblement choqué de lui entendre dire qu'elle avoit époufé mon rival : cependant ce fut cela même qui m'empêcha de la trouver auffi criminelle qu'elle étoit. J'aimai mieux apprendre qu'elle eût fait un mauvais mariage, que de la foupçonner d'une intrigue honteufe ; & à mefure qu'elle me parloit, je fentois que mon cœur fe rendoit à fes raifons, & prenoit fon parti auprès de moi. Ce fut cette intelligence fecrette d'un cœur trop foible & trop aveugle pour ce qu'il aimoit, qui me

fit écouter tout ce qu'elle voulut me dire
contre l'élection du Duc de Bragance , &
entrer insensiblement dans des vûes de révolte.

Je ne m'expliquai pourtant pas dans
cette premiere conversation. Je continuai
sur le ton dont j'avois commencé, ou plûtôt je crus continuer sur ce ton-là ; mais on
ne peut déguiser quand on aime. Cette fille
s'apperçut malgré moi que je l'écoutois,
& elle vit bien qu'il n'étoit pas impossible
de me mener où elle vouloit.

Après que je l'eus quittée , je me trouvai encore plus foible que je ne l'avois été
pendant que je l'avois vûe. L'idée de ce
qu'elle souffroit dans sa prison me donna
de la compassion , & je crûs qu'il m'étoit
permis de solliciter sa grace : je l'obtins aisément, parce que je fis entendre qu'on ne
devoit attribuer tout ce qui lui étoit écha-
pé contre le nouveau Roi , qu'à un premier mouvement dont elle n'avoit pas été
maîtresse , & qu'elle avoit condamné depuis qu'elle avoit eu le temps de se reconnoître. On ne crut pas qu'il y eût de danger à donner la liberté à une fille qui n'é-
toit redoutable que par sa colere ou sa
douleur , & on me laissa le maître de sa
destinée.

Rien ne marque mieux l'aveuglement
& la foiblesse de mon amour, que la joie
extrême

extrême que j'eus en penſant à celle que
j'allois lui donner en la retirant de priſon ;
car je ne voulus point qu'un autre que moi
lui en portât la nouvelle , & ſe chargeât
du ſoin de lui rendre la liberté. J'allai donc
la retrouver ; & après lui avoir fait des reproches , je lui dis que , pour la confondre & lui mieux faire connoître ſon ingra-
titude , je ne voulois me venger d'elle que
par de nouveaux bienfaits , & que je venois lui dire qu'elle étoit libre. Elle s'arrêta moins à me remercier qu'à répéter ce
qu'elle m'avoit déja dit contre le gouvernement préſent ; & elle n'épargna rien pour
me faire entendre que ma fortune auroit
été plus éclatante , ſi le Portugal ne s'étoit
point donné un Roi. Je diſſimulai encore
que ſes diſcours fiſſent autant d'impreſſion
ſur moi qu'ils en faiſoient ; & , l'ayant retirée de priſon , je la fis conduire chez le
parent où elle avoit été arrêtée.

Je la vis ſouvent , & je continuois à l'aimer avec autant de délicateſſe & d'empreſſement , que ſi jamais je n'avois eu lieu de
me plaindre d'elle. Il me parut même
qu'elle avoit oublié le paſſé , & je n'oſai
jamais approfondir la nature de l'attachement qu'elle avoit eu pour Vaſconcellos ,
de peur d'y trouver des raiſons de la haïr ;
car je voulois l'aimer , & il me ſembloit
que je ne pouvois faire autrement. Ce que

je dis ici n'eft plus à ma louange , mais je
ne veux rien déguifer ; & l'amour caufe
tous les jours l'aveuglement & la foibleffe
dont je parle.

Il y avoit peu de temps que cette fille
étoit en liberté quand je m'apperçus que le
Duc de Camine , que je ne fais point de
difficulté de nommer , puifque tout le monde a fu fon malheur , la voyoit avec affez
d'affiduité pour me faire craindre qu'il ne
fût mon rival. Le Marquis de Villa-Real ,
pere de ce Duc , étoit mon plus proche parent , & nous l'étions tous trois du nouveau Roi.

Je ne témoignai pas d'abord à cette fille
le chagrin & la jaloufie que me donnoient
les vifites de mon parent ; mais elles furent
fi affidues , & il me parut qu'ils avoient
tant de foin de fe trouver feuls , que je lui
en fis enfin des reproches. Elle me répondit qu'elle vouloit , à fon tour , me confier
un fecret , en reconnoiffance de celui que
je lui avois découvert dans le temps de la
confpiration du Duc de Bragance , & que
c'étoit moins pour guérir ma jaloufie ,
qu'elle vouloit avoir cette confiance en
moi , que pour m'infpirer des fentimens
dignes de ma naiffance , & ne me pas pri-
ver de la gloire d'un deffein qui devoit
m'intéreffer autant que qui ce foit. Le Duc
de Camine , pourfuivit-elle , eft amoureux

de moi , & j'ai trouvé en lui tous les fentimens que j'ai vainement cherchés en vous : en un mot , il n'a point la lâcheté que vous avez de vous foumettre à un Roi à qui le Trône n'appartenoit pas plus qu'à d'autres ; & nous fommes fur le point de voir le Portugal retourner à fon maître. Ayant achevé ces paroles , elle m'apprit la confpiration qui fe formoit pour fe faifir de la perfonne du Roi nouvellement élû , & de la Reine fa femme ; & après les avoir poignardés , de remettre le Portugal fous la domination des Efpagnols. Elle me dit que l'Archevêque de Brague étoit le chef de cette confpiration ; que le Marquis de Villa-Real , le Duc de Camine , & plufieurs autres , en étoient les principaux complices , & qu'il ne tiendroit qu'à moi de me joindre à eux.

Je lui demandai fi elle avoit eu ordre de m'en parler , elle répondit que non ; mais qu'elle m'aimoit affez pour vouloir que je ne fuffe pas le feul de ma famille qui n'eût point de part à un deffein fi glorieux. Je la priai de ne point témoigner qu'elle m'en eût parlé , & que je refufaffe d'avoir part à cette entreprife ; mais que je devois n'être pas content de ce qu'on me l'avoit cachée. Elle me dit qu'il étoit encore temps , & qu'elle en parleroit au Duc de Camine.

Quand je fus chez moi, je me trouvai fort incertain du parti que je devois prendre. Je n'aurois pas balancé sans l'amour du Duc de Camine ; mais cette fille m'avoit dit si résolument qu'il étoit amoureux d'elle, que je jugeai bien que si la conspiration réussissoit, le Duc de Camine l'emporteroit sur moi, & que j'aurois le dépit d'avoir aidé moi-même à lui faire posséder la personne que j'aimois.

Je délibérois quand il n'en étoit plus temps, car deux jours après la conversation dont je viens de parler, la conspiration fut découverte par l'imprudence de l'Archevêque de Brague : il eut la témérité d'envoyer en Espagne un paquet qui fut intercepté, & l'on y trouva le projet de cette conspiration, & les noms de tous les conjurés. On les arrêta ; & , comme mon nom n'y étoit point employé, on me laissa en liberté, quoique je ne laissasse pas d'être suspect, & par la proche parenté du Marquis de Villa-Real, & par le soin que j'avois pris de faire délivrer la fille à qui j'avois marqué tant d'amour. Elle fut arrêtée, & on trouva des charges assez fortes contre elle pour la faire condamner à perdre la tête avec les autres complices. La Reine lui donna sa grace, & changea la peine à laquelle elle avoit été condamnée en une prison perpétuelle. Le Marquis de

Villa-Real & le Duc de Camine eurent la tête tranchée. L'Archevêque de Brague fut retenu en prison, où il mourut bien-tôt de chagrin. Les autres complices périrent par divers supplices, & toute la conspiration fut entiérement dissipée.

Quoiqu'on ne m'eût point arrêté, je m'apperçus que je n'étois pas libre ; &, craignant à la fin qu'on ne s'assûrât entiérement de ma personne, je résolus de m'éloigner. C'est ici où vous allez voir ma foiblesse. Je ne pus prendre la résolution de m'exiler de ma patrie, sans avoir fait tous mes efforts pour rompre la prison de la fille, que tout autre que moi auroit haïe par la liaison qu'elle avoit eue avec Vasconcellos. Je crûs que lui procurer la liberté, ce seroit lui donner une marque d'amour qui la fixeroit éternellement à n'aimer que moi : d'ailleurs, je l'aimois assez pour ne point espérer de bonheur & de repos sans elle ; & je m'appliquai encore plus à trouver les moyens de la délivrer, qu'à profiter de ceux que j'avois de m'éloigner avant qu'on en pût pénétrer le dessein.

La maison qui lui servoit de prison, étoit un Couvent. Je vins à bout de lui faire rendre un billet par lequel je l'avertissois qu'à un certain jour on mettroit le feu à ce Couvent, du côté où étoit sa chambre,

& qu'elle songeât à se servir utilement de l'embarras que causeroit cet incendie, pour se rendre au pied d'une muraille que je lui marquois, lui mandant que je serois de l'autre côté pour lui jetter une échelle de corde, & lui donner le moyen de se sauver.

Mon billet lui ayant été mis entre les mains, je ne manquai pas de faire tout ce que j'avois promis. Le feu fut mis à cette maison ; & dans le plus fort de l'embrasement, je me trouvai au pied de la muraille ; & après avoir long-temps attendu, je montai pour voir si elle étoit de l'autre côté. Je ne vis personne ; & après avoir attendu jusqu'à ce que le feu fût éteint, je me retirai au désespoir de n'avoir pas réussi. Je n'avois garde d'avoir cette joie. Ma perfide maîtresse ayant reçu mon billet, l'avoit envoyé à la Reine, espérant que cette confiance lui procureroit plus aisément la liberté, que le moyen que je lui proposois. La Reine avoit négligé l'avis, & elle ne connut qu'elle avoit eu tort de le négliger, que quand on lui dit que le feu avoit été mis au Couvent. Aux premiéres nouvelles qu'elle en apprit, elle envoya des Gardes pour s'assûrer de moi, en cas qu'on me trouvât au lieu que j'avois marqué. Celui à qui cette commission fut donnée alla exprès me chercher d'un autre côté pour ne me point rencontrer. Outre que cet homme étoit mon ami, il appréhenda que ma mort, ajoutée à celle de mes autres parens, n'excitât contre le Roi & la Reine de nouveaux mécontentemens des peuples.

Quoi qu'il en soit, je ne fus point arrêté, & celui qui avoit cherché à ne me pas prendre, me fit instruire dès le lendemain de la destinée du billet que j'avois écrit, ajoutant que la récompense que la Reine avoit donnée à celle qui le lui avoit envoyé, étoit une permission de se faire Religieuse si elle vouloit. Ces nouvelles achevérent de m'accabler, & de me convaincre enfin du tort que j'avois de m'opiniâtrer à l'amour d'une fille si indigne de l'attachement que j'avois pour elle.

Cependant le billet que la Reine avoit reçû lui servit pour me faire faire mon procès. On rappella plusieurs choses qui me firent paroître coupable de la conspiration de mes parens; & pendant que je me tenois caché, on proscrivoit ma personne & mes biens. J'ai toujours cru qu'on n'avoit pas voulu me faire arrêter, car on l'auroit pu très-aisément; mais il y a beaucoup d'apparence qu'on souhaitoit mon exil plus que ma mort.

L'accablement que me donna le malheureux succès de mon amour, m'ôta le

D d iiij

foin d'aller chercher dans les Cours étran-
géres des protecteurs & du fecours. J'appris que ma maîtreffe avoit accepté la grace que la Reine lui avoit offerte, & qu'elle
fe faifoit Religieufe. J'eus la foibleffe de
la vouloir imiter. J'ai été, fous des noms
inconnus, me préfenter à plufieurs Couvens où l'on n'a pas voulu me recevoir :
j'en ai cherché à Rome : j'ai même été affez
long-temps à Paris ; & enfin je fuis venu
ici, où, depuis fix ans, je méne la vie
que vous voyez.

Le Portugais ayant fini fon hiftoire, je
lui fis toutes les objections que je lui aurois faites aux endroits qui m'avoient le
plus furpris, fi je n'avois craint de l'interrompre ; car férieufement j'avois peine à
croire qu'il fût ce qu'il difoit ; & je ne ba-
lançois point à décider en moi-même, que
fi cela étoit, il falloit qu'il fût devenu fou.

J'avoue que je fus bien confolé de trouver un homme moins fage que moi fur le
chapitre des femmes. Je revis cet homme
encore plufieurs fois, & il m'apprit que,
laffé de la vie qu'il menoit, il agiffoit pour
avoir fa grace, & pour rentrer dans fes
biens ; que la plus grande difficulté qu'il y
trouvoit, c'eft que n'ayant point oüi parler de lui depuis long-temps, tout le monde en Portugal étoit perfuadé de fa mort,
& qu'il prévoyoit qu'on auroit de la peine
à le reconnoître.

Je combattois cette difficulté, qui ne me paroiſſoit pas auſſi inſurmontable qu'à lui. Il m'apprit qu'il croyoit que ſa maîtreſſe étoit morte; & je me ſervis encore de cette raiſon pour l'encourager à ſolliciter ſa grace. J'étois bien plus raiſonnable en lui parlant, que quand je me trouvois ſeul : car, dès que je faiſois réfléxion aux malheurs de ma vie, je m'eſtimois auſſi à plaindre que lui.

J'étois même foiblement touché de ce qu'il me vouloit faire craindre; ſavoir, qu'en cas que je renonçaſſe au monde, je ne ſoutinſſe pas mieux que lui les réſolutions & le goût de la retraite; & je ne manquois pas de parler comme font tous ceux qui ne connoiſſent point les inconvéniens d'une éternelle ſolitude, & de dire que ſi une fois j'avois fait le pas, jamais rien ne ſeroit capable de me faire reculer : car telle eſt la préſomption des hommes ignorans & ſuperbes, d'eſpérer de leurs propres forces ce qu'ils ne doivent attendre que de la miſéricorde de Dieu.

C'étoit par une ſemblable préſomption que je me flattois de pouvoir avoir plus de fermeté qu'un autre, & je regardois même en pitié les inconſtances du Portugais; mais, après tout, le temps n'en étoit pas encore venu, & les deſirs que j'avois de la retraite, n'étoient fondés que ſur la pareſſe

& fur un dégoût qui fuit naturellement une vie malheureufe & agitée. Ce fut pour cela, fans doute, que je ne foutins pas mes réfolutions. Dieu veuille que je les foûtienne mieux à l'âge où je fuis, & que j'exécute à la fin de ma vie, ce que je voulus faire alors, à quoi je ne manquai, que parce que je voulus bâtir avant que d'avoir jetté les fondemens de l'édifice; car fans aucune connoiffance de la Religion, & fans nulle pratique de la vertu, je crûs que je pouvois mener une vie retirée; & fuccombant tout entier à ce defir, je pris congé de l'Hermite Portugais, & j'allai, car je me portois affez bien pour cela, prendre la pofte à Bayonne, pour me rendre inceffamment à Paris, voulant, avant que de me retirer du monde, confulter ma Carmelite, ou plûtôt voulant avoir le plaifir de la voir applaudir à un deffein, fur lequel ma vanité s'applaudiffoit la premiere.

Cette illuftre fille, beaucoup plus éclairée que moi dans les conditions & les qualités d'une véritable retraite, m'exhorta à m'éprouver quelque temps avant que de me déclarer, & à me mettre, fans qu'on le sût, fous la conduite d'un Directeur qu'elle me nomma, qui pût juger fi Dieu m'appelloit à la folitude. Je fus effrayé des préparations qu'elle me dit qui étoient néceffaires avant que de m'expofer à donner

au monde le spectacle d'un tel changement.
Je ne voulois point différer, & ce qui me
faisoit le plus de plaisir, c'étoit de pouvoir
faire dire à tout le monde que je faisois
une action héroïque, en me condamnant
à la retraite.

Quoique je ne lui expliquasse pas mes
pensées aussi naturellement que je le con-
cevois, elle ne laissa pas de connoître que
je n'étois pas tel qu'il falloit pour une vie
si nouvelle, & elle me dit nettement que
je ne devois point y penser, si je ne me
sentois assez de courage pour me cacher
pendant six mois en un lieu où je n'eusse
point d'autre occupation que d'examiner,
dans la pratique de la pénitence, ce que
Dieu demandoit de moi.

Je fus heureux dans l'entêtement où j'é-
tois alors, d'avoir consulté un esprit aussi
droit & aussi éclairé que le sien ; car combien en aurois-je trouvé d'autres qui m'auroient fait prendre une conduite différente,
& qui par l'imprudence d'un éclat que je
n'aurois pû soutenir, m'auroient voulu engager où je n'aurois pas persévéré.

Quand elle vit que j'avois de la peine à
me soumettre à des conditions & à des pra-
tiques qu'elle croyoit absolument nécessaires, elle me dit que je devois regarder le
désir qui m'avoit pris si subitement de renoncer au monde, comme une tentation

de pareſſe & d'oiſiveté ; que ce n'étoit point là ce que Dieu demandoit de moi , mais ſeulement que j'évitaſſe tout ce qui me détournoit des devoirs de ma Religion , & que je m'attachaſſe ſérieuſement à ceux de ma condition & de ma naiſſance , en me mettant tout de bon dans le ſervice , & finiſſant enfin cette vie errante que j'avois menée juſques-là. Elle me dit encore que j'étois plus en état que jamais de mener une vie réglée ; puiſqu'il y avoit deux ans que j'étois hors de Paris , où n'étant preſque plus connu , il me ſeroit aiſé de me donner d'abord pour tel que je voulois être dans la ſuite , c'eſt-à-dire , pour honnête homme & pour homme de bien. Je ſuivis ſes conſeils , & j'abandonnai le deſſein de quitter le monde.

Mais m'étant , par ſes avis , retiré pour quelques jours dans une Maiſon Religieuſe, pour y penſer à ma conſcience , avant que de faire connoître que j'étois de retour , & de me mettre dans le ſervice , je trouvai dans la Bibliotheque de cette Maiſon un volume des Lettres d'Abailard. Je les lûs avec d'autant plus de curioſité , que j'en avois déja vû quelque choſe en Eſpagne ; car j'ai oublié de dire que malgré ma diſſipation , j'avois toujours conſervé du goût pour les Livres. Je trouvai en liſant ces Lettres , tant de conformité entre Héloïſe

& ma Carmelite, la délicatesse avec laquelle Abailard l'avoit aimée, me parut si semblable à l'amour que j'avois eu pour cette premiere maîtresse, que cet amour se réveilla dans mon cœur avec plus de vivacité que jamais, & j'en pensai perdre l'esprit.

Je ne l'avois vûe qu'un moment au visage depuis mon retour d'Espagne, & elle m'avoit paru si belle, que cette idée de beauté, toujours présente à mon esprit, fit prendre à mon amour tous les caractéres qu'il avoit eûs autrefois, & je sentis que je n'avois jamais aimé avec plus d'emportement & de tendresse. J'en fus occupé nuit & jour, uniquement sensible au plaisir de reconnoître mon cœur dans la peinture de celui d'Abailard, dont je dévorois les Lettres. Je poussai ma folie jusqu'au point de me persuader que je n'avois été malheureux dans mes autres amours, que parce que je m'étois séparé de la seule personne que j'eusse véritablement aimée. Je me dis cent fois qu'elle étoit ma femme, qu'elle n'avoit pû légitimement s'engager dans l'état où elle étoit, & que toutes les loix me permettoient de l'en retirer.

J'accoutumai mon esprit à ces frivoles pensées, & jamais amour ne fut ni plus violent, ni plus malheureux que celui dont je me sentis possedé à ces fatales idées; car enfin, j'avois beau me figurer que cette fille étoit ma femme, je voyois bien qu'il n'y avoit nulle apparence à la retirer de l'état où elle étoit engagée, & je me trouvai d'autant plus malheureux, que je l'aimois sans espérance.

Combien de fois me repentis-je de la complaisance qui m'avoit fait consentir à son engagement! Comme je n'avois jamais rien senti d'approchant de l'amour qui me possédoit alors, je connus bien que cet amour ne s'étoit jamais éteint dans mon cœur, & que si j'avois paru attaché à tant d'autres, ce n'avoit été que par amusement; mais l'heure étoit venue où je ne pouvois plus me tromper, & si j'avois eu mille vies, je les aurois données pour me trouver au point où j'avois été autrefois avec elle, quand mon amour n'étoit combattu que par je ne sai quelle bienséance.

Cet amour fut si violent, que j'en perdis le sommeil & le repos. Je passai toutes les nuits à écrire des Lettres, que je brûlois le matin, n'osant lui apprendre l'état où je me trouvois, ni lui rien envoyer de ce que j'avois écrit. Je me résolus pourtant de ne lui pas laisser ignorer ce que je souffrois, & j'allai lui rendre visite à ce dessein. Dès que j'entendis le ton de sa voix, je sentis redoubler la violence de mon amour, & je fus si saisi, que je ne pûs lui dire un seul mot. Elle me parloit sans me voir & sans

que je la viſſe, mais elle ne laiſſa pas de
s'appercevoir de mon trouble. Elle me demanda ce que j'avois, & me jettant à ſes
genoux, je la conjurois de m'écouter ſans
me haïr. Alors, je lui découvris la violence de mon amour, la priant, par toutes
les raiſons que je pouvois lui alléguer, de
ne pas me refuſer au moins ſa compaſſion
dans le triſte état où je me trouvois. Elle
m'écouta, ſans m'interrompre que par ſes
ſoupirs; & après que j'eus ceſſé de parler,
j'entendis qu'elle pleuroit, & qu'à peine
pouvoit-elle prononcer une parole. Je lui
demandai ce qui la touchoit, & enfin me
répondant, malgré ſes larmes, elle me dit,
qu'elle étoit honteuſe d'être encore ſenſible à la douceur qu'elle avoit reſſentie, en
apprenant que je l'aimois; qu'il étoit vrai
que depuis le moment que nous avions
commencé à nous aimer, juſqu'à celui où
elle me parloit, elle n'avoit jamais ceſſé
d'être la même pour moi; que ni l'abſence,
ni les devoirs de ſa profeſſion, n'avoient
pû la diſtraire de mon image; qu'elle avoit
reſſenti des chagrins inconcevables toutes
les fois qu'elle m'avoit vû engagé en d'autres amours, & qu'enfin, elle vouloit bien
me dire qu'elle m'aimoit encore plus que
je ne l'aimois.

Je ne crois pas avoir de ma vie ſenti plus
de joie que m'en donna un aveu ſi tendre

& si touchant ; mais cette joie fut bien-tôt troublée par l'idée affreuse de la situation où elle étoit , & par les obstacles éternels qui s'opposoient à notre bonheur. Hé quoi ! lui dis-je, puisque nous n'avons point cessé de nous aimer , pourquoi nous sommes-nous mis dans l'impossibilité de vivre ensemble , & de vivre uniquement l'un pour l'autre ? N'y a-t'il plus d'espérance ? Ah ! si vous le vouliez, il n'y a aucuns liens que nous ne puissions rompre.

Elle m'interrompit pour blâmer ces vaines idées, & pour me conjurer de ne lui pas faire même envisager que je fusse capable de nourrir une si frivole espérance. Elle me conjura de faire un sacrifice au Seigneur d'une passion qui ne pouvoit plus lui être agréable , m'assurant qu'elle n'avoit passé aucun jour sans offrir à Dieu tout ce que son amour lui faisoit souffrir, en expiation de ses péchés & des miens ; mais qu'elle croyoit que la fin de sa vie approchoit , & qu'elle avoit un secret pressentiment que Dieu vouloit la retirer de ce monde.

Mes larmes redoublerent en lui entendant parler de sa mort, & je la priai, si elle avoit du pouvoir auprès de Dieu, d'obtenir qu'au moins , puisque je n'avois pû vivre avec elle , je pusse ne lui pas survivre. Cette conversation dura long-temps, & ce fut la derniere que j'eus avec elle. Dès
qu'elle

qu'elle m'eut quitté, la fiévre la prit, quoiqu'elle n'eût auparavant aucun signe de maladie, & le pressentiment qu'elle avoit eu
de sa mort, ne se trouva que trop bien
fondé. Je fis ce que je pûs pour la voir encore une fois, & priai souvent une Religieuse, son amie, de lui parler de moi;
mais elle la conjura de la laisser m'oublier
avec tout le reste du monde, pour ne penser qu'à Dieu seul; & après lui avoir re-
commandé de me dire qu'elle mouroit dans
les sentimens où elle avoit vécu à mon
égard, elle ne dit plus rien qui eût rapport
à moi, excepté quand il s'agissoit de parler des graces que Dieu lui avoit faites; car
alors, elle ne pouvoit s'empêcher de demander à Dieu les mêmes faveurs pour
moi; & je crois que je ne dois qu'à ses
priéres, la grace d'avoir vécu assez long-
temps, pour reconnoître & pour déplorer
les égaremens d'une vie aussi inutile que
celle dont je décris les aventures.

Je n'entreprendrai point de dire combien je fus affligé de la perte de cette in-
comparable Religieuse. Elle mourut dans
le temps que l'amour que j'avois pour elle
étoit monté à son dernier excès; & si elle
avoit encore vécu, je crois qu'il n'y auroit
point eu d'extrémités où je n'eusse été capable de me porter, pour unir ma destinée
avec la sienne.

Quand elle fut morte , je ne me fentis occupé que du defir de fuivre les confeils qu'elle m'avoit donnés. J'appris mon retour à mon frere, en lui apprenant la mort de cette fainte fille , & je lui témoignai la paffion que j'avois de mener une autre vie que celle que j'avois mené jufques-là. J'étois plein des meilleurs defirs du monde : mais la fuite de ma vie va faire voir des aventures non moins bizarres que celles que j'ai décrites jufqu'ici. On aura, je crois, d'autant plus de plaifir à les apprendre , qu'avec l'hiftoire de mes folies , on trouvera celle des principaux événémens du temps où j'ai vécu , & aufquels j'ai eu affez de part, pour en pouvoir parler, fans faire tort à perfonne ; car c'eft la précaution que je prendrai toujours.

*Fin du Tome premier.*